欧盟标准与法律的融合

以"新方法"指令为视角

聂爱轩 著

标准与法治丛书

厦门大学出版社
XIAMEN UNIVERSITY PRESS
国家一级出版社
全国百佳图书出版单位

图书在版编目(CIP)数据

欧盟标准与法律的融合:以"新方法"指令为视角 / 聂爱轩著. -- 厦门:厦门大学出版社,2024.8
(标准与法治丛书)
ISBN 978-7-5615-9208-3

Ⅰ.①欧… Ⅱ.①聂… Ⅲ.①欧洲联盟-标准化法-研究 Ⅳ.①D950.217

中国国家版本馆CIP数据核字(2023)第233903号

责任编辑	甘世恒
美术编辑	李夏凌
技术编辑	许克华

出版发行　厦门大学出版社
社　　址　厦门市软件园二期望海路39号
邮政编码　361008
总　　机　0592-2181111　0592-2181406(传真)
营销中心　0592-2184458　0592-2181365
网　　址　http://www.xmupress.com
邮　　箱　xmup@xmupress.com
印　　刷　厦门市明亮彩印有限公司

开本　720 mm×1 020 mm　1/16
印张　15.25
插页　1
字数　290千字
版次　2024年8月第1版
印次　2024年8月第1次印刷
定价　65.00元

本书如有印装质量问题请直接寄承印厂调换

厦门大学出版社
微信二维码

厦门大学出版社
微博二维码

目 录

引 言 ·· 001

第一章　标准与法律的融合 ·· 008
　第一节　法治视野下标准与法律的融合 ·· 009
　第二节　标准与法律融合的基础和动因 ·· 019
　第三节　标准与法律融合的基本模式 ·· 030

第二章　欧盟标准与法律融合的演变 ·· 055
　第一节　欧盟标准与法律融合的特殊性 ·· 056
　第二节　欧盟标准与法律融合的旧模式 ·· 072
　第三节　欧盟标准与法律融合模式的演变 ·· 080
　第四节　新方法指令模式的基础性分析 ·· 095

第三章　新方法指令模型的效果评价及融合模型构建 ·· 113
　第一节　新方法指令模式的效果评价 ·· 114
　第二节　新方法指令模式中体制和机制的效果评价 ··································· 138
　第三节　标准与法律融合模型的构建 ·· 164

第四章　新方法指令模式的问题及其解决方法 ·· 185
　第一节　新方法指令模式存在的问题 ·· 185
　第二节　针对新方法指令模式问题的解决方法 ·· 197

第五章　新方法指令模式对中国的启示 …… 204
　　第一节　中国标准与法律融合的模式 …… 204
　　第二节　新方法指令模式对大湾区建设技术协调机制的启示 …… 214
　　第三节　新方法指令模式对"一带一路"建设技术协调机制的
　　　　　　借鉴 …… 224
结　论 …… 230

参考文献 …… 234

引 言

一、研究背景

标准作为一种技术性规范文件,是经济活动和社会发展的技术支撑,也是国际经贸往来与合作的通行证,党的十八届二中全会将标准纳入国家基础性制度的范畴,标准还是全球治理、区域治理、国家治理的重要规制手段。[1] 首先,根据 ISO/IEC(国际标准化组织和国际电工委员会)指南 2(ISO/IEC Guide 2)对"标准"的定义可知,标准是"为了在一定的范围内获得最佳秩序,经协商一致制定并由公认机构批准,共同使用和重复使用的一种规范性文件"[2]。"法律"则是"由立法机关依照法定程序制定并颁布,由国家强制力保证实施的规范文件"。[3] 从标准和法律的定义出发可知,二者均为规范性文件,且都含有对秩序的追求。其次,作为规范的法律和标准,它们一般不对个别情形做特殊处理,法律和标准均具有一般性规则的特征。最后,在规范、秩序和一般性规则的共同基础上,法律和标准的规范领域和规范对象会出现重合。虽然是对相同领域的相同对象进行规范,但法律和标准在规范内容、规范角度和规范工具的使用上具有差异性和互补性。一方面,法律从保护私权和规范公权的角度出发,通过设置抽象性的权利和义务规定,对社会关系和社会秩序进行规范和保护;另一方面,标准是从促进最佳的共同效益出发,针对产品、过程或方法设置相应的技术要求,以

---

[1] 甘藏春、田世宏主编:《中华人民共和国标准化法释义》,中国法制出版社 2018 年版,第 20 页。
[2] 宋明顺、周立军主编:《标准化基础》,中国标准出版社 2013 年版,第 3 页。
[3] 柳经纬:《标准与法律的融合》,载《政法论坛》2016 年第 6 期。

实现一定范围内的最佳秩序。

上述有关法律和标准的共同性和互补性的特征,是法律和标准发生融合的基础。现实中,为了有效落实法律要求、实现法律目的,国家往往通过融合法律与标准的方式,从不同方面对法律和标准规范的共同对象提出立法上和技术上的要求。例如,为了保障旅游者的合法权益,我国于2013年出台的《中华人民共和国旅游法》(以下简称"《旅游法》")中明确规定,旅游者有权自主选择旅游产品和服务,有权拒绝强制交易等。根据《旅游法》的相关规定,在旅游中发生了纠纷,旅游者的权益受到侵害,均可以通过法律程序维权,得到法律公平正义的解决。其中,《旅游法》第6条规定:"国家建立健全旅游服务标准,旅游经营者应当为旅游者提供健康安全的旅游服务。"对于什么是"健康安全的旅游服务",《旅游法》通过引用"旅游服务标准"为达到法律要求提供了具体路径。通过检索发现,中国关于旅游方面有几十种国家标准,其中一项关于"旅游观光巴士"安全性的国家标准规定,"对于车辆的制动器等装置,应当定期保养和维护,使其处于安全使用状态"。这便是法律与标准融合的现象。具体而言,法律提出了旅游服务安全性上的要求,却没有提供如何达到安全性要求的具体规范,但是,法律通过引用具体的技术标准,让包括旅游设施、旅游清洁服务等方方面面的行为找到了具体的执行规范。

因此,法律与标准的融合,通常是通过法律引用标准的方式来实现的。上文中《旅游法》引用旅游服务标准的模式,属于普遍性引用模式。这种引用模式的最大缺陷在于,没有指明或列举具体的某一项标准或某一系列标准,会为法律和标准的实施者带来不必要的麻烦,很可能在适用标准的过程中会出现缺漏、适用了错误或过时的标准等问题。法律引用标准的模式除了"普遍性"引用模式之外,还有其他种引用类型。下文将会详细探讨不同种法律与标准融合的模式,并对不同融合模式发挥的不同效果进行探讨,最终对不同融合模式在促进法治建设上的作用进行比较。

国内学者对新方法指令下欧洲标准与欧盟法律的融合仅在经济学和管理学等领域中有所涉及,虽注意到欧洲新融合模式下,欧洲标准的特殊地位,即从标准实施效力的角度来看,欧洲标准与欧盟法律之间的"符合性推定关系"使得欧洲标准具有与其他自愿性标准完全不同的特殊地位——"事实上的强制力"[①],然而,国内研究对标准与法律的关系及二者的融合缺少深入、系统的研究总结。陈淑梅教授从欧盟技术协调的角度指出,1985年《关于技术协调与标准

---

① 沈同、邢造宇、张丽虹主编:《标准化理论与实践》,中国计量出版社2010年第2版,第291页。

新方法决议》[1](以下简称"《新方法决议》")的出台标志着欧盟技术标准化由"旧方法"转入"新方法"阶段,旧方法是将技术标准写入欧盟法律,又称"技术立法",而新方法要求指令仅规定产品必须满足的基本要求,由协调标准为满足指令要求的实践提供具体的技术支持;[2]有学者分析了欧洲"新方法"阶段连接欧盟法律和欧洲标准的委托书制度,解释了委托书作为桥梁和纽带连接指令要求和协调标准的作用;[3]有学者以符合性评定(合格评定)为视角分析了合格评定程序所依据的协调标准与相应指令之间的符合性推定关系;[4]还有学者从欧盟技术性贸易壁垒对我国出口影响的角度出发,阐述了欧盟技术法规层次和技术标准体系以及二者共同构成欧盟技术性贸易壁垒的主要措施。[5]

欧洲学者对新方法指令的研究,则侧重从欧洲技术协调的角度观察新方法指令在适用过程中出现的问题及其解决方法和发展前景如何。如 Schepel 教授认为,尽管在欧洲技术协调的"新方法"下,适用协调标准和依据协调标准实施的认证活动均具有"自愿性",但是采取其他替代性手段证明产品与欧盟相关法律要求相符既复杂又昂贵,而且在实践中,欧洲消费者也只购买带有 CE 标志(经认证符合欧盟法律标志)的产品,这些均表明欧洲标准化委员会(CEN)"实际上"拥有监管新方法指令所规范的产品进入欧洲市场的权力,并且由 CEN 制定的协调标准同样具有"事实上的强制性"。而欧盟 James Elliott 案件中的佐审官 Campos Sanchez-Bordona 则认为,基于协调标准的作用在于"为新方法指令的实施提供技术路径",而且,作为欧盟立法机构的欧盟委员会,无论是通过委托书制度、"正式反对意见"机制还是对欧洲标准化组织的财政支持,均表明欧委会始终对协调标准的制定过程拥有"控制力",因而,Campos Sanchez-Bordona 得出"协调标准是欧盟法律一部分"的结论。

综上,可以看出国内研究因研究领域的不同,仅注意到欧洲标准与欧盟法律之间的密切联系,没有对欧洲标准与欧盟法律多样化的融合方式、融合机制

---

[1] Council Resolution of 7 May 1985 on a new approach to technical harmonization and standards, Official Journal C136, 04/06/1985.

[2] 陈淑梅:《技术标准化与欧洲经济一体化》,载《欧洲研究》2004 年第 2 期;陈淑梅:《欧盟技术标准化的三轨制》,载《标准化研究》2004 年第 7 期。

[3] 刘春青、刘俊华、杨锋:《欧洲立法与欧洲标准联接的桥梁——谈欧洲"新方法"下的"委托书"制度》,载《标准科学》2012 年第 6 期。

[4] 中国电子技术标准化研究所数据与网控中心:《欧盟统一大市场中的标准化新政策(五)——〈基于新方法和全球方法指令实施指南〉第五部分:符合性评定程序》,载《信息技术与标准化》2002 年第 5 期。

[5] 杨英:《我国如何应对欧盟技术性贸易壁垒挑战》,载《中国集体经济》2011 年第 16 期。

建设和融合体制进行深入和系统的分析,研究视角多从发展欧洲单一市场、消除欧洲市场中的技术性贸易壁垒等经济、技术协调和标准化领域出发。而欧洲学者虽然对新方法指令的发展情况作了较透彻的分析,指出了适用新方法指令存在的一些问题和欧盟的解决方法,但是对标准与法律模型的构建同样缺少系统的研究总结。

本书将在法治的层面上,探讨欧洲标准与欧盟法律融合模型的构建,包括法律与标准融合体制的分析、融合机制的建设和融合模式的设计与选择等,并通过指出新方法指令模式存在的问题及欧盟针对该问题的解决方法阐述欧盟法律与欧洲标准融合对欧洲法治建设的意义。而欧盟法律与标准融合模型的构建,一方面,可以对我国处理标准与法律的融合进而促进法治建设和发展提供有益的借鉴,另一方面,欧盟是中国重要的贸易伙伴,了解作为欧盟技术性贸易壁垒主要构成的技术法规和技术标准的融合情况,对我国了解欧盟内部市场建设、便利中国与欧盟的经贸往来以及我国在对内和对外区域发展的借鉴上具有实际意义。

二、研究目的

真正的法治国家和法治社会需要在全民信法的基础上发展和建设起来。为了提高法律的规范性和有效性,各国努力尝试了不同途径促进法治的发展。其中一个重要方式,就是通过法律引用标准的"融合"方式,运用标准的技术规范为立法抽象性要求的落地实施提供具体的路径。本书的意图是介绍欧盟标准与法律融合或称欧洲标准(European Standard)与欧盟法律(European Union Law)融合的一种新模式,以欧盟新方法指令作为一个列举该模式的制度样本,通过对其产生背景的特殊性、融合体制的分析、与欧洲"旧方法"指令(旧融合模式)的比较、融合效果的评价、融合机制的建设以及融合过程中出现的一系列问题及其解决方法等进行探讨,描绘出欧洲标准与欧盟法律融合新模式的整体轮廓,从而建构出(欧盟)标准与法律融合的一般模型。

本书研究的目的在于,以新方法指令为制度样本,介绍欧盟标准与法律融合的新模式,并在此基础上,构建欧盟标准与法律融合的一般模型,对该模型中标准与法律融合体制的分析、融合模式的演变和设计、融合机制的建设等基本内容进行系统阐述。本书将考察标准与法律融合的重心放在欧盟新方法指令的制度和理论上,只是在介绍标准与法律融合的一般类型上,才对我国标准与法律融合的现象同其他国家的融合现象适当地加以比较。但是,笔者的问题意识或研究的出发点仍在于为我国粤港澳大湾区建设和"一带一路"建设中标准化法制建设和法治发展提供一种标准支持法律实施的重要视角和技术标准协调模型的构建。这里,有必要先对标准与法律融合的理论模型稍作解释和讨论。

"模型"这一概念指的是为了把握、理解复杂的事物而把单纯化的要素组合起来构成的一种假说性的认识工具。因而,模型不是事物的本质,也不等于现实的事物本身,它只是在便于接近并了解极度复杂的事物这个目的之下创造出来的一种人工的建构,并可以依具体目标和接近角度的不同呈现出多种样式。[①]本书构建的理论模型作为认识、把握欧盟标准与法律融合的基本模式的工具,其特点之一在于将欧盟标准与法律融合的模型分解为融合体制、融合模式和融合机制三个主要部分进行阐述分析。这种整体与部分的分析方法有可能通过各部分之间的相互联系,为理解其他标准与法律融合模式/模型的构建提供一种一般性的参考基础。本书理论模型的另一特点在于,模型实质上始终是通过比较而构成的,在分解、整合欧盟标准与法律融合的模型时,明线上一直以欧洲技术协调旧方法下标准与法律的旧融合模式作为参照,暗线上则以我国和其他国家标准与法律的融合模式作为参照。这一点将反映在本书有关欧盟融合模式、融合体制和机制的探讨分析中。笔者希望通过这种直接和间接的比较方法,在欧盟融合模型与我国和其他国家的标准支持立法建设之间建立联系。

本书通过探讨欧盟标准与法律融合模型的构建,来分析该模型对欧洲经济社会发展和公共利益保护的贡献和价值,一来,为我国已推行的粤港澳大湾区建设通过协调不同区域技术标准来深化统一市场的建设和发展、为我推行"一带一路"建设通过协调沿线各国技术标准实现互联互通,提供协调机制建设上的有益参考;二来,对我国与欧盟在经贸往来中的技术合作有所帮忙。

三、研究方法

1. 法解释学的方法:本书运用文义解释方法和目的解释方法来明确欧盟法律和中国法律条文的内容意义、适用范围和法律效果等,例如,下文对欧盟法律中《关于欧洲标准化的 1025/2012 号条例》及《通用产品安全指令》、《人身设备保护指令》等一系列新方法指令,以及中国《食品安全法》、《药品管理法》和《保健食品管理办法》等法律条文在法律要求、立法目的及法律与标准融合等不同方面所作的一系列分析。

[①] 王亚新:《对抗与判定:日本民事诉讼的基本结构》,清华大学出版社 2010 年版,第 2 页。

2. 比较研究的方法：本书采用比较研究的方法，一方面，以欧洲技术协调历程为时间线，分析比较欧盟标准与法律融合新、旧模式在融合方法、技术协调结构和协调模式等方面的差异及其间的联系；另一方面，则间接地或潜在地把我国标准与法律融合的现象作为比较对象，研究的重点和基本内容都是对欧洲标准与欧盟法律融合的新模式进行制度和理论的介绍分析。就可能具有的长处而言，一方面，上述间接比较的研究方法也许更易于对欧盟标准与法律融合方式（尤其是新融合模式）达到较完整的把握和内在理解；但另一方面，对欧盟标准与法律融合在制度和理论上面面俱到的介绍，可能难以给我国标准与法律融合模式的构建、区域发展中的标准化和法治建设提供切实而真正有意义的参考。

3. 历史研究的方法：本书利用国内外研究资料，对欧洲技术协调的发展历程和演变进行了分析，基于欧洲技术协调从"旧方法"到"新方法"的演变，总结出欧盟标准与法律融合背景和融合体制的特殊性，分析出欧盟标准与法律融合新、旧模式之间的联系和区别，具体是指二者在融合模式改进上、欧盟技术法规体系上和融合模式功能上的联系，以及二者在融合模式设计、技术协调模式、技术协调结构和标准化成果控制机制上的差异。

四、创新、难点与不足

（一）研究创新

本书是一项交叉学科研究，兼顾标准化学科与法学的理论研究，本书的创新之处，一是体现在对欧盟标准与法律融合模型的构建上，通过研究新方法指令在融合欧盟法律和标准的基础上，协调欧盟技术法规和技术标准的模式，为读者展现出欧盟标准与法律融合背景和融合体制的特殊性、欧盟立法机构与欧洲标准化组织之间合作的工作模式、欧盟法律"间接引用"欧洲标准的融合模式、为了促进欧盟法律与标准融合新模式发挥效用所建设的一系列融合机制等内容，从而帮助读者看到欧盟法律与欧洲标准之间静态和动态关系的发生学原理；二是体现在运用欧盟标准与法律融合模型为中国有关区域发展，包括对内和对外的区域发展中法治建设和标准化治理提供有益参考和借鉴。

（二）研究的难点与不足

本书研究的难点主要来自研究结构和研究内容所带来的挑战。在研究结构上，本书除了需要对欧盟标准与法律的融合模式、融合体制、融合机制等主要研究对象作详细探讨之外，还需要对其他国家/地区包括中国标准与法律融合的模式进行基础性分析和描述，融合模式类型的多种列举，既可以避免对欧盟标准与法律融合的研究出现狭隘片面的缺陷，也能保证研究的较为全面性。然而，对其他国家/地区包括中国标准与法律融合模式的列举和探讨，需要对某一类融合模式在该国/地区出现的原因和背景进行一定的了解和分析，不然难以对这种标准与法律融合的模式产生较为深切的理解，这必然会在资料获取和解读方面加大本研究的难度。

在研究内容上，由于欧盟是一个由27个成员国组成的超国家机构，在分析欧盟融合体制的特殊性时，笔者需要对欧盟与成员国的关系、欧盟立法机构与欧洲标准化组织的关系、欧盟法律与欧洲标准的关系这三类主要关系分别进行梳理并最终进行汇总分析。这种由欧盟体制的特殊性所带来的困难是笔者在写作过程中体会最深的，这一体制的特殊性还反映在欧盟标准与法律融合模式的演变上，主要是指欧盟新旧融合模式的比较，以及一系列欧盟融合机制的建设及其分类分析。

本书的不足之处体现为研究资料的广泛性与笔者研究视角的有限性。由于本书从结构和内容上带来的挑战，笔者运用比较研究的视角仍比较有限，一是对欧盟标准与法律融合新、旧模式之间的直接比较，二是对欧盟融合模式与其他国家/地区包括我国标准与法律融合模式之间的间接比较。但是通过本书第四章的对新方法指令模式的问题分析可知，欧盟标准与法律融合除了新方法指令模式之外，还存在新方法"条例"模式，在欧盟体制下是否还存在其他种标准与法律的融合模式，还需笔者进一步探索研究。笔者学力不逮，难免挂一漏万。

第一章

标准与法律的融合

在对欧盟标准与法律的融合进行分析之前,需要对标准与法律融合的现象和理论基础进行一般性研究,为深入理解标准与法律融合的意义和重要性奠定基础,同时为认识欧盟标准与法律的融合作铺垫。虽然已有文献对标准与法律的融合现象进行过探讨,但除了柳经纬教授系统地探讨了标准与法律在理论上的关系之外,很少有学者从法学视角和法治层面对标准与法律的关系作一般性和基础性的研究。随着世界范围内各个国家、地区和国际组织中出现越来越多标准与法律融合的现象,标准与法律的关系在理论上的空白急需填补和系统性研究,标准与法律融合对法治建设和标准化发展的重要作用也急需深入探讨。因此,本书的第一步工作将对标准与法律融合的现象和理论进行基础性分析,并总结分类标准与法律融合的基本模式,以便展示标准与法律融合的基本框架。通过对标准与法律融合的一般性理论分析和对不同标准与法律融合模式的列举,可以避免对欧盟标准与法律融合的研究出现狭隘片面的缺陷。

在探讨标准与法律融合的基本理论时,本书主要从两个角度对标准与法律的融合进行分析:一是,从法治的视野,阐释标准与法律的融合对法治的促进作用,并将"法治"视野细分为"良法"和"善治"两个视角,进一步讨论标准与法律融合如何促进良法的制定、提升法律的规范性和有效性、提升政府的治理能力、推进私人治理的发展,并促进公私合作治理;二是,从标准与法律融合的基础和动因出发,探讨标准与法律融合的共同性基础和互补性基础,并对二者融合的内在原因和外在原因分别进行分析。

在总结标准与法律融合的基本模式中,本书主要从三个角度对标准与法律的融合进行总结:第一个角度是对世界范围内标准与法律融合的基本/典型模式进行归纳;第二个角度是对欧盟标准与法律融合的特殊模式进行介绍;第三个角度是对中国标准与法律融合的特殊模式进行分析。本书在标准与法律融合一般理论的基础上区分出来的这三个视角之间不存在泾渭分明的界限,即三个角度中标准与法律融合的模式之间存在一定的重叠部分和相似性等相互关系,存在于第一视角中的标准与法律的融合模式也可能会出现在第二和第三视角中,以此类推。因此,本书构建的标准与法律融合的基本框架主要由两个角度的一般性理论和三个视角的基本模式共同组成。在第一个视角的模式中,我们通过分析比较不同类型的标准与法律融合模式,便于研究标准与法律之间的共性和差异性,以及这种共性和差异性对标准与法律融合所起的基础性和推动性作用。在第二个视角的模式中,我们通过分析欧盟标准与法律融合模式的演变,有助于理解欧盟标准与法律融合产生的特殊环境和背景,为深入认识欧盟特殊融合模式的成因及其体制上的特殊性奠定基础。在第三个视角的模式中,我们通过研究中国标准与法律之间的特殊关系以及二者融合的特殊模式,利于探讨中国标准与法律之间的互动关系及二者融合对推进国家尤其是中国有关区域发展中治理现代化、法治建设和标准化发展的重要作用。

标准与法律的融合表明,其作为实现法治路径的重要意义,标准与法律发生融合基于标准与法律之间的共性和差异性,标准与法律融合的现象多表现为法律法规中对标准的"引用""采用"等各类融合模式。

第一节 法治视野下标准与法律的融合

一、良法视野下标准与法律的融合

(一)对法治的分析

"法治"一词一直有许多种解读,诸如"条文之治"、"规则之治"和"良法之治"等。根据亚里士多德的观点,"法治应当包含两重含义:已成立的法律获得普遍的服从,而大家所服从的法律本身又应该是制定的良好的法律"[①]。因此,法治既包含依法治理又包含良法之治。比较"法治"与"法制"的区别、分析二者之间的联系,有助于进一步厘清"法治"的概念。

一方面,"法治"与"法制"的区别在于,首先,对法律功能的认识不同。法制是一个国家或地区法律制度的总称,法制仅将法律作为社会治理的一种工具,法律并不具有至高无上的地位;而根据戴西的观点,法治包含三层含义:"一是

---

① 王利明:《法治:良法与善治》,北京大学出版社2015年版,第9页。

对任何人的惩罚必须遵守法定程序,二是任何人平等地受到法律的约束,三是'法律至上'。"其次,所包含的价值不同。法制强调规则必须遵守;而法治既约束和规范公权力又保障私权。最后,与民主制度的关系不同。现代法治以民主为基础,强调按照大多数人民的意愿治理国家,以避免个人的专断、臆断和武断,而法制自古有之,与民主之间并不存在必然联系。①

另一方面,"法治"与"法制"的联系在于,法制可被法治的含义所包含。法制关注的是法律体系的完整性、法的规范性和有效性,倾向于一种静态秩序;而法治的"治"含有目标价值,如建成法治国家、法治政府、法治社会,这表明法治不仅是一种社会治理方式,还意味着"良好的治理状态和结果"。

(二)良法视野下标准与法律的融合

根据上文对法治的分析可知,一方面,法治强调依据"良法"治理,另一方面,法治以静态的法制为基础,而后者则关注法律的规范性和有效性。在法治视角下探讨标准与法律的融合,主要是从良法、健全法制建设的角度出发,讨论法律与标准的融合如何促进良法的制定、法制建设的完善、法治的发展。

1. 融合利于良法的制定

标准与法律融合有利于良法的制定。关于良法的内涵,存在形式法治派和实质法治派两种观点:形式法治派认为,只要按照民主程序制定全体国民一致同意的法律就是良法;而实质法治派认为,只有内容体现民主精神、公平正义并维护人尊严的法律才是良法。②笔者赞同实质法治派的观点并结合王利明教授的研究认为,"良法"的制定离不开以下几项重要因素:一是立法应反映人民的意志和根本利益;二是符合社会发展规律,并要反映国情、社情、民情;三是符合法定程序,具有程序正当性;四是具备科学合理的体系;五是符合公平正义等价值理念。标准与法律融合主要从反映人民意志和根本利益、符合现实社会发展规律和具备科学合理的体系这三方面促进良法的制定。

一方面,在标准与法律的融合中,法律的抽象性规定不仅融入了具体的技术规范,还融入了标准化工作体系。其一,关于立法抽象性规定与标准具体技术规范的融合,以《欧洲议会和欧盟理事会关于通用产品安全的 2011/95/EC 号指令》③(以下简称《通用产品安全指令》)为例,该指令是为确保上市产品的安全性而颁布的指令,指令第 3 条要求,"生产商有责任只提供安全产品上市",并

---

① 王利明:《法治:良法与善治》,北京大学出版社 2015 年版,第 21~22 页。
② 王利明:《法治:良法与善治》,北京大学出版社 2015 年版,第 9 页。
③ Directive 2001/95/EC of the European Parliament and of the Council of 3 December 2001 on general product safety, Official Journal L 011,15/01/2002.

为符合产品"安全性"要求这一抽象性规定指明了具体路径：一是"产品就相关国家法律涵盖的各方面而言应被认为是安全的，当缺乏管辖该产品安全的特定欧共体规定时，它应遵从该产品上市所在地的成员国国家法律的特定规制"，因此，为符合《通用产品安全指令》有关产品的安全性要求，进入欧盟市场内的所有产品应符合管辖该产品安全的特定欧盟法律规定，若没有欧盟法律规定，则应符合该产品上市所在地的成员国国家法律的特定规则；二是进一步指明符合安全性法律要求的具体技术规则——"当产品符合转换自欧洲标准的自愿性国家标准时（其引用已由欧盟委员会根据本指令第 4 条在《欧共体官方公报》中公布），该产品就相关国家标准涵盖的风险和风险类别而言应推定为安全"，[1]因此，符合欧洲标准或者符合转换自欧洲标准的自愿性国家标准时，便推定产品符合欧盟法律或成员国法律相关安全性立法要求。

其二，关于立法体系与标准化工作体系的融合，根据《通用产品安全指令》第 4 条的规定，为确保符合上述标准的产品满足通用安全要求，欧盟委员会（以下简称"欧委会"）应基于这类要求委托欧洲标准化组织制定满足指令要求的欧洲标准，并将符合要求的欧洲标准公布在《欧共体官方公报》上以表明对该标准的引用。[2]该条款表明了欧委会通过标准化"委托"和在《欧共体官方公报》上公布引用标准信息来确保欧洲标准内容满足指令的安全性要求。简而言之，通过欧盟立法机构与欧洲标准化组织间的合作，其融合了欧盟立法体系与欧洲标准化体系。标准的本质在于"统一规定"，[3]欧洲标准更是为了建立和发展欧洲单一内部市场的目标而制定。因此，在立法体系与标准化体系的融合中，其便自然纳入了标准制定程序，这一程序的内在性要求标准制定应尽可能在广泛的基础上达到协商一致。根据国际标准化组织（ISO）和国际电工委员会（IEC）联合发布的 ISO/IEC 指南 2 对标准的定义可知，它是"为了在一定的范围内获得最佳秩序，经协商一致制定并由公认机构批准，共同使用和重复使用的一种规范性文件"[4]。

因此，"协商一致"的内在要求及标准制定原则确保了标准成为协调各方利益的规范性成果，通过将标准与法律融合，使得实施法律的技术路径（标准）成为大众所认可的法律实施途径。除此之外，法律抽象性规定与标准具体技术规范的融合更是在具备实施路径之上融合了具体技术标准的内容。由此，标准通

---

[1] 孙大伟主编：《欧盟消费品法律法规系列丛书（一）》，中国质检出版社、中国标准出版社 2014 年版，第 8 页。

[2] 孙大伟主编：《欧盟消费品法律法规系列丛书（一）》，中国质检出版社、中国标准出版社 2014 年版，第 8~9 页。

[3] 王忠敏主编：《标准化基础知识实用教程》，中国标准出版社 2010 年版，第 3 页。

[4] 宋明顺、周立军主编：《标准化基础》，中国标准出版社 2013 年版，第 3 页。

过内容上的融合以及实施途径上的融入,确保法律的内容及其实施符合市场和社会需求,也就是良法所应具备的反映人民意志和利益及符合社会发展规律的内涵。

另一方面,标准与法律的融合,还满足了良法应具备科学合理的体系的需要。对于良法体系的科学合理性要求,既要满足形式和内在的一致性、逻辑上的自足性,还要基本覆盖社会生活的基本方面,满足内容上的全面性。但是立法并非多多益善,事无巨细未必有助于法治建设和发展,古人云:"法令滋彰,盗贼多有",便是指繁杂又不实用的法律不但会耗费大量立法成本,还会使得有些法律形同虚设,进而影响法律的权威性。因此,良法的制定,关键在于提高立法质量,而非通过大规模的立法活动来实现。[1] 标准与法律融合从法律体系建设的角度,既满足了提升立法质量的需求,又符合立法在精而不在多的要求:其一,标准通过为法律要求提供具体的实施路径,有效地落实了法律规定、实现了立法目的,法律通过与标准的融合既无需事无巨细地规定社会生活中的各个细节,提升了立法质量,又通过标准提供的技术路径使得抽象性立法要求得到落地实施,提升了法律实施效果;其二,标准为立法提供技术支持,不仅表现在为实施法律提供的具体路径上,还表现在标准与法律在内容的融合上。根据世界贸易组织的《技术性贸易壁垒协定》(WTO/TBT 协定)关于标准的定义,它是"由公认的机构核准、供共同和反复使用的、非强制性实施的文件。它为产品或有关的工艺过程或生产方法提供准则、指南或特性。当它用于某种产品、工艺过程或生产方法时,标准也可包括或仅仅涉及术语、符号、包装、标志或标签要求"[2]。因此,在涉及上述标准定义中的领域时,立法无需制定具体的技术细节,而只要引用相关标准便可达到法律规范产品、工艺过程、生产方法、术语和标签等目的,进而满足了立法在精而不在多的要求、完善并简化了法律体系,在做到有法可依的同时,促进人们和法官等对法律的适用。

2. 融合提升法律的规范性和有效性

标准与法律融合,在促进良法制定的基础上,也实现了对法制建设的完善及法治的形成和发展,对于后者,主要是通过提升法律的规范性和有效性来完成的。从法制建设和法治发展的角度看,提升法律规范性和有效性的目的在于,建设完备的法律规范体系和高效的法治实施体系。

首先,标准与法律融合推动了完备的法律规范体系形成。要建成完备的法

---

[1] 王利明:《法治:良法与善治》,北京大学出版社 2015 年版,第 10 页。
[2] 沈同、邢造宇、张丽虹主编:《标准化理论与实践》,中国计量大学出版社 2010 年第 2 版,第 281 页。

律规范体系,既需要提高立法的科学化和民主化水平,又需要改进立法体制和机制建设。[①] 标准与法律融合,一方面通过标准制定程序最大限度地反映广大人民群众的意志,协调社会各方的利益,进而提升立法质量和民主化水平,同时,通过法律引用标准的融合方式,提升了立法和法律体系的科学性;另一方面,通过立法体系和标准化体系的融合,改进由立法机关主导、社会各方有序参与立法决策的途径和方式,健全了立法工作的组织协调机制。

其次,标准与法律融合促进高效的法治实施体系建设。"法律的生命力在于实施,法律的权威也在于实施",因而,完备的法律规范体系只强调立法层面的建设,高效的法治实施体系才强调法律的实施及其实效,"只有在法律体系得到有效实施后,才能形成法治体系"。标准与法律融合有助于从建设法治社会、健全法治监督体系两方面促进法治体系(法律实施体系)建设。具体而言,其一,法治体系的建立,需要实现法治国家、法治政府和法治社会的一体化建设,其中,法治国家是总目标、法治政府是关键,法治社会是基础,三者相互关联、相互促进。[②] 其二,严密的法治监督体系需要由权力机关、司法机关和社会舆论等力量共同发挥对法治的监督作用。而标准与法律融合可以从多元治理的角度出发,为法治社会建设和法治监督体系发挥社会舆论力量提供社会共治的基础。以食品安全领域法治实施体系的建设为例,除了食品安全法律法规和政府管理力量外,私人标准化可有效结合企业负责、行业自律、舆论监督和公民参与等多种社会力量共同发挥作用,并在食品安全标准化领域,通过法律与标准的融合,促进全社会成员有序地参与食品安全法治建设,加深其对该领域法律和标准的理解和适用,进而营造"全民信法、全民守法"的法治社会氛围,并为法治监督体系建设提供更多样的信息来源和更具能动性的监督体制机制。

二、善治视野下标准与法律的融合

(一)对善治的探究

"善治"的内涵主要是指,治理的主体不仅依赖政府,还需利用一切社会力量;治理的手段不仅需要法律,还需要其他各种手段;治理的方式不仅需要强制性的方法,还需要沟通、协调和谅解等。

1. 关于善治与善政的区别。在主体方面,善政是对政府而言,要求政府公

[①] 王利明:《完善法规体系 以良法保善治》,载《中国社会科学报》2014年10月29日。
[②] 王利明:《从法律体系迈向法治体系》,载《法制日报》2014年10月29日。

正、效率、廉洁和依法办事;而善治的主体不仅包括政府,还包括"在善政中作为管理对象的私人机构和社会成员"。在活动领域上,善治因主体的多样性,既有政府活动领域、私人主体与政府互动领域,还有政府治理延伸不到的领域,即私人主体独立治理的领域,如公司治理、社团治理和社区治理等。在运行机制上,善政主要是基于政府自上而下的管理,而善治既有自上而下的运行机制,还有自下而上的运行途径,其中市民社会既可在治理中独立发挥重要作用,也可以通过公私合作的方式参与国家政策的制定和执行并给予反馈,实现政策更具灵活性和良性发展。①

2. 关于善治与法治的区别。在治理主体上,法治强调政府治理,由国家运用法律的方式实施统治和管理;而善治的治理主体如上文所述较为多样性。在治理手段上,法治由国家强制力保证实施,相对而言,善治的基础并非控制,而是对多元利益的协调。在治理方法上,法治作为"一种刚性的统治国家的方式",通过立法、执法和司法的方式约束公民、社会组织以及国家统治者和管理者的行为;而善治通过多种途径如谈判、调解等方式来整合、协调不同的利益。②

3. 关于善治、善政与法治之间的联系。根据朱景文教授对三者之间关系的思考可知,其一,在良法的前提下,法治是善政的一种方式;其二,在法律符合社会实际的条件下,法治也可能成为善治的组成部分。因此,一方面,从主体的角度看,法治和善政的主体都依赖于政府,因"善"的关系,只有在良法的前提下,法治才会构成善政的一种方式;另一方面,从法律调整方法的角度看,有时法治不仅依靠强制性法律对行为进行规范,还包括"自治的、选择的"调整方法,因而,在不与法律相冲突的情况下,兼采法律与其他非正式制度的方式同样可能构成善治的一部分。综上所述,在良法的前提下,法治、善治与善政之间可能会存在重合部分,如图1-1所示,此处的重合意味着,制定的法律符合社会实际的

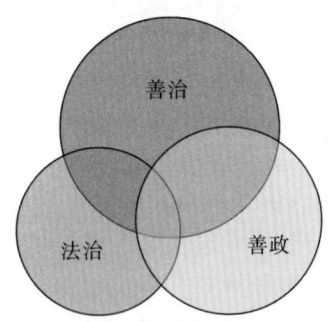

图1-1 善治、法治与善政之间的关系图

---

① 朱景文:《"从法治到善治"的思考》,载《法制资讯》2012年第5期。
② 朱景文:《"从法治到善治"的思考》,载《法制资讯》2012年第5期。

需要,政府注重运用多元方式和手段来调整社会关系,市民社会积极参与社会治理。

(二)善治视野下标准与法律的融合

标准与法律良好的融合效果便是在善治、法治与善政发生重合时出现。从"法治"视角观察法律与标准的融合,侧重于分析二者融合对提升法律实施、推进法治进程的作用;而从"善治"视角观察法律与标准的融合,侧重于分析多元化规制治理中的多元主体和多元工具如何既有效地提升政府治理能力,又推进私人治理的发展。通过上文关于善治、善政与法治之间区别和联系的探讨可知,标准与法律融合给予了我们研究如何运用多元行为主体与工具来达到法治、善治和善政共同理想效果的一个重要视角。科林·斯科特(Colin Scott)教授关于"规制"与"治理"的理论为我们理解标准与法律融合的重要意义奠定了理论基础:一是"规制"强调的是公共部门作为规制机构的一系列控制活动,这种为实现公共政策目标而实施的科层模式管理与特定的经济形式密不可分,便于政府更好地了解政策目标受众,并管理公共物品的供应;[1]二是"治理"强调政府与非政府主体(如公司、社团等)这些多元化主体,运用比传统政府部门工具更为多样化的手段(如合同等),在更多的网络化体系中而非科层式体系中,根据制度环境应变性规制治理。

因此,标准与法律融合为我们打开了一个观察善治内涵的"窗口":一来,标准与法律的制定主体分别为标准化组织和立法机构,在标准化组织的构成中还会有企业、社团和专家等不同的社会主体,为我们了解"规制治理"中多元化主体间的互动合作提供了认识视角;二来,标准与法律在规范内容和规范效力上的不同,有助于我们理解多元化工具或方法各自的价值及其共同的构成"规制治理"系统内部的运行方式;三来,标准与法律融合连接了政府、市场和社会,为我们深入理解善治环境中"由上至下"与"由下至上"结合的运行治理机制的优势所在。

1. 融合促进"公私合作"

从主体的角度看,法律与标准融合意味着政府、立法机构与私人标准化机构和社会各方之间的"公私合作"。从狭义的角度看,这种"公私合作"主要是指,政府或立法机构与标准化机构之间在制定支持立法政策的标准上的合作。例如,作为公益性民间标准化组织的德国标准化协会(DIN),也是由德国联邦

---

[1] [英]科林·斯科特:《规制、治理与法律:前沿问题研究》,安永康译,清华大学出版社2018年版,第2~4页。

政府认可的全国性标准化机构,"承担国家标准机构角色"的同时,"优先考虑联邦政府的请求并开展联邦政府认为的可以服务于公众利益的标准项目";①英国标准协会(BSI)一方面是独立的、民间的和商业性的标准化机构,另一方面是经《皇家特许》承认的、政府授权的非营利性国家标准化机构。② 再如,欧洲标准化委员会(CEN)既是国际私人的非营利性标准化组织,又是经欧盟承认的欧洲标准化组织,与欧盟委员会(欧盟立法机构)合作,为支持欧盟立法政策落地实施制定欧洲标准。③

从广义的角度看,这种"公私合作"还包括,政府或立法机构通过标准化系统与社会各方的合作,例如,美国试验与材料协会(ASTM)作为非营利的民间标准化组织,其成员由来自 100 多个国家的 30000 多个生产企业、用户、消费者、学术团体和政府的代表组成,政府在民间标准化组织中与其他成员的权利是平等的。④ 随着标准化影响力的提升和标准化事业的发展,各国民间标准化组织的成员会逐渐壮大,包括生产商、供货商、消费者、其他标准组织和教育单位等私人主体。因而,渗透到标准化组织内部的这种"公私合作"中的"私人"一方意味着与更广泛的社会各方之间的合作。

2. 融合促进法律和标准在规范和效力上的互补

从规范性内容看,法律与标准融合意味着不同种类规范文件的互补性融合。一方面,法律是规范的一种,⑤是由国家强制力保证实施的规范文件⑥;标准是"为了在一定范围内获得最佳秩序,经协商一致制定并由公认机构批准,共同使用和重复使用的一种规范性文件",⑦标准一般具有自愿性。另一方面,法律既对公权力进行规范和约束,又为私权利提供保障;⑧以科学、技术和经验的

---

① 刘春青等编著:《美国 英国 德国 日本和俄罗斯标准化概论》,中国质检出版社、中国标准出版社 2012 年版,第 80~81 页。

② 刘春青等编著:《美国 英国 德国 日本和俄罗斯标准化概论》,中国质检出版社、中国标准出版社 2012 年版,第 60 页。

③ 《The European Standardization System》,网址:https://www.cen.eu/about/RoleEurope/ESS/Pages/default.aspx,访问日期:2023 年 9 月 19 日。

④ 刘春青等编著:《美国 英国 德国 日本和俄罗斯标准化概论》,中国质检出版社、中国标准出版社 2012 年版,第 13 页。

⑤ [日]长谷部恭男著,郭怡青译:《法律是什么?法哲学的思辨旅程》,中国政法大学出版社 2015 年版,第 100~101 页。

⑥ 柳经纬:《标准与法律的融合》,载《政法论坛》2016 年第 6 期。

⑦ 沈同、邢造宇、张丽虹主编:《标准化理论与实践》,中国计量大学出版社 2010 年第 2 版,第 8 页。

⑧ 王利明:《法治:良法与善治》,北京大学出版社 2015 年版,第 15 页。

综合成果为基础的标准主要为了其预期目的改进产品、过程和服务的适用性,防止形成贸易壁垒并促进技术合作。[1] 因此,标准与法律之间的互补性融合不仅体现内容的互补性,还有效力的互补性。规范内容上的互补性融合是指,标准的技术性规范为法律有关权利义务的抽象性规定提供实施路径,例如,《中华人民共和国食品安全法》(以下简称"《食品安全法》")第 4 条规定:"食品生产经营者对其生产经营食品的安全负责……保证食品安全,诚信自律,对社会和公众负责……",至于如何履行"保证食品安全"的这一"抽象性"义务,《食品安全法》并没有给出具体的实施规范,但是该条第 2 款进一步指出,"食品生产经营者应当依照法律、法规和食品安全标准从事生产经营活动",这种在法律中引用"食品安全标准"的方式便是法律与标准融合的一种方式,生产经营者通过适用相关食品安全标准规定的具体指标从事食品的生产经营,便可保证食品安全。

从规范性效力看,规范效力上的互补性融合是指,标准的自愿性与法律强制性之间的互补性融合,这种"互补性"会根据融合方式的不同呈现出不同的内涵。一方面,在法律"间接引用"标准的融合方式中,效力上的互补性由于标准(清单)与法律在形式上的分离、在"符合性推定"关系上的便捷性[2],使得适用者在符合法律"强制性"要求的过程和方式上具有"自愿"选择的空间,既可以选择法律引用的标准来满足立法要求,也可以选择其他技术方案来证明其产品/服务的符合性;另一方面,标准的自愿性与法律强制性之间的互补还体现为,二者因融合提升了各自的实施效果,一边是原先自愿性的标准因与法律融合,标准的自愿性效力会发生"转化"或者成为"实施上的强制性标准",从而提升自愿性标准的实施效果,例如,中国政府标准体系中的推荐性标准若被法律法规所引用,该推荐性标准便具有"相应的强制约束力",应当按法律法规的相关规定予以实施;[3]另一边是强制性法律的实施效果得到有效提升,通过内容上的互补性,标准起到"延伸法律规范功能的作用",便于规范权利、义务等抽象内容的法律有效落到实处,从而提升法律的实施效果。[4]

---

[1] 沈同、邢造宇、张丽虹主编:《标准化理论与实践》,中国计量大学出版社 2010 年第 2 版,第 8~9 页。

[2] 关于"符合性推定"关系中的"便捷性":以欧盟新方法指令"间接引用"欧洲标准为例,在"间接引用"中,法律与标准的融合通过"符合性推定"方式建立,即满足欧洲标准的要求即被"推定"为符合欧洲标准所支持的相应欧盟指令中的基本要求,因而,尽管对欧洲标准的适用具有自愿性,但选择适用欧洲标准被认为是符合欧盟(新方法)指令要求"最便捷"的途径。

[3] 甘藏春、田世宏主编:《中华人民共和国标准化法释义》,中国法制出版社 2017 年版,第 30 页。

[4] 柳经纬:《标准与法律的融合》,载《政法论坛》2016 年第 6 期。

3. 融合推进"由上至下"与"由下至上"结合的治理体制形成

从融合的运行机制看,标准与法律融合连接了政府、市场和社会不同的"子系统",与上文关于融合主体的探讨侧重静态关系的描述有所不同,标准与法律融合的运行机制侧重为我们展现"公私合作"中的动态关系。从"由上至下"的角度看,法律与标准融合需要不同制定主体之间的合作,确保标准为立法政策的落实提供适当的技术支持。例如,德国联邦政府与DIN签订了《合作协议》用以指导和规范DIN的标准化活动:一是通过政府向DIN提供必要信息以保证DIN制定的标准足够满足政府需要;二是政府通过财政支持确保DIN制定的标准满足政府立法和公共管理需要;三是政府可依据其在技术上的职责和请求向DIN技术委员会的管理局派代表担任成员;四是该协议要求"竭尽全力保证DIN标准不破坏联邦政府为了促进自由贸易、消除贸易壁垒而签订的政府间协议中做出的那些承诺",并要求DIN及时修订、废止或暂不制定发布任何与联邦政府发布的技术法规相冲突的标准等。[①]《合作协议》的相关规定表明,在标准与法律融合的"由上至下"的运行机制中,政府、立法机构通过向标准化组织输出信息、财力和人员来确保标准支持立法政策,并通过合同关系和法律法规确保标准化组织的活动不对政府和立法机构的相关工作造成不利影响。

从"由下至上"的角度看,社会各方通过标准制定程序和标准为立法政策提供支持的机制参与规制治理,这种"由下至上"表现为社会主体通过标准化体系为决策提供民主基础和信息反馈,从而提高决策的适用性并保持立法决策和标准的生命力。这里作为桥梁作用的"标准化体系"具体是指标准的制修订程序,由于标准的本质在于"统一规定",成为有关各方"共同遵守的准则和依据",[②]因而,标准必须经过特定的程序产生,其中一定要体现出充分的协商一致性。[③] 这种"协商一致性"的标准制定程序便于各利益相关方参与标准化活动并据此在标准支持立法的机制中反映其利益需求。从另一个角度看,"由下至上"还为立法决策提供了难得的实时信息反馈,确保立法政策符合市场需求和社会发展。

---

① 刘春青等编著:《美国 英国 德国 日本和俄罗斯标准化概论》,中国质检出版社、中国标准出版社2012年版,第80~82页。
② 王忠敏主编:《标准化基础知识实用教程》,中国标准出版社2010年版,第3页。
③ 沈同、邢造宇、张丽虹主编:《标准化理论与实践》,中国计量大学出版社2010年第2版,第9页。

第二节 标准与法律融合的基础和动因

一、标准与法律融合的基础

(一)规范性基础

标准与法律融合的基础在于,二者在内容上均具有规范性特征。根据 ISO/IEC 指南 2 对"标准"的定义可知,它是"为了在一定的范围内获得最佳秩序,经协商一致制定并由公认机构批准,共同使用和重复使用的一种规范性文件"[①]。而"法律"是"由立法机关依照法定程序制定并颁布,由国家强制力保证实施的规范文件"[②]。从定义中可知,法律和标准均为规范性文件,且二者都含有对秩序的追求。

规范可以将有序关系和有序程度引入行为和行动中。一方面,法律通过将秩序和规则性引入私人交往和政府机构的运作中,以在两种社会生活的极端形式(无政府状态和专制政治)之间维持一种折中或平衡。因而,我们可以将法律制度划分为私法制度和公法制度,前者可以界定出私人或私人群体的行动领域,以避免或阻止相互侵犯、严重妨碍他人私权利的行为和社会冲突;后者通过限定和约束政府官员的权力,以防止或救济公权力对私人权益的不当侵损和任意的暴政统治。由此可以看出,法律是通过"规范"将有序关系引入私人交往和政府机构的运作中。"规范(norm)这一术语源自拉丁文 *norma* 一词,它意指规则、标准或尺度",从法律的语境看待规范,它含有一种允许、命令、禁止或调整人的行为和行动的概括性声明或指令的特征。[③]

另一方面,标准所追求的"一定范围内的最佳秩序",是指"通过制定和实施标准,使标准化对象的有序化程度达到最佳状态"。[④] 桑德斯在 1972 年发表的《标准化目的与原理》一书中将"标准化"定义为"为了所有方面的利益……在所有有关方面的协作下,进行有秩序的特定活动所制定并实施各项规定的过程"。

[①] 宋明顺、周立军主编:《标准化基础》,中国标准出版社 2013 年版,第 3 页。
[②] 柳经纬:《标准与法律的融合》,载《政法论坛》2016 年第 6 期。
[③] [美]博登海默:《法理学:法律哲学与法律方法》,邓正来译,中国政法大学出版社 2010 年版,第 246 页。
[④] 柳经纬:《标准与法律的融合》,载《政法论坛》2016 年第 6 期。

由此可以看出,制定和实施标准的目的在于对秩序的追求,尤其是追求标准化对象在有序化程度上达到最佳状态,而制定标准可以通过技术规范将其对标准化对象应达到有序化程度的要求引入产品生产、质量管理和服务提供中。

(二)一般性规则基础

法律和标准(作为规范)一般不对个别情形做特殊处理。一方面,法律通常与"普遍性"之间存在紧密联系,乌尔比安(Ulpian)指出,法律规定不是为个人制定的,而是具有"普遍的适用性";保罗(Pollus)提出,"立法者并不关注那些只会发生一两次的情形";约翰·奥斯丁(John Austin)则认为对某类作为或不作为具有"普遍约束力"的命令才是法律。因而,法律制度在指导私人行为与官方行为的规则上会采用一般性陈述,"法的对象始终是普遍的",既不为个人制定,也不关注只会发生一两次的情形,而是针对"某类"作为或不作为进行立法上的规范。法律的一般性规则为其带来了可预期性的特征,"人们能由此预见到尚未被起诉的情形的法律后果,进而能在因此而变得较为确定的未来中安排他们的行为"[1],法律的可预期性进而为适用、实施和执行法律规范提供了确定性的保障。

另一方面,标准在一定范围内,对活动或其结果规定了"共同的和重复使用的"规则,同样具有普遍性而非针对个别情形。一来,标准既源于实践、高于实践,又必须回归实践中去指导实践,只有具有共同的和重复使用特性的事物和概念,才能通过经验的积累制定出相应标准并借此不断深化;二来,标准的基础是科学、技术和经验的综合成果,标准的社会功能在于固化和推广这些综合成果,进而促进科技水平提高和生产发展,这就要求标准须符合客观规律并具有普遍性,只有这样才能提高标准的群众性、实践性和权威性;三来,为了追求一定范围内的最佳秩序,标准还要在谋求利益共同性的基础上,促进一定范围内的"统一使用"或"共同使用",这不仅要求标准的制定程序须体现出充分的协商一致性,还要求从不同角度和侧面对不同类型的标准进行统一,确保一定范围内的统一性和互换兼容性。

(三)互补性基础

在规范、秩序和一般性规则的共同基础上,法律和标准可以在相同领域内统一和一致地调整或处理相同的现象,使得行为和关系达到某种合理程度的秩

---

[1] [美]博登海默:《法理学:法律哲学与法律方法》,邓正来译,中国政法大学出版社2010年版,第252页。

序。尽管法律与标准的融合表现在,对相同领域的相同现象进行规范,但法律和标准所规范的角度、使用的规范工具等均存在差异性,进一步而言,二者在规范内容、规范角度和规范工具的使用上具有互补性。

一方面,法律作为一种必不可少的行为规范,通过权利和义务的设定,既约束人们的行为也为其行动提供依据,同时,法律由政府机关制定或得到其权威性认可,并由国家强制力保证实施。因而,法律的规范视角及其规范内容在于,为了规范公权力和保障私权利,立法通过权利和义务的配置对社会行为提出规范性要求。[1] 法律所使用的规范工具主要是指,法律规则中含有的允许、命令、禁止或调整人的行为与行动的概括性声明或指令。例如,《中华人民共和国食品安全法》第 4 条对食品生产经营者的生产经营行为提出命令性要求:"食品生产经营者应当依照法律、法规和食品安全标准从事生产经营活动,保证食品安全……"《中华人民共和国药品管理法》第 7 条对开办药品生产企业提出禁止性指令:"开办药品生产企业……无《药品生产许可证》的,不得生产药品。"《中华人民共和国消费者权益保护法》第 7 条为保障消费者安全提供了允许性声明:"……消费者有权要求经营者提供的商品和服务,符合保障人身、财产安全的要求。"

另一方面,标准作为标准化工作的成果,以科学、技术和经验的综合成果为基础,为产品或有关的工艺过程或生产方法提供准则、指南或特性,标准也可包括或仅仅涉及术语、符号、包装、标志或标签要求。[2] 因而,标准的规范视角及其规范内容在于,为了促进最佳的共同效益,[3]标准通过规定产品、工艺过程或生产方法应满足的技术要求,以确保其适用性。标准所使用的规范工具主要是指自愿性的准则、指南或特性等技术规范。例如,由美国环境保护署(EPA)在 1992 年建立的能源之星计划,实际是一个电子产品的国际性能效标准,用于家用和商用方面适用高能效的办公设备和消费电子产品,包括计算机、打印机、电视机和复印机等,其中,《电视机产品能源之星计划要求产品规范 合格标准(5.3版)》(以下简称"《电视机能效标准》")(ENERGY STARR Program Requirements Product Specification for Television Eligibility Criteria Version 5.3)对

---

[1] 柳经纬:《标准与法律的融合》,载《政法论坛》2016 年第 6 期。
[2] 沈同、邢造宇、张丽虹主编:《标准化理论与实践》,中国计量大学出版社 2010 年第 2 版,第 281 页。
[3] 洪生伟编著:《标准化管理》,中国质检出版社、中国标准出版社 2012 年第 6 版,第 28 页。

电视产品睡眠模式的功效要求,"电视产品在睡眠模式下,最大允许功耗应不超过1.0W"①。相比于作为社会生活制度用以规范社会关系和社会秩序的法律而言,标准的目的在于促进最佳的共同效益,如美国能源之星计划通过将电子产品在闲置未使用时自动切换到睡眠模式、降低待机模式功耗来减少大量的能源消耗,协助家庭和企业过渡到一个低碳节能的未来。②为此,在能源之星要求下的标准,通过规定产品在功耗上的最大限值,来有效降低能源消耗,进而开发办公设备和消费电子产品领域的节能潜力。

通过上述对法律和标准的比较分析和举例说明可知,法律和标准均是具有普遍性特征的规范,并且,它们在规范角度、规范内容和规范工具上具有互补性:法律从保护私权和规范公权的角度出发,通过设置抽象性的权利和义务规定,对社会关系和社会秩序进行规范和保护;标准则从促进最佳的共同效益出发,针对产品、过程或方法设置相应的技术要求,实现一定范围内的最佳秩序。这些有关法律和标准的共同性特征和互补性内容,是法律和标准发生融合的基础。现实中,为了有效落实法律要求、实现法律目的,往往通过融合法律与标准的方式,从不同方面对法律和标准规范的共同对象提出立法上和技术上的要求。例如,《中华人民共和国保健食品管理办法》第1条阐述了制定本法的目的在于,"加强保健食品的监督管理,保证保健食品质量"。该法第21条便针对保健食品的标签和说明书提出了法律要求并融合了相关标准:"保健食品标签和说明书必须符合国家有关标准和要求,并标明下列内容:(一)保健作用和适宜人群;(二)食用方法和适宜的食用量……(七)有关标准或要求所规定的其他标签内容。"这便属于立法要求(或立法目的)与标准的技术规范相融合的典型例子。

总而言之,法律和标准共同具备的"规范性"基础,为二者融合提供了可能性;法律和标准在规范内容上共同具有的"一般性"特征,而非针对个别情形所做的特殊处理,为一定范围内法律和标准以不同类型的规范作用于同一领域、同一对象奠定了基础;法律和标准在规范角度、规范内容和规范工具上的互补性,使得法律和标准在一定范围内发生融合成为必然选择。

---

① 李峰主编:《澳大利亚能效政策法规标准实用指南》,中国标准出版社2013年版,第85页。

② 李峰主编:《澳大利亚能效政策法规标准实用指南》,中国标准出版社2013年版,第29页。

二、标准与法律融合的动因

(一)融合的内因:克服缺陷与促进实施

标准与法律融合的内在需求体现在,一方面通过融合克服各自存在的缺陷,另一方面促进法律要求的落实和标准的高效实施。

首先,法律与标准融合有利于克服法律的缺陷。其一,法律的权威性一部分来自其规则的稳定性,但这种稳定性从另一方面也反映出法律的保守倾向,即"法律是一种不可朝令夕改的规则体系"①。作为设定权利义务的社会生活制度,法律一方面应尽可能避免不断修改,以确保法律规则的可预见性及其对自由和安全等重要利益的保护,另一方面又需要适应社会变化,否则法律制度便会成为社会进步和改革的羁绊,甚至与一些易变且重要的社会发展力量发生冲突。法律的这种"时滞"②(time lag)问题结合立法过程的缓慢性,需要一种对社会变化反应快速又可以根据各方面发展及时制定的规则体系与法律制度相结合,既可以保证法律制度稳定连续地保障私权利和规范公权力,又能适应各种利益关系的发展变化,得到广泛认可。标准与法律的融合便为克服法律制度的这一缺陷提供了解决方案,在应对社会和市场变化方面,标准可以快速反应,既反映最新的技术发展现状,又能通过对各利益方的协调满足多方需求、获得广泛认可,而不影响法律通过权利和义务设定对社会关系的规范和发展;在维护法律权威性和稳定性方面,标准为法律提供具体支持的方式在于"融合"而非"技术立法",因而,当标准根据社会和科技进步不断、调整修订时,不需要法律条款跟随修订,便不会影响法律的稳定性和权威性。

其二,法律的稳定性、连续性和可预见性来自其一般性规则的形式结构,通过有关权利义务规定的普遍性效力对社会关系进行规范。法律的这种趋于僵化的约束方式在面对复杂多样的人际关系时不免会出现过分严厉的问题。一是在私人权利领域,面对复杂多样的社会关系,法律可能因规则过于僵化或过分严厉导致出现"管理变成强制、控制变成压制"的问题。以极权统治时期的晚期罗马法为例,此时的罗马法以一切手段干预私人生活,包括职业的选择和遗传职业的强行规定,如手工艺人不仅只能做这一类工作还要其孩子(被迫)继承

---

① [美]博登海默:《法理学:法律哲学与法律方法》,邓正来译,中国政法大学出版社2010年版,第420页。

② [美]博登海默:《法理学:法律哲学与法律方法》,邓正来译,中国政法大学出版社2010年版,第420页。

父亲的职业。二是在公共行政领域,法律的限制性规定会缩小甚至扼杀政府在权力运用上行使必要的自由裁量权的空间,例如,19世纪美国的公共行政有时会因法律的极强限制性而受到妨碍。[①] 因而,为了克服法律在形式结构上的僵化性和过分严厉的缺陷,需要一种具体制度既可以通过其灵活性规范与法律的刚性相结合,又可以运用其合理指标为实现法律原则和立法目的提供具体路径。标准与法律的融合便为满足法律这方面需求提供了科学合理的结合方案。在私人权利领域,标准的本质特征在于统一,因而,面对复杂多样的社会关系时,标准可以谋求利益的共同性,并为人与事物之间的兼容性问题提供解决方案,再结合立法目的和法律原则为规范和发展社会关系、保护公共利益保驾护航;在公共行政领域,标准以政府管理经验为基础,为政务服务、社会治理等基本公共服务提供通过统一的技术要求,通过与法律融合,既从立法上为政府的自由裁量权留出一定的空间,又为其提供公共服务等活动提供科学合理的具体规范和指导。

因而,英国标准协会(BSI)与英国政府在1982年签署了《英国联合王国政府与英国标准协会关于认可BSI为国家标准化机构的谅解备忘录》,强调标准与法律的融合可以通过标准对法规的支撑,推动更好的法规在市场竞争、创新、减少贸易壁垒、公平交易、保护消费者和环境等公共政策上的制定。[②] BSI还发布了《标准使法规制定更轻松》的报告,集中阐述了标准如何使法规的制定和实施更容易,"标准并不是一种温和的选择,它们是满足法规要求的条件"[③]。

其次,法律与标准融合有利于克服标准的缺陷。法律与标准算是一对比较有趣的组合,标准的某些优势正好可以在一定程度上弥补法律的一些劣势,而法律固有的优点也可以克服标准存在的某些缺陷。一方面,标准的灵活性及其快速反应可以弥补法律某种程度上的僵化或过于严厉的规则设定;另一方面,以科学、技术和经验的综合成果为基础的标准,很难兼顾对私权有效保障和对公权进行规范的领域,而这一领域正是法律发挥重要作用的领地。因此,通过与法律融合,可以结合法律与标准各自的"专业所长",便于标准领会和吸收法律精神和法律原则,在某些重要领域运用其技术规范为私权的保障和公权的有效发挥提供专业的技术支持。

---

① [美]博登海默:《法理学:法律哲学与法律方法》,邓正来译,中国政法大学出版社2010年版,第423页。

② 刘春青等编著:《美国 英国 德国 日本和俄罗斯标准化概论》,中国质检出版社、中国标准出版社2012年版,第52页。

③ 刘春青等编著:《美国 英国 德国 日本和俄罗斯标准化概论》,中国质检出版社、中国标准出版社2012年版,第57页。

例如,中国《海洋工程环境影响评价技术导则》(GB/T 19485—2014)(以下简称"《海洋工程标准》")作为一项国家推荐性标准在其引言中对标准与法律的融合、二者融合的重要作用进行了阐述:"为贯彻《中华人民共和国海洋环境保护法》、《中华人民共和国海域使用管理法》、《中华人民共和国环境影响评价法》和《防治海洋工程建设项目污染损害海洋环境管理条例》等法律法规,防止和控制海洋工程对海洋环境的污染,维护海洋环境、资源的可持续开发利用,维护海洋生态平衡和保障人体健康,维护海洋工程所有者的合法权益,结合海洋环境科学的新进展和实际需求,在总结 GB/T 19485—2004 实施以来实践经验的基础上,修订本标准。"这项《海洋工程标准》一来表明了其以法律法规为制定依据,从而阐释了其与法律的融合方式,[1]二来阐述了该标准与相关法律法规融合所发挥的重要作用:通过结合法律在保护环境、控制污染、促进资源开发和保障人体健康方面的立法要求与标准,根据环境科学发展、实际需求和实践经验提供的技术规范,既发挥了标准对法律提供技术支持的作用,又通过法律在内容和方向上的指引,确保标准在规范和发展社会关系、保护社会利益等领域提供了科学合理的技术解决方案。

再次,法律与标准融合有助于促进法律的落实。法律与标准融合,除了有助于克服法律的时滞问题和法律规则过于僵化或过分严厉的缺陷之外,还有助于落实法律的抽象性要求及其立法目的。其一,法律规则是以一般的和抽象的术语来表达的,在面对复杂多样的社会关系时,因法律的时滞问题和立法过程的缓慢性等原因,导致其无法面面俱到地对社会生活关系做到极为详尽具体的规定,不然这种法律要么会成为进步和改革的羁绊,要么因无法避免法律制度的不断修改而破坏法律的稳定性和权威性,要么因过度使用法律控制手段而干预私人生活。例如,近代普鲁士大帝的法典对公民生活作出了事无巨细的规定,甚至对居民家庭内部隐私关系的细节进行规定。[2] 既然法律不宜从细节出发面面俱到地对社会关系进行规范,要确保法律的可预见性、稳定性和连续性,便需要创造性地开发或运用已存在的行为规则,为落实法律(即便在某些领域)的抽象性要求提供具体的实施路径。而与法律在规范上具有互补性的标准,可以通过其具体的技术要求达到"延伸"法律规范的作用。[3]

---

[1] 柳经纬:《标准与法律的融合》,载《政法论坛》2016 年第 6 期。柳经纬教授,在这篇文章中分析了标准主动与法律融合的现象——"标准吸收法律",包括表明标准以法律为依据而制定、将法律的原则和具体规范转换为标准的内容两种融合方式。

[2] [美]博登海默:《法理学:法律哲学与法律方法》,邓正来译,中国政法大学出版社 2010 年版,第 422~423 页。

[3] 柳经纬:《标准与法律的融合》,载《政法论坛》2016 年第 6 期。

标准与法律的融合方式存在多种类型，大体而言，从初期立法过程中是否融入详细具体的技术内容可分为"技术立法"和"法律援引标准"两类。"技术立法"是指，或者通过立法制定涉及产品、过程或方法的详细的技术指标，例如，欧盟协调技术差异的旧方法便采用立法阶段将技术法规与标准混合制定的方式，不仅在协调指令（欧盟法律）中列明了产品应达到的健康和安全目标，还包含了产品的技术标准，[1]这种法律要求与技术指标的紧密结合，可以确保立法目标通过适用技术标准的方式得以落实；或者在法律和授权立法上同时设定技术标准，例如，美国规制机构根据法律授权，依照严格的法定程序制定规制标准，并在《联邦规章汇编》(Code of Federal Regulation)中公布，[2]这种技术立法是通过在法律文件中公布具体技术标准的方式实现的，同样有助于通过对标准的实施实现立法目的。"法律援引标准"又可分为直接援引和间接援引两种方式，二者均指立法机关通过引用标准制定者所制定标准的基本信息，如标准名称、标准号等，来为落实其法律要求提供具体路径的指引。这种融合方式的主要特征在于通过引用标准基本信息的方式，确保法律与标准形式上的分离，从而促进标准内容与时俱进，同时不会破坏法律的稳定性。有关法律援引标准两种类型的各自内涵及二者之间的差别将在下文详述。

其二，法律不宜也无法面面俱到地对社会关系作出事无巨细的规定，这是法律自身缺陷所导致的一般性情况，除此之外，因法律规则的形式结构过于僵化，在某些情况下也不适宜将法律用作规范手段或协调方法。以欧盟为例，在深化发展欧盟单一市场的过程中，为了有效消除成员国之间的技术性贸易壁垒，欧盟的治理方法从完全依靠法律协调技术差异的旧方法转变为通过欧盟立法机构与欧洲标准化组织合作运用法律援引标准的方式（新方法），来协调各成员国的技术法规和技术标准，从而消除其间的技术差异和由此造成的技术性贸易壁垒。因而，类似欧盟这种超政府组织等情况，完全依靠法律的强制性及其僵化的规则反而不利于达到协调的目的，采用法律要求与技术标准相结合的方法看似迂回，却更有助于在法律目标层面上实现协调一致。

最后，法律与标准融合有助于促进标准的实施。从标准实施的角度观察标准与法律的融合，始于标准的自愿性属性，终于标准的目的，即"在一定范围内获得最佳秩序"。由于标准是通过"共同使用"（或称"统一使用"）的作用来实现一定范围内的最佳秩序，因而标准的制定程序须体现充分的协商一致性，以确

---

[1] 陈淑梅：《欧洲经济一体化背景下的技术标准化》，东南大学出版社2005年版，第41页。

[2] [英]科林·斯科特：《规制、治理与法律：前沿问题研究》，安永康译，清华大学出版社2018年版，第68页。

保标准的协调性和统一性,即各级各类标准做到相互协调以保证产品的设计、生产、流通和使用等各环节步调一致,以及标准对一定范围内某些内容的统一规范。① 而达成"协商一致"的关键之一是要保证参与标准制定的各利益方充分表达意见,这里的各利益方可能包括政府主体和非政府主体两种类型。然而,由于标准的自愿性属性,并不会因为标准的制定过程中有政府主体的参与便会提升标准的实施效率。一般在私人标准化程度较高的市场内,我们可以通过市场准入机制和消费者认可度等市场机制来提升对标准的实施效率,即便在这种情况下,仍需要国家对标准进行适当的监督和管理,因为标准的技术内容难以有效兼顾对私权的保障和公权力的规范,更别提在私人标准化程度不高的市场,更加需要在标准化建设中确保制定出的科学合理的标准得到高效实施。而标准与法律的融合便为提升标准的实施效率提供了一个适当的解决途径,通过与法律融合,标准实际上具有了法律赋予的强制效力,即法律约束力。② 例如,中国的推荐性标准同样是自愿选择适用的标准,但若推荐性标准被相关法律法规引用,则具有了相应的强制约束力,并应按照法律法规的相关规定来实施标准。③

(二)融合的外因:一般性与特殊性

从外部因素探讨标准与法律融合的必要性,可分为一般性分析和特殊性分析,一般性在于全球范围内标准与法律融合的外因,而特殊性在于各国/地区标准与法律融合存在一般性基础上各自较为特殊的考虑,这些特殊性考虑主要源自不同国家/地区在法治建设、标准化建设和经济政策等方面综合因素上的差异。

首先,标准与法律融合的一般性外因,主要指:一是标准和法律各自规范领域出现扩张和重叠的现象,二是基于节省立法成本和经费的考虑。其一,关于标准和法律规范领域出现扩张和重叠的现象,柳经纬教授对此已做过较为全面的分析,具体而言,一方面,法律从仅规范具有外部性的行为向社会生产系统内部纵深方向扩展,为了落实法律调整社会关系的目的,在涉及科学技术问题的领域,根据标准在质量闭环管理中的重要作用,以权力义务配置为规范方式的法律结合了标准提供的技术解决方案,达到立法对质量闭环管理过程一系列要

---

① 沈同、邢造宇、张丽虹主编:《标准化理论与实践》,中国计量大学出版社 2010 年第 2 版,第 198 页。
② 柳经纬:《标准与法律的融合》,载《政法论坛》2016 年第 6 期。
③ 甘藏春、田世宏主编:《中华人民共和国标准化法释义》,中国法制出版社 2017 年版,第 48 页。

求的落实,比如,劳动法对劳动卫生安全条件的要求,环境保护法对污染物排放量少的工艺要求,食品安全法对食品"从农田到餐桌"过程中有关危害人体健康物质的限量要求、食品添加剂品种要求和生产经营过程中的卫生要求等,均需要标准提供相应科学合理的技术规范才能得到落地实施;另一方面,在法律扩张到标准固有的规范领域的同时,也存在标准扩张到法律所规范领域的现象,即标准化范围从产品领域扩展到服务业和社会事业等法律所规范的领域,比如,2021年《国家标准化发展纲要》提出"推动行政管理和社会治理标准化建设",重点推进行政审批、政务服务、智慧监管、法庭科学、审判执行、法律服务等标准的制定与推广。因而,标准与法律重合的一般性外因在于,二者以各自机制对同一领域的同一对象发挥规范作用。其二,从内因的角度看,法律与标准融合为抽象性法律要求的落实提供了具体的实施路径,既克服了法律自身存在的缺陷,又促进了法律和标准的实施;从外因的角度看,法律与标准融合为立法机关寻找和制定技术解决办法提供了现成又便捷的途径,既发挥了立法者和标准制定者各自的立法和技术专长,又省去了大量的立法成本和相关经费。

其次,标准与法律融合的特殊性外因,大体上由一个国家/地区的法治建设、标准化建设及其经济发展政策等综合因素构成,是这些因素组成的综合体在细微上的差异既导致其国家/地区法律与标准融合的外因具有一定的独特性,又导致其间的法律与标准融合的模式不尽相同。

例如,美国国会批准了《1995年国家技术转让与推动法案》(NTTAA),并相继出台了《联邦参与制定和采用自愿一致标准及合格评定活动》(OMB通告A—119)和《2004标准制定组织推动方案》作为保证NTTAA实施的补充和支撑,其中,NTTAA的主要目的在于,提高私人组织与联邦政府部门在有助于国家经济发展和国家贸易的标准制定中的相互作用,具体包括,通过实施NTTAA将标准纳入联邦政府的法规中、推动联邦政府采用和参与自愿性标准的制定过程等,在公私合作的基础上推动技术创新并实现国家经济、环境和社会目标。因而,一来,美国的标准化法制较为健全,通过颁布NTTAA等一系列法案,为促进联邦政府与民间标准化组织之间的公私合作奠定法制基础;二来,美国的私人标准化发展较为活跃和完善,美国试验与材料协会(ASTM)是一个非营利的民间标准化组织,因其制定的标准质量高和适应性强,其中许多标准被联邦政府所采用,政府采用的模式之一便是法律法规引用标准,如联邦法规法典(CFR)引用ASTM标准的频次高达900;[1]三来,美国政府及其发布的一系列

---

[1] 刘春青等编著:《美国 英国 德国 日本和俄罗斯标准化概论》,中国质检出版社、中国标准出版社2012年版,第13~14页。

国家标准化战略,均重视技术标准和技术创新在推动国家经济发展和全球竞争中的重要作用,为有效保护国内市场、抢占国外市场和提高国家竞争力,通过法律与标准融合的方式是一项强有力的手段。

再如,欧盟层面上法律与标准融合的外因及其发展,与美国在20世纪80年代后期开始重视民间标准化活动并推动政府采用民间标准的历程有所不同。欧盟在20世纪80年代中期之前,采用技术立法方式融合法律与标准,即通过立法程序在法律中直接制定具体的技术指标,来"完全"协调各成员国之间在技术法规和技术标准上的技术差异。一来,美国是通过颁布有关标准化的法案来促进政府对民间标准的采用;而欧盟在1984年批准《关于技术协调与标准新方法决议》(以下简称"《新方法决议》")之前便通过技术立法的实践促进法律与标准的融合。二来,美国促进政府采用民间标准的出发点在于,认识到标准从技术创新角度推动国家经济发展和在全球竞争中抢占先机的作用,以及民间标准化的高质量发展及助力政府大大缩减成本并获得最新技术的优势;而欧盟法律融合欧洲标准的出发点在于,《新方法决议》出台前的欧盟技术立法方式(又称"旧方法")在协调各成员国技术差异的效率上过于低下,为了在消除因技术差异导致成员国间技术性贸易壁垒上提高效率,进而为深化发展欧盟单一市场扫清障碍,欧盟出台了《新方法决议》,对欧盟层面上法律与标准的融合方式进行了调整:据此,欧盟法仅需规定保护健康安全等公共利益的基本要求,由欧洲标准化组织根据欧盟委员会提出的标准化请求,制定出满足法律要求的具体技术标准(欧洲标准),只要符合发布在欧盟官方公报上的欧洲标准(标准与法律在形式上分离)便"推定"为符合相应的欧盟法律的基本要求。

因此,欧盟层面上法律与标准融合的外因与美国存在的区别,一是体现在推动融合发生的因素上,欧洲经济共同体成立不久,为了发展共同市场对各成员国的技术标准进行协调和统一,初期是通过欧洲标准化委员会向各成员国提供共同的标准即国际标准,来对各国国家标准实施最大限度的协调。但由于欧洲标准化委员会的成员是各国国家标准机构,这些机构无权对有关标准的政府法规实施统一,导致初期对技术差异的协调效果不明显。[①] 随后,运用技术立法(立法制定具体标准)来协调各国技术差异的模式便出现了。因而,相对于美国通过颁布标准化相关法案来推动法律与标准的融合而言,欧盟层面上法律与标准的融合是由发展共同市场、消除欧洲市场内技术性贸易壁垒的需求推动的。正因为美、欧在推动融合发生的因素上存在差异,导致二者在法律与标准融合

---

① 陈淑梅:《欧洲经济一体化背景下的技术标准化》,东南大学出版社2005年版,第23页。

的发展历程上呈现出不同的轨迹,美国通过一系列法案和配套政策促进法律与标准的融合,以及联邦政府与民间标准化组织的合作;欧盟则是在以深化单一市场为目标的欧洲技术协调的实践中不断探索法律与标准融合的最佳模式,以提高欧洲技术协调的效率。

二是体现在经济政策上,在美国,无论是联邦政府采用民间标准,还是法律法规与标准融合,均是建立在国家重视民间标准化高质量发展和标准强化技术创新并推动国家经济发展的认识上,因而,美国大力推动标准化领域的公私合作。标准与法律融合的出发点在于,受其经济政策的影响,具体而言,标准通过强化技术创新,对内有利于在促进国家贸易的基础上满足健康、安全和环境保护等公益需求;对外有利于保护国内市场,通过标准抢占国际市场,实现美国标准的全球化并借此提高国家竞争力。虽然,欧盟影响标准与法律融合的经济政策也可分为欧盟内部和国际竞争两部分,但因欧盟自身的特殊性,其影响欧盟法律与欧洲标准融合的经济政策,尤其强调对单一市场的深化发展和消除技术性贸易壁垒的集中性需求。

一方面,德国制定的《德国标准化战略》既受到与美国相似经济政策的影响,强调法律与标准的融合有助于支撑德国经济发展,通过标准这一保护健康、安全、消费者和环境等方面的战略工具,为延伸法律法规的规范作用提供有效的技术支持;另一方面,作为欧盟成员国之一,《德国标准化战略》吸收了欧盟的《技术协调与标准化新方法》,提出欧洲技术协调中的"融合式"方法,借鉴了欧盟作为超国家机构运用标准和法律对单一市场深化发展的经验,将标准与法律融合作为德国政府放松对经济干预的一种行之有效的模式。

第三节 标准与法律融合的基本模式

发达国家为适应工业现代化的社会化生产,早就开始有组织有计划地开展管理层面的标准化,通过制定和推行各种技术管理标准,为企业和社会的技术活动提供简捷科学的规范。[①] 随着发达国家标准化的发展,标准成为保证产品质量的前提,进而成为保障国家和公民利益的重要手段,涉及人身健康、财产安全、国家安全和生态环境等广泛领域。当标准化领域不断扩大并与法律规范的领域发生交错时,标准与法律的融合基础便形成,经济发达国家经常利用标准

---

① 沈同、邢造宇、张丽虹主编:《标准化理论与实践》,中国计量出版社 2010 年第 2 版,第 3 页。

与法律的融合来达到落实法律规范效果、跟进技术进步和市场需求并保障各方利益等目标。① 其中,标准与法律之间的关系表现为,一方面,当法律规范的问题涉及科学技术时,通过与标准融合得到技术支持,从而为实施法律提供具体的技术路径;另一方面,当标准与法律融合时,具有自愿属性的标准的执行便得到了法律强有力的保障。② 标准与法律融合的模式有多种类型,不同国家、地区和组织会根据其经济发展和标准化建设水平,选择不同类型的标准与法律融合的模式。

第一种融合模式是技术法规直接"采用"标准的模式,其特征是标准的文本与法律的文本融合,标准成为技术法规的组成部分,进而具有和技术法规一样的强制性效力。第二种融合模式是法律直接"引用"标准的模式,与第一种融合模式的区别在于,第一种模式中的技术法规"采用"的是技术标准的文本,而第二种模式中法律"引用"的是标准的基本信息,包括标准的名称、代号和顺序号等信息。第三种融合模式是法律"间接"引用标准的模式,其与第二种融合模式的共性在于两种融合模式均通过"引用"标准的模式,而非"采用"标准文本的方式;但其与第二种模式的差异在于"间接性",即相对于第二种模式中可以直接找到所引用标准的"基本信息",第三种模式无法通过法律的内容直接"定位"标准,而是需要在立法机关控制的官方刊物上查找为法律提供技术支持的标准清单。最后一种融合模式是直接将标准作为制定技术法规的基础,这种融合方式较为隐晦,它是美国标准与法律融合独特又常用的模式。

一、技术法规直接"采用"标准的模式

(一)技术法规与标准的关系:共性与差异性

1. 规范对象和范围上的重合性

WTO/TBT 协定对技术法规和标准分别进行了定义,技术法规是指:"规定产品特性或与其有关的工艺过程和生产方法,包括适用的管理条款,并强制执行的文件。当它们用于产品、工艺过程或生产方法时,技术法规也可包括或仅仅涉及术语、符号、包装、标志或标签要求。"而标准是指:"由公认机构批准、供共同和反复使用的、非强制性实施的文件。它为产品或有关的工艺过程或生产

---

① 柳经纬:《标准与法律的融合》,载《政法论坛》2016 年第 6 期。
② 沈同、邢造宇、张丽虹主编:《标准化理论与实践》,中国计量出版社 2010 年第 2 版,第 282 页。

方法提供准则、指南或特性。当它用于某种产品、工艺过程或生产方法时，标准也可包括或仅仅涉及术语、符号、包装、标志或标签要求。"①从技术法规和标准的定义中可以看出，二者在规范对象和范围上具有重合性的特征，二者都可以被用于规范产品、与产品有关的工艺过程或生产方法，而且均可以包括或仅仅涉及"术语、符号、包装、标志或标签要求"。

2. 符合性质上的差异性

技术法规与标准之间的区别最明显地体现在"符合的性质"上，与标准相符合具有自愿性，而与技术法规相符合具有强制性。此外，还有学者从这两种技术规范各自承载"正当目标"的能力出发，对技术法规与标准进行一定的区分，其根据是 WTO/TBT 协议第 2.2 条的规定："技术法规应包含为实现正当目标所必须的条款，即涉及国家安全、防止欺诈行为、保护人身健康或安全、保护动物植物的生命和健康以及保护环境时可制定技术法规。"相对而言，标准的自愿性则难以保证其有能力承载上述正当目标。② 但是，标准承载上述正当目标的能力较弱并不代表其不具有承载能力，这种"承载能力"强弱的区分方式对理解技术法规的强制性效力具有帮助，也可以在一定情况下用于分析强制适用标准的融合模式相对于自愿选择标准的融合模式在"某些领域"的优势所在，但若是将这种区分指标用来作为区别技术法规与标准的主要因素是经不起分析、推敲的。因为，标准化的发展历程及其自身性质导致标准本身便具有保护人体健康和人身财产安全等正当目标的重要作用，这说明标准也有能力承载正当目标方面的要求，只是能力相较于技术法规有时会弱些，但这种能力的强弱是微妙的，可能在某种情况下，标准承载正当目标的能力已经足够而不需要技术法规时，便出现二者无法进行简单比较的情形，这时若将"承载能力"强弱作为区分技术法规与标准的指标则很容易出现混乱的局面。

3. 差异性上的"微妙关系"

技术法规和标准的内容均涉及"术语、符号、包装、标志或标签要求"，以二者规范重合的部分进行研究可以发现，有时强制执行力可以保证技术法规有效地承载正当目标，但有时自愿性标准对正当目标的承载力在不同环境下也可以得到保证。例如，欧盟的技术法规之一——《关于协调统一成员国有关食品标签、展示和广告的 2000/13/EC 指令》（以下简称"《欧盟食品标签指令》"）第 3 条规定："……下列细节必须标示在食品标签上：(1)产品销售名称；(2)配料清

---

① 沈同、邢造宇、张丽虹主编：《标准化理论与实践》，中国计量出版社 2010 年第 2 版，第 281 页。

② 沈同、邢造宇、张丽虹主编：《标准化理论与实践》，中国计量出版社 2010 年第 2 版，第 282 页。

单……(5)最短保质期,对于微生物角度来说为高度易腐的食品则标示'……之前食用';(6)任何特殊的储存条件或食用条件……"根据《欧盟食品标签指令》可知,欧盟技术法规对食品标签方面的要求多是关于配料清单、食品保质期和必要的食用说明等信息,其目的在于实现保护人身健康和防止欺诈行为等"正当目标"。相比之下,国际食品法典委员会(Codex Alimentarius Commission,CAC)的《麸制不耐受人群的特殊膳食食用食品法典标准》(以下简称"《食品法典标准》")中有关推荐标示规定了:"未使用含量麸制的谷类加工的食品,麸制含量不大于20mg/kg,可以称为'无麸制食品'。"《食品法典标准》的这种技术性要求实际上也承载着保护人身健康安全的正当目标,由于是否为"麸制食品"的含量认定直接关系食品中是否含有导致人体过敏反应的食品过敏原,而含有麸制的谷类便是过敏原成分种类之一。但是,《食品法典标准》的规定因为仅是推荐标示,对于保护人身健康安全的技术指标在现实中是否得到普遍适用和推广则难以保证。

然而,在另一种情况下,标准与技术法规之间对于正当目标承载力的强弱并无明显差别,换句话说,即出现了标准的"自愿性"减弱而"强制力"显现的情况。Harm Schepel教授系统地探讨了标准具有"强制力"的现象,并提出了"事实上的强制性标准"的概念,即事实上具有强制力的自愿性标准。以欧洲的协调标准为例,协调标准属于自愿性的欧洲标准,Harm Schepel教授从"实际市场准入"的效果上判断出欧洲标准化组织拥有"实际的监管权",并从选择其他替代性手段要付出高昂成本的角度出发,得出自愿性协调标准拥有"实际上的强制力"的结论。① 根据欧盟《关于欧洲标准化的1025/2012号条例》②(以下简称"《1025/2012号条例》")规定,欧盟指令仅规定健康和安全等方面的基本法律要求,欧盟委员会(以下简称"欧委会")则将如何满足这些法律要求的技术标准委托给欧洲标准化组织制定,以为实施指令提供具体的技术路径。由此,满足协调标准的产品或服务就被"推定"为满足指令的基本立法要求(即欧盟标准与法律融合中的"符合性推定机制"),同时,协调标准仍保留其"私人化"和"自愿性"的特征。这是因为对于满足指令的基本要求,除了协调标准提供的技术规范之外还可选择其他替代方法或技术规范。但Harm Schepel教授研究发现,选择适用其他证明满足法律要求的技术规范,其证明负担过重、成本过高,证明程序需要花费较高的时间和金钱成本。这样看来,虽然对某一项协调标准的选

---

① Panagiotis Delimatsis, *The Law, Economics and Politics of International Standardisation*, Cambridge University Press, 2015, p.200~202.

② Regulation (EU) No 1025/2012 of the European Parliament and of the Council of 25 October 2012 on European standardization,*Official Journal* L 316, 14/11/2012.

择具有"自愿性",但在实践中要想产品或服务进入欧洲市场,若选择除协调标准之外的其他技术规范或手段会被设置更高的证明"门槛",这时,自愿性的协调标准便具有了"事实上的强制力",从而成为"事实上的强制性标准"。[1] 进而可以说,欧洲这类协调标准在正当目标上的承载力与技术法规的差距几乎不存在,二者同样都可以有效实现其技术要求所承载的正当目标。

自愿性标准对正当目标"承载力"的增强,除了通过"符合性推定机制"具有"事实上的强制力"之外,还可以通过标准化体系中的"角色定位"来有效保证其所承载的正当目标的实现。以中国的推荐性政府标准为例,根据2017年修订的《中华人民共和国标准化法》(以下简称"《标准化法》")第2条和第11条的规定,推荐性国家标准在中国标准体系中的"角色定位"在于,提供"满足基础通用、与强制性国家标准配套、对各有关行业起引领作用等需要的技术要求"。因此,推荐性国家标准的制定范围被立法严格定位在政府职责范围内的公益类标准上。例如,《GB/T 19883—2018 果冻》(以下简称"《果冻》推荐性国家标准")推荐性国家标准第7条规定:"凝胶果冻应在外包装和最小食用包装的醒目位置处,用白底(或黄底)红字标示安全警示语和食用方法,且文字高度应不小于3 mm安全警示语和食用方法可采用下列方式标示,例如:'勿一口吞食;三岁以下儿童不宜食用,老人儿童须监护下食用'。"虽然,《果冻》推荐性国家标准根据《标准化法》第2条仅具有"推荐采用"的效力,但是在中国标准体系建设中,推荐性国家标准作为政府主导制定的标准,具有与强制性国家标准相配套并对行业引领和指导的作用。因此,推荐性国家标准的适用性(符合的性质)较强,其承载正当目标的能力并不比强制性的技术法规或国家标准低。

综上所述,自愿性标准承载公益性"正当目标"的能力在不同标准化环境中,其承载力也不同。(1)当自愿性标准与立法要求之间具有"符合性推定"关系,并且其他符合法律要求的替代性手段证明成本过高时,这种自愿性标准便成为"事实上的强制性标准",进而具有"事实上的"强制力,这时自愿性标准承载正当目标的能力与技术法规相差无几;(2)当自愿性标准由政府主导制定并被立法定位为公益类标准时,这类自愿性标准承载正当目标的能力同样得到增强。除此之外,当自愿性标准获得较高的市场认可度等情况下,其对正当目标的承载力相较于一般的自愿性标准也会比较高。图1-2展示的技术法规与标准之间的关系图,其中,①和②体现了技术法规与技术标准之间的"联系"在于,二者是在规范领域上具有重合性的技术规范/技术要求;③体现了技术法规与技

---

[1] Panagiotis Delimatsis, *The Law, Economics and Politics of International Standardisation*, Cambridge University Press, 2015, pp.200~202.

术标准之间最显著的区别在于,在技术要求/规范的符合性上,适用技术法规具有强制性,而选择技术标准则具有自愿性;④则体现了技术法规与技术标准之间的"微妙关系"在于,一般来说,在对正当目标的承载力方面,技术法规的承载力相比技术标准而言要强很多,但是,根据不同国家、地区或组织在标准体系构建、标准支持法律政策和方式以及标准的市场认可度等不同因素的影响,其自愿性标准对正当目标的承载力也有强弱之分,有时自愿性标准的承载力会得到增强,甚至与技术法规的承载力相差无几。

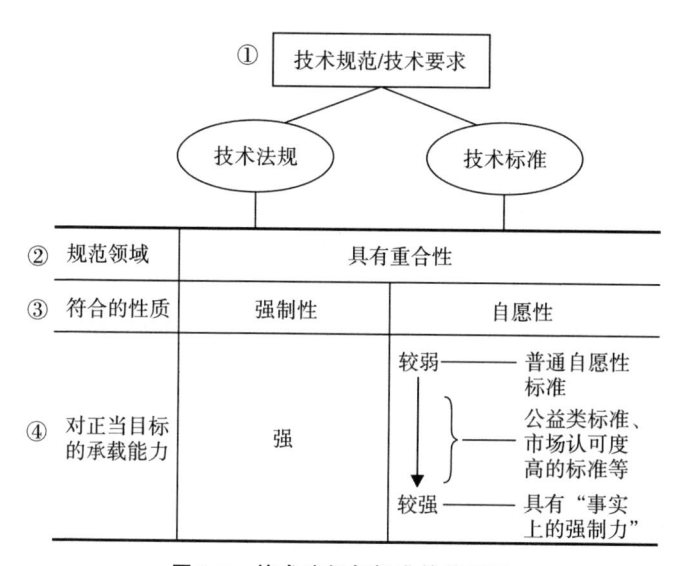

图 1-2 技术法规与标准的关系图

(二)技术法规与标准融合:技术法规直接采用标准

技术法规与标准产生融合的基础,源于二者之间存在着共性和差异性,二者的共性体现在,同作为技术规范,它们规范的领域和范围有很多重合之处;而差异性体现在,由于符合的性质上具有较大差异,导致二者承载公益性正当目标的能力在多数情况下也存在较大差距。因此,我们需要融合技术法规与标准各自不同的优势、弥补对方的缺陷,以更好地对产品、有关工艺过程或生产方法进行规范,在提高产品质量和促进贸易交流的同时,保护人身健康和安全、环境和动植物生命健康等公共利益。

对于技术法规直接采用标准的方法和形式,我们以美国技术法规"全文"采用标准的模式为例。美国联邦政府机构"直接采用"自愿性标准的模式是指:某一联邦机构将自愿性标准原封不动地引入到该机构制定的法规中。[1] 在标准与法律的融合模式中，需要注意法律"引用"标准的模式与法律"采用"标准的模式存在着区别，"引用"一般是指将标准的标题和代号等定位某项标准的基本信息引入法律法规中，而"采用"是指直接将标准的内容几乎原封不动地纳入法律法规中。此处技术法规"全文"采用标准的模式，便是指美国联邦机构将自愿性标准"全文"原封不动地引入其法规中的融合模式。

例如，美国职业安全和健康管理局（Occupational Safety and Health Administration，简称"OSHA"）将国家电气规范（National Electrical Code，简称"NEC"）以"全文采用"的方式纳入其制定的法规中，便属于技术法规直接采用自愿性标准的模式。OSHA是负责制定工作场所安全标准、执行工作场所安全检查和对用人单位进行罚款的联邦机构，隶属于美国劳工部，它还负责发布常识性标准和避免雇主将工人置于风险环境中的强制性法律。美国《联邦法规法典》（Code of Federal Regulations，简称"CFR"）则是由联邦登记局和政府出版局编制并在联邦登记册上公布的一般性规则，这些规则由联邦政府各部门和机构所制定。其中，美国联邦政府法规29CFR1910（CFR-Title 29：Labor-Part 1910-Subpart S-Electrical）是OSHA根据《美国法典》（United States Code，简称"U.S.C."）第29卷相关规定（第653、655和657节规定）和"劳工部长第8—76号命令"（Secretary of Labor's Order No. 8—76）而制定的职业健康和安全方面有关电气安全的规定，该规定全文采用了美国国家消防协会（National Fire Protection Association，简称"NFPA"）制定的国家电气规范[2]（NEC）。NFPA是非营利性国际民间组织，其制定发布的NEC属于自愿性标准，只有被联邦政府机构或地方政府采用时才成为强制性要求。[3] 具体而言，NEC第110.13条规定了关于"设备的安装和冷却"的技术要求[4]如下所示：

(8) 设备的安装和冷却：

(i) 电气设备应牢固地固定在安装它的表面上。不得使用嵌入砖石、混凝土、石膏或类似材料孔洞中的木塞。对本节第(b)(8)(i)段的说明：在砖

---

[1] 沈同、邢造宇、张丽虹主编：《标准化理论与实践》，中国计量出版社2010年第2版，第292页。

[2] NEC随着技术发展每两到三年修改一次。

[3] 熊华俊：《美国电子产品质量检验检测体系概述》，载《信息技术与标准化》2010年第6期。

[4] 《NEC(2008版)》，网址：http://www.doc88.com/p-6925528500963.html，访问时间：2023年12月15日。

石、混凝土、石膏或类似材料中打入孔洞的木塞不是固定电气设备的安全装置。

(ii)应安装依靠空气自然循环和暴露表面冷却的对流原理的电气设备,以使房间气流不被墙壁或相邻安装的设备阻止。对于设计用于地板安装的设备,应提供顶面和相邻表面之间的间隙,用来消散上升的暖空气。

(iii)应设置带有通风口的电气设备,以使墙壁或其他障碍物不会妨碍空气通过该设备自由循环。

OSHA制定的技术法规29CFR1910[①]中全文采用了NEC第110.13条的上述内容,并规定如下:

(A)设备安装:电气设备应牢固地固定在安装它的表面上。不得使用嵌入砖石、混凝土、石膏或类似材料孔洞中的木塞。

(B)设备冷却:应安装依靠空气自然循环和暴露表面冷却的对流原理的电气设备,以使房间气流不被墙壁或相邻安装的设备阻止。对于设计用于地板安装的设备,应提供顶面和相邻表面之间的间隙,用来消散上升的暖空气。

应设置带有通风口的电气设备,以使墙壁或其他障碍物不会妨碍空气通过该设备自由循环。

从内容来看,联邦政府部门和机构制定的美国联邦政府法规29CFR1910第110.13条全文采用了国家消防协会发布的国家电气规范,并使得该规范被采用的内容具有了强制力。这种全文引用的方式就是技术法规"直接采用"自愿性标准的融合模式。在这一模式中,相对于引用标准的融合模式而言,直接采用标准的融合模式更便于执行者遵照技术法规和标准的共同要求实施规范化的行为,免去了执行者还要根据法规的指引信息去查询相应标准的内容再遵照执行的麻烦。法规直接采用标准的融合模式除了为执行者提供遵照的便利之外,还减少了执行技术要求过程中执行错误标准、执行过时的标准等其他不必要的麻烦,只需按照技术法规的内容实施便是遵守了法规和标准的共同要求。

---

① 《技术法规29CFR1910》,网址:https://www.ecfr.gov/cgi-bin/retrieveECFR? gp=1&SID= b23f470077a428c0dd4c21a6936ba9dd&ty = HTML&h = L&mc = true&r = PART&n=pt29.5.1910#sg29.5.1910_1301.sg5,访问时间:2023年12月15日。

然而,技术法规直接采用标准的融合模式也有其缺陷:如果被引用全文的标准跟进实践、技术和市场的发展发生了变化,技术法规也需要进行相应的更新,以反映最新标准内容、最新技术进步以及市场和实践中的需求。这时,修订技术法规不仅会加大联邦政府机构和部门的立法成本,还会影响法律法规的稳定性和权威性。比如,在规范"工作场所的入口"方面,美国技术法规29CFR1910.303中采用了NEC旧版第110.26条规定的内容"应至少设置一个有足够空间的入口,以便电气设备进入工作场所"[①],按说这类一般性的技术规范由于未规定较为细致的技术要求,其稳定性相对较高,但NEC(2008版)仍然更新了这项技术要求,除了对工作场所的"入口"提出规范性要求外还增加了一个有关"出口"的规定,即要求"应至少设置一个有足够空间的入口,以便电气设备'进出'工作场所"[②],为大型设备"进出"工作场所提高了便利性。除此之外,更不用说具体技术要求更新频繁的可能性。

例如,该技术法规随后采用NEC旧版规定:"对于电流在1200安培以上且宽度超过1.83米(6.0英尺)的设备,包括电流装置、开关装置或控制装置,应在工作场所的每一端都有一个宽度不小于610毫米(24英寸)和高度不小于1.98米(6.5英尺)的入口……"[③]而NEC(2008版)第110.26条在技术要求上同样有了变化:"在大型设备方面,对于电流在1200安培以上且宽度超过1.8米(6.0英尺)的设备,包括电流装置、开关装置或控制装置,应在工作场所的每一端都有一个宽度不小于610毫米(24英寸)和高度不小于2.0米(6.5英尺)的入口和'出口'……"[④]NEC(2008版)不仅增加了有关"出口"的规定,而且在对大型设备的宽度和出入口的高度等数值方面更新了具体要求,这便使得最新版标准与采用旧版标准的法规在相应规定上存在了出入。虽然新版标准和法规的技术要求在括号中的数字没有变化,但它们在细微上的差异同样值得关注,这不仅说明了标准相比技术法规存在规范上的灵活性和更新快的特点,而且也揭示了技术法规在"直接采用"标准的模式中存在技术标准更新快而影响法律

[①] 《技术法规29CFR1910》,网址:https://www.ecfr.gov/cgi-bin/retrieveECFR? gp=1&SID= b23f470077a428c0dd4c21a6936ba9dd&ty = HTML&h = L&mc = true&r = PART&n=pt29.5.1910♯sg29.5.1910_1301.sg5,访问时间:2023年12月15日。

[②] 《NEC(2008版)》,网址:http://www.doc88.com/p-6925528500963.html,访问时间:2023年12月15日。

[③] 《技术法规29CFR1910》,网址:https://www.ecfr.gov/cgi-bin/retrieveECFR? gp=1&SID= b23f470077a428c0dd4c21a6936ba9dd&ty = HTML&h = L&mc = true&r = PART&n=pt29.5.1910♯sg29.5.1910_1301.sg5,访问时间:2023年12月15日。

[④] 《NEC(2008版)》,网址:http://www.doc88.com/p-6925528500963.html,访问时间:2023年12月15日。

法规稳定性的风险。

尽管法规全文引用标准会存在影响法律的稳定性和增加执行失误的问题,但这种标准与法律融合的模式的优势也是不可忽视的:一方面,通过融入私人标准化组织制定的自愿性标准,可以及时对市场需求和技术变化做出迅速反应;另一方面,提升实施者和监管者遵守法律和适用标准的便利性。[①] 解决方案之一在于,可通过立法机构与相关标准制定团体/组织之间更密切灵活的合作,如提高法规更新信息获取效率等方法,会有利于缓解或解决上述问题。

(三)"技术法规采用标准"模式与"技术法规"之间的确定性和模糊性

此处将重点探讨两类"关系",以便深入认识自愿性标准与技术法规之间的区别和联系:一是对"技术法规采用标准"的模式与"技术法规"之间的确定性与模糊性进行探讨,从而深入理解法律、技术法规分别与标准融合时的区别和联系,以便为进行法律与标准融合模式的类型探讨奠定基础,尤其是直观地认识法律"采用"标准模式的特征及其优缺点;二是对自愿性标准与技术法规之间的"距离"(差异性)进行分析,并根据二者之间"距离"逐步缩小的研究结论,为进一步探讨对公益性正当目标"承载力"提升的自愿性标准逐步"替代"技术法规的背景奠定认识基础。

1. 范围上确定性与模糊性的探讨

根据《ISO/IEC 指南 2:标准化及相关活动——通用词汇》(2004 年版)的定义,"法规"是指"由当局通过的,规定有约束力的立法规则的文件"。"技术法规"则是指"规定技术要求的法规,或者直接规定技术要求,或者通过引用或采用标准、技术规范或实施规程的内容的方式规定技术要求"。结合"法规"与"技术法规"的定义可以了解到,其一,技术法规属于法律体系的一部分,由其规定的"技术要求"既属于立法规则的范畴又具有法律约束力;其二,技术法规规定技术要求的"方式"主要有三种:一是技术法规直接制定技术要求,二是技术法规通过"引用"的方式引导实施者定位并遵照相应标准、技术规范或实施规程的内容来执行技术要求,三是技术法规通过"采用"的方式将标准、技术规范或实施规程的文本内容纳入技术法规中作为其技术要求。

首先,我们看到了"技术法规采用标准模式"与"技术法规"在范围上的"确定性":一是,作为规定技术要求的法规,通过"采用"标准来将标准的文本内容

---

① Dieter Ernst, America's Voluntary Standards System: A 'Best Practice' Model for Asian Innovation Policies? East-West Center, 2013.

纳入技术法规中作为其技术要求,是技术法规规定技术要求的一种方式;二是,除了"采用"标准之外,技术法规还有其他规定技术要求的方法,包括"引用"标准甚至"直接制定"技术要求。因而,如图 1-3 所示,"技术法规"与"技术法规采用标准模式"在范围上的"确定性"表现为二者是"包含与被包含"的关系,其一,作为法律体系的一部分,"技术法规与标准融合"的部分存在于"法律与标准融合"的范围内,即图 1-3 所示 B 部分所展示的重合区域;其二,作为"技术法规与标准融合"的一部分,"技术法规采用标准模式"只是图 1-3 所示 B 领域中的一部分,代表了一种融合模式,此外还存在技术法规"引用"标准的模式;其三,图 1-3 不仅展示了"技术法规"与"技术法规采用标准模式"在范围上的"确定性"——"包含与被包含"的关系,还表明了"技术法规采用标准模式"既属于技术法规内涵的范围,又属于技术法规与标准融合的范围,还属于法律与标准融合的范围。

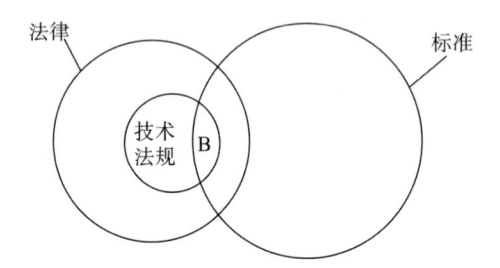

图 1-3 法律、技术法规分别与标准融合的关系图

其次,通过上文的分析,我们也可以窥见到"技术法规采用标准模式"与"技术法规"之间的"模糊性"所在:"技术法规采用标准模式",一来属于技术法规与标准融合的范畴,二来又存在于法律与标准融合这一更广的范围内,三来还可被纳入"技术法规"的定义中。相比较而言,"法律"是指"由立法机关依照法定程序制定并颁布,由国家强制力保证实施的规范文件"。因此,我们在探讨法律与标准的融合时,不会如技术法规一样出现"融合模式"与"融合中的一方"存在模糊性的问题,即技术法规与标准的融合便属于融合一方——技术法规内涵的问题。更明确地讲,从法律的定义出发来分析法律与标准融合中的关系,更类似于一种"目的与手段"的关系。例如,食品安全标准在《食品安全法》中为法律规范和评价食品生产经营者是否履行"对其生产经营食品的安全负责"①这项义务起到"规范延伸"的作用。对此,柳经纬教授将融合中(标准被法律援引时)标

---

① 《食品安全法》第 4 条第 1 款规定:"食品生产经营者对其生产经营食品的安全负责";第 4 条第 2 款规定:"食品生产经营者应当依照法律、法规和食品安全标准从事生产经营活动,保证食品安全,诚信自律,对社会和公众负责,接受社会监督,承担社会责任。"

准对法律的作用(关系)比作"具有延伸手获取物品功能作用的工具"[1]。因此,法律与标准融合相对于法律而言,是一种"手段与(立法)目的"的关系。相比之下,技术法规与标准融合相对于技术法规而言,是一种"被包含与包含"的关系。这两类关系上的差异主要源自法律、技术法规和标准之间在定义上的区别,这同时也解释了本书此处在探讨法律与标准融合的一般类型时,使用了"技术法规采用标准"的标题,而非"法律采用标准"的标题的原因:一是由于"采用"这种融合方式是指"技术法规全文引用标准的内容",二是由于技术法规的定义是指"(以直接规定/引用/采用的方式)规定技术要求的法规",三是由于标准的内涵是指"……以科学、技术和经验的综合成果为基础并经协商一致制定的一种规范性文件",因而,相对于技术法规而言,标准属于一种自愿选择适用的规定技术要求的规范性文件。综上,"全文采用"标准内容的法律因具有了技术法规的特征和内涵便被纳入技术法规的范围。因而,本书此处的标题便是"技术法规采用标准"的融合模式。

通过上文的分析,我们可以总结出法律、技术法规分别与标准融合时的区别和联系,实际上图1-3所示这两类融合之间的关系已非常清楚:一方面,两类融合之间存在重合部分,这源自技术法规是法律体系的一部分,因而其与的标准融合被包含在法律与标准融合的范围内(如图1-3中B部分所示);另一方面,由于技术法规内涵的特殊性,即它是一种规定技术要求的规范,因此,无论是本来的技术法规与标准融合(以采用/引用的方式),还是法律以"采用"标准的方式与标准融合,都会被归入技术法规与标准融合的范围(即图1-3中B部分),这是源于"采用"这种融合方式的特殊性,即全文采用标准的文本内容,这会使法律法规的内容直接规定有关的技术要求。

此处探讨法律、技术法规分别与标准融合时的区别和联系,有助于为我们在考虑使用何种法律与标准融合的类型时提供参考,主要是指法律"采用"标准这种融合模式带给我们的直观认识:一是,这种将标准技术规范的文本全文纳入法律法规的融合模式,具有立法成本低和执行便利等优点,同时因技术内容具有更新快的特点也会带来影响技术法规(法律)稳定性的问题;二是,从"技术法规"的定义出发——它是指"规定产品特性或与其有关的工艺过程和生产方法,包括适用的管理条款,并强制执行的文件。当它们用于产品、工艺过程或生产方法时,技术法规也可包括或仅仅涉及术语、符号、包装、标志或标签要求",当法律运用"采用"标准的方式与标准进行融合,此时的法律便成为"规定产品特性或与其有关的工艺过程和生产方法……"的强制性法律文件,这便涉及法

---

[1] 柳经纬:《标准与法律的融合》,载《政法论坛》2016年第6期。

律"转化"为技术法规的问题及随之带来的注意事项,包括在立法程序外对制定标准程序要求上的提升、对技术法规相对稳定性的维护,以及作为 WTO 成员对技术法规进行 TBT/SPS 通报的义务等;三是,与法律融合标准的其他模式相比,"采用"模式会带来法律"转化"为技术法规的情况,因为从结果来看,"采用"这种将标准文本直接纳入法律法规的融合模式与技术法规直接规定有关技术要求在表现形式上是相同的。上文谈到技术法规规定技术要求的方式有三种,除了直接规定和采用模式外,还有"引用"的方法。但本书认为,不宜在法律"转化"为技术法规的领域将"引用"方式作为"转化"的一种途径。例如,为"加强对产品质量的监督管理,提高产品质量水平,明确产品质量责任,保护消费者的合法权益,维护社会经济秩序"①而制定的《产品质量法》引用了有关保障人体健康和人身、财产安全的国家标准、行业标准;②为"保护和改善环境,防治污染和其他公害,保障公众健康,推进生态文明建设,促进经济社会可持续发展"③而制定的《环境保护法》引用了有关农用标准和环境保护标准;④为"保护劳动者的合法权益,调整劳动关系,建立和维护适应社会主义市场经济的劳动制度,促进经济发展和社会进步"⑤而制定的《劳动法》引用了有关国家劳动安全卫生标准。⑥

上述例举法律的立法目的侧重于调整不同领域的社会关系、保重消费者、公众和劳动者的合法权益等,而非在于对产品特性或与其有关的工艺过程和生产方法进行规范,我们由此可以联想到图 1-3 背后的含义:技术法规与标准融合本身便属于技术法规内涵的范畴,然而,法律与标准的融合更多地体现为"目的与手段"的关系,因而,法律"引用"标准的融合模式侧重于实现立法目的、落实法律要求。因此,本书认为,只有法律"采用"标准的融合模式才会产生法律"转化"为技术法规的现象,而其他融合模式,如法律"引用"标准则不会发生法律的

---

① 《产品质量法》第 1 条规定的内容。
② 《产品质量法》第 13 条规定:"可能危及人体健康和人身、财产安全的工业产品,必须符合保障人体健康和人身、财产安全的国家标准、行业标准;未制定国家标准、行业标准的,必须符合保障人体健康和人身、财产安全的要求。禁止生产、销售不符合保障人体健康和人身、财产安全的标准和要求的工业产品。具体管理办法由国务院规定。"
③ 《环境保护法》第 1 条规定的内容。
④ 《环境保护法》第 49 条第 2 款规定:"禁止将不符合农用标准和环境保护标准的固体废物、废水施入农田。施用农药、化肥等农业投入品及进行灌溉,应当采取措施,防止重金属和其他有毒有害物质污染环境。"
⑤ 《劳动法》第 1 条规定的内容。
⑥ 《劳动法》第 52 条规定:"用人单位必须建立、健全劳动安全卫生制度,严格执行国家劳动安全卫生规程和标准,对劳动者进行劳动安全卫生教育,防止劳动过程中的事故,减少职业危害。"

"转化"。

2. 自愿性标准与技术法规间的"距离"在缩小

美国各政府部门在制定技术法规时的基本原则是,先要对所有现行的、相关的自愿性标准进行审查,以确定一个可以适用的自愿性标准;如果没有适用的自愿性标准,才可以制定技术法规。[①] 由此可知,美国制定技术法规,一是以市场需求为基本原则,二是以现行可用的自愿性标准为基础,三是只有在没有可适用的自愿性标准时才可制定技术法规。例如,美国消费品安全委员会在决定是否依据《消费品安全法》制定技术法规时,必须逐步考虑其制定技术法规的必要性:(1)如果现行的自愿性标准可以达到消除或足以降低与产品有关的伤害的危险,而且消费品安全委员会已经评价并找到试验方法的情况下,则无需制定技术法规,仅需要消费品安全委员会从遵守自愿性标准的角度出发鼓励工业企业遵守和实施标准;(2)如果现行的自愿性标准基本适用,只有一些不足,则消费品安全委员会可提出推迟技术法规制定程序的动议,要求自愿性标准制定组织修改标准,以迅速弥补已找到的不足,这时该委员会可以监督或参与这些标准的修订程序;(3)如果消费品安全委员会认为尚没有消除或足以降低伤害危险的自愿性标准,则它可以根据《消费品安全法》第9节、《联邦危险品法》第3(f)节、《可燃纺织品法》第4(a)节制定消费品安全法规。[②] 通过美国的技术法规与自愿性标准之间的关系我们可以观察到,在标准化发展较为成熟的环境中,现行有效的自愿性标准完全可以"替代"技术法规发挥技术规范的作用。

通过探讨技术法规与标准之间的关系,我们对技术法规与标准的融合有了基础性的认识。此外,在分析技术法规与标准之间的共性与差异性时,我们还发现技术法规与标准之间的差异性或者称二者之间的"差距"在现实中呈现出逐步缩小的趋势,具体表现为:其一,在欧盟标准与法律的融合模式中,欧盟技术法规通过引入"符合性推定机制"使得欧洲自愿性标准成为了"事实上的强制性标准",具有了"事实上的"强制力;其二,中国通过标准化体制改革和《标准化法》的修订,在标准体系的构建中建立了由"国家标准、行业标准、地方标准、团体标准和企业标准"组成的"自愿性标准体系",并通过立法将"推荐性国家标准"定位成政府职责范围内的公益类标准,重点制定基础通用、与强制性国家标准配套、对各有关行业起引领作用的标准,由此提升了推荐性国家标准的地位

[①] 刘春青等:《国外强制性标准与法律法规研究》,中国质检出版社、中国标准出版社2013年版,第78~79页。

[②] 刘春青等:《国外强制性标准与法律法规研究》,中国质检出版社、中国标准出版社2013年版,第79页。

和其对公益性正当目标的承载力;其三,美国通过推广政府技术法规采用自愿性标准的政策和方法,使得现行有效的自愿性标准在现实中发挥了对技术法规的"替代性"作用。

综上所述,根据不同国家的标准体系建设、法律与标准的融合机制建设以及法律采用标准的政策建设等不同情况,从标准的角度来看,自愿性标准对公益性正当目标的承载力相对于技术法规而言,它们之间的差距在逐渐缩小,标准的承载力在逐渐增大;从技术法规的角度来看,自愿性标准与技术法规的界限越来越模糊,不仅出现了"事实上的强制性标准",还出现了自愿性标准对技术法规的"替代性"作用。从技术法规与标准的差异性出发,以二者之间不断发展、深化和"变形"的关系来看,自愿性标准的"承载力"提升、对技术法规的"替代性"作用,以及自愿性标准与技术法规之间界限模糊的现象是否可以实现由自愿性标准独立发挥作用,还是仍需要依靠标准与技术法规的融合来达到法律和技术共同规范的要求,需要本书进一步研究和探讨。

二、法律法规直接"引用"标准的模式

在认识法律"直接引用"标准的模式之前,我们首先需要区分法律直接"引用"标准的模式与技术法规直接"采用"标准的模式。这两种模式之间的主要区别在于,前者是指在法律文本中写入标准的"基本信息"(包括标准的名称、代号和顺序号等信息);后者是指在技术法规中直接纳入标准文本的"内容"而非定位到某一项标准或某一系列标准的基本信息。因此,相对于"采用"的模式而言,"引用"模式是在法律中通过纳入标准的基本信息与标准产生融合,并指引法律和标准的实施者定位具体的技术规范来执行立法要求和标准的技术规范。简而言之,从法律的执行者和标准的实施者的角度来看,"采用"式的融合方式属于"一体式"模式,即法律的执行者可以从法律文本中同时了解到立法要求和满足立法要求的具体技术规范。不得不说,"采用"模式为法律和标准的实施者提供了实施上的极大便利,省去了法律执行者为满足立法要求再去查阅相应技术规范所花费的额外时间和其他成本。而"引用"式的融合方式属于"定位式"模式,即法律的实施者一方面了解立法要求,另一方面根据法律中引用的标准的基本信息去定位具体的某一项/某一系列标准,再按照该标准提供的具体技术规范去实施标准和法律共同的要求,只不过标准的技术要求更具体,法律的立法要求较为抽象。

相比而言,"定位式"的融合方式对于实施者来说没有"一体式"的融合方式更加便利,但是对立法者而言为其却带来了很大的好处,即"定位式"的融合模

式有利于维护法律的稳定性和权威性,这一优势是"定位式"中标准与法律融合的具体模式所带来的。具体而言,"定位式"中由于没有直接写入标准文本的内容,只是引用了标准的"基本信息",因此,在标准随着技术发展而不断更新时,如果"定位式"没有定位某一具体版本的标准,而只是了定位标准的"最新版"时,则不需要引用该标准的法律进行相应的修订(这里指"不注明日期"的引用方式,"注明日期"的引用方式另当别论),这便维护了标准的稳定性和权威性,有利于法治建设带给人们稳定的预期和权威。然而,"一体式"中由于在法律中直接纳入了标准的具体内容,在标准不断更新时法律也要随之不断修订,从而破坏了法律的稳定性和权威性。由此可见,"一体式"和"定位式"的融合模式各有不同的优缺点,在实施上提供便利的融合模式可能会为立法者带来极大的不便,反之亦然。

其次,法律"直接引用"标准的融合模式还可以进一步划分为"注明日期"的引用和"未注明日期"的引用。其从字面上看很好理解。"注明日期"与"未注明日期"这两种直接引用模式的区别在于,是否在引用标准的基本信息中注明了"日期",这里的"日期"是指标准的"发布日期"。通过下文的例举我们可以发现,"注明日期"的直接引用模式与法律直接"采用"标准的模式有着共同的劣势,即均容易影响法律的稳定性,这是因为技术持续发展决定了标准不断更新的特点,如果法律与标准的融合模式选择了"采用"或"引用"具体某一项/某一系列标准的话,那么法律就需要随着标准的不断更新而进行相应的修订,这必然会影响法律的稳定性和权威性。相比较而言,"未注明日期"的引用由于没有具体定位某一年版本的标准,只需要适用某一标准的"最新版本"即可,这样无论标准如何更新都不需要法律随之进行修订,便不会影响到法律的稳定性和权威性。

最后,还需要将法律"直接"引用标准的模式与法律"间接"引用标准的模式相比较。这两种融合模式的区别在于,法律引用标准的形式具有"直接性"还是"间接性"。"直接引用"是指法律法规中直接写明其所引用的标准的基本信息,从法律文本中可以"直接定位"具体的某一项/一系列标准;"间接引用"是指法律法规中没有直接写明标准的基本信息,法律法规只规定有关健康安全等保护公共利益的立法要求,而满足立法要求的标准则由"法律法规机制机关列为清单,并在立法机关控制的官方刊物上发布"。简而言之,直接引用与间接引用的主要区别在于"定位"标准是否具有直接性。"直接性"表现在根据法律法规中的基本信息可以直接定位到满足立法要求的具体标准,而"间接性"表现为法律法规中没有提供定位具体标准的基本信息,即根据法律法规无法定位到具体标准,但是可以在立法机关控制的某一刊物中找到满足立法要求的相应技术标准的基本信息再行定位。法律"间接"引用标准的具体融合模式以及"直接"引用与"间接"引用之间的优劣比较将在下文中具体阐释。

(一)"注明日期"的直接引用

法律对标准"注明日期"的引用,是指在引用标准时会列出标准的名称、代号、顺序号和"发布日期"。①这种法律与标准的融合模式属于最严格的限制性引用方法,标准与法律之间是"一对一"的关系。这种融合模式的优势在于,它使得技术法规具有确定性,即只有该日期版本的标准能被使用,方便了技术法规的遵守和实施。但对于这种法律与标准的融合模式,实践界和理论界也指出其明显的不足在于,标准为了跟进最新科技的发展会定期(通常是每隔5年)进行复审修订,为此,为了反映技术的最新发展状况以及市场和社会的最新需求,法律法规也要随之相应地修改,然而,复杂、耗时的立法程序从立法成本和法律实施的便捷性出发,都不属于法律与标准融合的最佳模式。②

> (1)在本法规中,与人有关的噪声暴露标准是指:(a) 85dB(A)的 LAeq, 8h;或者(b) 140dB(C)的 LC, peak。
> (2)在本法规中:"LAeq,8h"表示根据 AS/NZS 1269.1:2005(职业噪声管理—噪声排放和暴露的测量与评估)标准确定的 8 小时等效连续 A-以 20 微帕为参考的加权声压级,单位为分贝(Db(A))。

以澳大利亚"注明日期"的引用/融合模式为例,澳大利亚为了向劳动者提供健康、舒适的工作环境,在《2011 年工作健康和安全法规》(以下简称"《工作健康和安全法规》")中引用了一项 2005 年版本的噪声标准以便对有害噪声进行识别、评价和控制。从下文摘录的《工作健康和安全法规》的部分内容可以看出,粗体部分是该法规所引用的"AS/NZS 1269.1:2005(职业噪声管理—噪声排放和暴露的测量与评估)"一项噪声管理标准的基本消息,其中包括了该标准的名称"职业噪声管理—噪声排放和暴露的测量与评估"、标准代号"AS/NZS"、标准顺序号"1269.1"以及该标准的发布日期"2005"年,表明《工作健康和安全法规》所引用的这项标准是 2005 年版本的标准。此外,《工作健康和安全法规》还专门对标准的代号进行解释,说明标准代号的来源。该法规在第 15 条"对标

---

① 沈同、邢造宇、张丽虹主编:《标准化理论与实践》,中国计量出版社 2010 年第 2 版,第 283 页。
② 沈同、邢造宇、张丽虹主编:《标准化理论与实践》,中国计量出版社 2010 年第 2 版,第 296 页。

准的引用"(References to standards)中说明:"……(2)在本法规中,含有'Australian/New Zealand Standard'或者'AS/NZS'符号的引用,这类符号后或者附上一个数字或者附上一个伴有日历年的数字时,便是对一项编号的标准的引用,这项标准或者由澳大利亚标准委员会(Standards Australia)和新西兰标准委员会(Standards Council of New Zealand)联合发布,或者代表澳大利亚标准委员会和新西兰标准委员会。"从这条"对标准的引用"的解释性规定中我们可以了解到标准代号的来源和标准顺序号的含义,以及这项标准的制定机构等基本信息。

再如,美国消费品安全委员(CPSC)根据国会颁布的《易燃织物法案》(FFA)制定了《服装用纺织品易燃性标准》(16 C.F.R. 1610),该技术法规第§1610.6条对自愿性标准进行了"注明日期"的引用如下所示。其中,"AATCC试验方法124—2006"中的"2006"这一数字表明《服装用纺织品易燃性标准》这部技术法规所引用的试验方法标准是2006年版本的。需要注意的是,这里的《服装用纺织品易燃性标准》(16 C.F.R. 1610)是一项技术法规,美国的技术法规是美国联邦政府为实施法律规定(如FFA规定),完成法律赋予的使命而制定的,并被收录在《联邦法规法典》(Code of Federal Regulations,CFR)中。[①]

(iii)通过引用将AATCC试验方法124—2006"重复家庭洗涤后织物的外观"纳入本法规中。联邦登记局局长根据《美国法典》(U.S.C.)第5部分第552节第(a)条和《联邦法规法典》(C.F.R.)第1标题第51部分的规定,批准了通过引用对该标准的纳入。

在法律"注明日期"引用标准的融合模式中,由于通过标准的"发布日期"可以定位到具体某一年版本的标准,所以这一种融合模式的优缺点与法律"直接采用"标准的融合模式有相似之处,除了二者在缺点上都会影响法律的稳定性之外,优点都是有利于实施者根据法律法规去实施满足立法要求的具体技术规范,只是"注明日期"式作为"定位式"的一种模式,其在实施方面并不如"一体式"模式更加便捷。在"直接引用"的模式中,由于法律与标准的关系体现了"定位式"的特点,因此通常需要法律法规在"对标准的引用"上进一步规范。例如,澳大利亚的《工作健康和安全法规》"对于标准的引用"的规定可以使适用者了解法规所引用的标准代号的来源和含义,并对澳大利亚标准的制定主体产生一

[①] 刘春青等:《国外强制性标准与法律法规研究》,中国质检出版社、中国标准出版社2013年版,第84页。

定认识。

(二)"未注明日期"的直接引用

法律对标准"未注明日期"的引用,是指法律在引用标准时仅列出标准的名称、代号和顺序号,而没有标准的"发布日期"。这种法律与标准的融合模式的特点是,它兼顾了法律的稳定性和标准的灵活性。它的优势在于,由于法律中没有列出标准的"发布日期",适用者仅需实施"最新版本"的标准即可,那么无论被引用的标准如何更新,都不需要相应地修改法律,这样在维护法律稳定性的同时,还可以保证法律能够反映技术的最新进展和市场的最新需求。[①] 当然,"未注明日期"的融合模式并非尽善尽美,虽然这种模式维护了法律的稳定性,但却使得立法者处于一种"被动"的地位。立法者的"被动性"也是由于法律引用标准"未注明日期"所导致的,这是因为,原来立法者在制定法律时引用标准意在找到满足立法要求最合适的技术解决方案,如果选择"未注明日期"的引用模式便无法确定法律所引用的是"未来哪种版本"的技术标准,那么立法者"事先选择"最佳技术解决方案的主动权便会丧失。

目前,上文对于法律直接"采用"标准、法律"注明日期"和"未注明日期"地直接"引用"标准这三种融合模式分别进行了介绍。从中我们可以看到,不同类型的标准与法律的融合模式各自具有不同的优势和劣势。那么,哪些因素可以导致某部法律采用其中一种或几种法律与标准的融合模式呢?我们以中国的标准化管理规范以及技术法规与标准的融合为例,其中的规定可以给我们一些有益的参考。中国 GB/T1.22—1993《标准化工作导则 第 2 单元:标准内容的确定方法—第 22 部分:引用标准的规定》(推荐性国家标准)第 1 号修改单中对法规"未注明日期"引用标准的模式进行了描述:"不注明日期引用标准,是指不标注发布日期(年号)或版次的方式对标准进行引用。采用这种方式时,实施技术法规应使用被引用标准的最新版本。不注日期引用标准可用于技术法规。"[②] 例如,1995 年由国家技术监督局颁布的《查处食品标签违法行为规定》第 2 条便体现了技术法规对标准未注日期的引用:"在中华人民共和国境内生产或者销售的预包装食品的标签必须符合强制性国家标准《食品标签通用标准》(GB7718)、《饮料酒标签标准》(GB10344)、《特殊营养食品标签》(GB13432)的规定,食品标签不符合上述规定的预包装食品不得出厂和销售。"该技术法规对各类食品标

---

① 沈同、邢造宇、张丽虹主编:《标准化理论与实践》,中国计量出版社 2010 年第 2 版,第 296~297 页。

② 《GB/T1.22—1993〈标准化工作导则 第 2 单元:标准内容的确定方法 第 22 部分:引用标准的规定〉第 1 号修改单》,载《中国标准化》1995 年第 2 期。

签标准的引用仅列出了标准的名称、代号和顺序号,并没有给出标准的发布日期。

法律"未注明日期"引用标准的融合方式,有利于技术法规通过适用最新版本的技术标准,来反映市场的最新需求和最新的技术水平,以便真正落实对人身健康等公共利益的保护。因此,"未注明日期"的融合模式适合用于需要对市场需求和技术发展快速反应的领域,比如食品和药品安全领域,以便切实保障公众的人身健康和安全。上文虽然提到,法律"注明日期"引用标准的模式有其明显的不足,但在一般情况下,选择"未注明日期"的引用模式在目前中国的标准化环境中所产生的劣势更加明显。原因在于,中国的标准复审周期相对较长,一般会长于国际上通行的每隔 5 年定期复审标准的周期。因此,如果选择法律"注明日期"引用标准的模式的话,法律法规的稳定性相对而言受到影响的程度较小,因为标准复审和相应地进行更新的周期会较长。

相比较而言,"未注明日期"的引用模式对发展中国家来说则既存在技术成本过高的问题又有现实中不合理的情况:一方面,"未注明日期"的引用中为了跟进技术进步和市场发展的要求而适用"最新版本"的技术成本较高,对发展中国家而言,因受到成本和信息技术等限制,在实际应用中对"未注明日期"的引用模式难以做到及时跟进技术快速发展以及试验方法和技术参数等不断更新的节奏;另一方面,发展中国家中更为现实的情况是,技术进展较慢,技术标准更新周期较长,这种情况下选择"未注明日期"的融合模式则显得不合理,如果法律所引用标准的"最新版本"长期不更新的话,那么选择"注明日期"的引用方式相对而言会更便利标准的适用者定位到具体的标准而实施。因此,在非食品、药品等重要领域中,类似中国等发展中国家会"先考虑采用注明日期引用的方式"[1]也是可以理解的。因此,此处我们可以总结出影响"法律与标准融合模式"的选择的一些考量因素,例如,"未注明日期"的融合模式因其"最新版本"的特征,会被优先考虑适用于需要对技术发展和市场需求快速反应的领域,比如食品和药品安全领域;"注明日期"的融合模式因其在适用上具有"一对一"的便利性,会被发展中国家优先考虑适用于技术发展较慢、标准更新周期较长等领域。

中国标准化工作的规范性文件中,除了对技术法规引用标准进行规范之外,还存在对"标准引用标准化文件"的规范。中国 GB/T 1.1—2000《标准化工作导则 第 1 部分:标准的结构和编写规则》(推荐性国家标准)中对规范性引用

---

[1] 汪燕松:《标准中"注日期引用和不注日期引用"的解析》,载《机械工业标准化与质量》2007 年第 5 期。

文件进行了规定:"下列文件中的条款通过 GB/T 1 本部分的引用而成为本标准的条款。凡是注明日期的引用文件,其随后所有的修改单(不包括勘误的内容)或修订版均不适用于本标准,然而,鼓励根据本标准达成协议的各方研究是否可使用这些文件的最新版本。凡是不注明日期的引用文件,其最新版本适用于本标准",有学者指出这一规定属于标准引用的原则。[①] 因此,中国在标准化建设中还存在着标准引用标准化文件的现象。

由此,我们通过观察从抽象性规范的法律与具体技术性规范的标准之间的互补关系,到技术性规范的标准与其他不同技术性规范的标准化文件之间的互补关系,可以得出一项观察性结论,即只要在内容上存在互补关系的规范性文件之间就存有发生融合现象的可能,无论发生融合的规范性文件是法律与标准之间、标准与标准之间,还是法律与法律之间均可能发生融合。"法律与法律之间的融合"现象可以欧盟《关于玩具安全的 2009/48/EC 指令》[②](以下简称"《玩具安全指令》")中的规定为例,该指令第 14 条规定:"当成员国或欧委会认为协调标准不能完全满足第十条和附件Ⅱ中规定的要求时,欧委会或有关成员国应将此事提交给《98/34/EC 指令》第 5 条成立的委员会。"其中,"《98/34/EC 指令》第五条成立的委员会"便是《玩具安全指令》引用了其他法律文件的名称、条款及其主要内容等基本信息。相应地,《98/34/EC 指令》第 5 条规定了这类委员会的组成、委员会主席以及委员会议事规则的制定等内容,为《玩具安全指令》的落地实施提供了具体途径。

三、法律法规"间接"引用标准的模式:立法要求与标准清单分离

2007 年,国际标准化组织(ISO)和国际电工委员会(IEC)共同发布了《在技术法规中使用和引用 ISO 和 IEC 标准》(以下简称"《引用国际标准》")的指南性文件,对技术法规引用 ISO 和 IEC 标准的优点和方法进行了介绍。ISO 和 IEC 等国际标准是推动国际贸易的重要基础,有助于减少各国之间的技术性贸易壁垒(TBT)。《引用国际标准》这一文件提供了在技术法规中使用和引用标准的两种方法:一种是直接引用标准方法,一种是间接引用标准方法。关于直接引用的方法上文已经描述,又分为注明日期的引用和不注明日期的引用;而间接引用是指将法规制定机关认可的标准列为清单,并在立法机关控制的官方刊物

[①] 汪燕松:《标准中"注日期引用和不注日期引用"的解析》,载《机械工业标准化与质量》2007 年第 5 期。

[②] Directive 2009/48/EC of the European Parliament and of the Council of 18 June 2009 on the safety of toys, OJ L 170, 30.6.2009.

上发布。法规间接引用标准的方法使得标准与法律在内容上"融合"、在形式上分离,其优势在于,随着经济发展和技术进步,对标准进行任何修改都无需法规进行相应的改动,不会影响法律法规的稳定性,也更易于跟进经济和技术发展水平。[①] 这一优势与法律法规"不注明日期"直接引用标准的优势具有相似性,因为两种方法均令标准的修改与法律法规实现"分离",甚至间接引用比直接引用的"分离"程度更大,由于直接引用需要在法规中注明标准的名称、代号和序号等标题内容,但间接引用的标准的任何信息都不在法规中,而是在标准清单上,因此,间接引用中对标准做的任何修改都不会影响法规的文本。这种融合方法为标准跟进科学技术发展及时修订提供了很大的便利。

欧盟的新方法指令属于"间接引用的典范"。1985年欧盟理事会发布的《技术协调与标准新方法决议》(以下简称"《新方法决议》")明确规定通过间接引用标准的方式为技术法规(新方法指令)提供支持的基本原则:(1)欧盟通过立法(指令)规定关于安全和其他公共利益方面的基本要求,在单一市场上销售的产品[②]应满足这些要求;(2)欧盟委员会向欧洲标准化组织提出标准化请求,由标准化组织负责制定有助于遵守上述基本要求的技术标准(协调标准)和规范;(3)公共部门必须承认按照协调标准生产和提供的所有产品都被推定为符合欧盟相关立法规定的基本要求;(4)对欧洲标准的使用是自愿的,没有法律义务适用它们,但任何选择不遵守协调标准的生产者有义务证明其产品符合法律的基本要求。从《新方法决议》规定确立的这四项基本原则出发,欧盟指令与欧洲标准的融合属于典型的法律间接引用标准的模式:其一,欧盟立法机构制定的法律和欧洲标准化组织制定的标准在形式上是分离的;其二,欧盟指令与协调标准之间的联系来自于"符合性推定"建立的"间接引用"内涵;其三,指令和协调标准各自的功能界定明确,指令仅规定有关安全和公共利益方面的基本要求,协调标准负责为满足指令的基本要求提供具体的技术规范,以助于对指令要求的遵守和实施。因此,欧盟新方法指令与协调标准之间的"间接引用"关系,不仅表现在法律与标准在形式上的分离,更表现为法律与标准之间的"符合性推定关系",这一关系不同于法律采用标准或法律直接引用标准的融合模式,而是当市场主体选择适用协调标准时,欧盟公共部门和法律就推定其符合法律的基本要求,即内容上标准对法律的"符合性"是推定的、间接的。这种典型的间接引用模式便是欧盟标准与法律融合的独特之处。

---

① 沈同、邢造宇、张丽虹主编:《标准化理论与实践》,中国计量出版社2010年第2版,第297页。

② 1025/2012号条例将立法范围扩大到服务标准领域,而1985年《新方法决议》仅对产品进行了规范。

以欧盟《关于人身保护设备的 89/686/EEC 指令》[1]（以下简称"《人身保护设备指令》"[2]）与其相应的协调标准之间的"间接引用"关系为例，首先，《人身保护设备指令》的引言明确了该指令与欧洲协调标准之间存在"符合性推定"关系："鉴于本指令仅规定人身保护设备应满足的基本要求，为便于证明符合这些基本要求，欧洲协调标准（harmonized European standards）必不可少，尤其是关于人身保护设备的设计、制造及其适用的规范和试验方法，因为这些产品只要符合这些标准就可以被推定为符合上述指令的基本要求"。

其次，《人身保护设备指令》列出了人身保护设备必须满足的基本要求，其一，该指令第 3 条规定："人身保护设备必须满足附件 II 所规定的基本健康和安全要求"；其二，该指令附件 II 进而规定了适用于所有人身保护设备的有关保护健康和安全方面的要求，包括人体工程学、保护级别和类别的设计原则，人身保护设备的无害性、舒适和效率，以及制造商应提供的信息和一些附加要求；例如，附件 II 中对人体工程学的设计原则要求："人身保护设备的设计和制造必须在用户可预见的使用条件下正常进行风险相关活动，同时享受最高水平的适当保护"。

最后，对应《人身保护设备指令》的基本健康和安全要求，相关协调标准为满足该指令的基本要求提供了相应的技术规范，并将其技术指标与指令的基本要求一一对应。例如，《人身保护设备指令实施框架内的通讯》（以下简称"《人身保护设备通讯》"）将相应的协调标准的标题和参照号以清单形式公布在欧盟官方公报上：其一，EN 13594:2015 欧洲标准[3]适用于摩托车道路使用的防护手套，该标准按照上述指令关于人身保护设备应满足的基本要求，规定了用户的尺寸、人体工程学、无害性、机械性能、冲击保护和信息方面的要求，并描述了适当的测试方法；其二，EN 13594:2015 欧洲标准在其附件中指明该标准与《人身保护设备指令》的关系，即该标准将提供一种符合《人身保护设备指令》基本要求的方式，并列出该标准与《人身保护设备指令》所规定的基本要求的对应关系表格。表 1-1 是对这种对应关系表格的内容进行的部分摘录。

---

[1] Council Directive 89/686/EEC of 21 December 1989 on the approximation of the laws of the Member States relating to personal protective equipment, Official Journal L 399, 30/12/1989.

[2] 为方便行文，下文涉及欧盟指令不太长的名称在首次出现后均采用类似简称方式表述。

[3] EN 13594:2015 欧洲标准的全称为：EN 13594:2015 摩托车驾驶员用防护手套—要求和试验方法。

表 1-1 EN 13594:2015 欧洲标准条款对应《人身保护设备指令》基本要求的摘录

《人身保护设备指令》，附件Ⅱ		EN 13594:2015 欧洲标准的条款
1.1.1	人体工程学	4.4
1.1.2.2	适用于不同风险等级的保护级别	4.1
1.3.2	轻巧度和设计强度	4.7,4.8
1.4	制造商提供的信息	6.2,8

四、标准作为制定技术法规的基础：标准直接转化为技术法规

"作为制定法规的基础"（Basis for Rulemaking，简称 BR）是美国标准与法律融合的独特模式之一，即在联邦政府机构对相关标准进行评审的基础上，根据需求对标准进行适当修改，再将其作为一项建议的法规在《联邦规章汇编》上公布修改件。[①] 这也是美国联邦政府机构运用民间机构制定标准的最常用方法。这种标准与法律的融合方式，既不同于技术法规直接"采用"标准的模式，也不同于法律法规"引用"标准的模式。首先，BR 与直接"采用"模式的不同在于，技术法规并不是将标准的内容几乎"原封不动"地写入法规中，而是"直接"将标准作为一项建议的"法规"在《联邦规章汇编》上公布。因此，BR 中的标准不是因为被纳入技术法规成为其一部分而具有了强制力，而是由标准"直接转化"为技术法规具有了强制力。其次，BR 与直接"引用"模式的不同在于，不存在技术法规引用标准的名称、代号和序号等基本信息的情况，而是标准作为一项建议的"法规"被"直接公布"在《联邦规章汇编》上。最后，BR 与"间接"引用模式的不同在于，虽然不存在法律直接采用或直接引用标准的情况，但是"间接引用"模式的结果是存在形式上互相分离的法规与"自愿性"的技术标准，而 BR 模式的结果是不再存在自愿性的标准，自愿性的标准已经转化成为具有强制力的技术法规。

在通过 BR 实现标准与法律融合的过程中，美国联邦政府机构会先对标准进行评审，即由政府机构、法律、经济、工程等业界及相关组织代表共同组成的委员会进行共同评定，以判断有关自愿性标准是否能实现消除或降低伤害或危

[①] 沈同、邢造宇、张丽虹主编：《标准化理论与实践》，中国计量出版社 2010 年第 2 版，第 293 页。

险的目的,如果评定结果是肯定的,则由政府机构将该自愿性标准采纳为"强制性标准";如果现有的自愿性标准在某些方面尚不能满足法律的要求,委员会可以要求标准制定组织修订该标准,或是另行制定政府专用标准。[①] BR 的融合模式从侧面体现了美国技术法规体系构成具有"偏强制性"的特征,因为美国的技术法规无论是选择"直接采用"模式还是 BR 的融合模式,均表现为或者将标准以全文写入法规的方法或者将标准直接转化为法规的方法,使得标准原有的"自愿性"不复存在,因其成为技术法规的一部分或者直接转化为技术法规而具有了强制力。图 1-4 是刘春青学者总结的美国消费品安全产品技术法规体系框架图,从图中我们可以窥见美国技术法规体系构成的"偏强制性"特征。

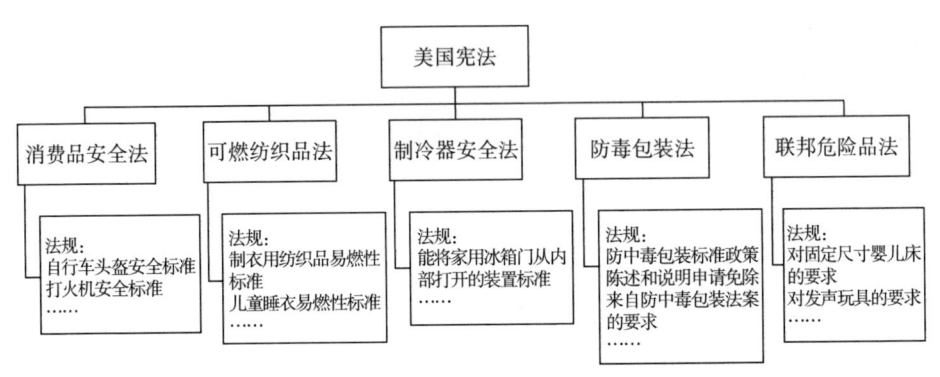

图 1-4 美国消费品安全产品技术法规体系框架图(摘录)

因而,美国的技术立法是指联邦政府机构对相关标准所进行的评审并根据需求进行适当修改的程序(直接写入法律),这一过程体现了政府机构技术立法的部分程序和实质内容。将这种技术立法模式纳入标准与法律的融合主要侧重于二者融合的结果,即自愿性标准的内容因其在《联邦规章汇编》上公布而成为法规并(转化)具有强制力。

[①] 沈同、邢造宇、张丽虹主编:《标准化理论与实践》,中国计量出版社 2010 年第 2 版,第 294 页。

第二章

欧盟标准与法律融合的演变

欧盟标准与法律融合的模式随着欧洲技术协调/技术标准化发展的不同阶段，演变出不同的融合类型以适应欧洲立法政策上新的需求。上文提及的法律"间接引用"标准的模式中，例举了欧盟标准与法律"分离型"的融合模式作为典型，这种"间接引用"模式属于新方法指令历程中的"新"融合模式，源自1985年欧盟理事会发布的《技术协调与标准新方法决议》（以下简称"《新方法决议》"）中关于标准支持欧洲立法政策的新方法。新融合模式中标准与法律的融合方式，既体现在欧洲技术标准化/技术协调的"新方法"（New Approach）中，也体现为欧盟法律体系的"新方法指令"（New Approach Directives）制度。因而，欧盟标准与法律融合的新模式属于欧洲技术标准化领域和欧盟法律领域创新成果的结合体，也是法律引用标准的一种创新方式。

在新融合模式之前，欧洲技术标准化方法及欧盟标准与法律融合的方式被称作"旧方法"和旧融合模式，关于"旧方法"与"新方法"的描述详见于1985年欧委会发布的《建立内部市场白皮书》（以下简称《白皮书》），其明确规定以《新方法决议》作为分水岭，在这之前的欧洲技术协调方法被称为"旧方法"，对于"旧方法"的协调成果《白皮书》予以肯定并表明欧共体仍会在食品、药品、化学品和机动车等领域继续采用"旧方法"实施技术协调。因此，虽然欧盟标准与法律融合的模式在欧洲技术标准化进程中发生了演变，但目前欧洲层面并存着"旧方法"与"新方法"两种技术协调方法及其所代表的两种截然不同的"融合模式"。下文将在新方法指令的"特殊背景"下，对欧洲技术标准化的产生和发展、欧盟法律（尤指欧盟技术法规）体系与欧洲标准化体制的完善，以及二者结合所产生的欧盟融合（体制、模式等）的特点及其演变进行介绍，为理解欧盟标准与法律融合的模式及其演变奠定知识性基础。

第一节 欧盟标准与法律融合的特殊性

一、欧盟融合背景的特殊性

为了在研究欧盟标准与法律融合(以下有时简称"欧盟融合"或"新方法指令")中避免狭隘和薄弱的理论架构,本书需要对新方法指令的背景及其特殊性进行考察。这种背景考察不仅可以避免对不同国家、地区和组织有关标准与法律融合模式分别例举的简单化倾向,更有助于深化认识欧盟标准与法律融合的独特性及其成因。欧盟标准与法律的融合始于欧洲技术标准化,即欧盟[①]对各成员国之间因标准、技术法规和合格评定等不同所导致的技术差异的"协调"。简而言之,欧洲技术标准化就是对欧洲范围内技术差异的协调。有趣的是,在欧洲环境下探讨"协调"会与其他领域的协调之间产生非常密切的联系,而本书在研究欧盟标准与法律的融合时就涉及欧盟标准化领域和欧盟法律领域,因此,要探究欧盟标准与法律的融合就离不开对欧洲法律一体化、欧洲技术标准化和欧洲经济一体化背景的思考。

由此,新方法指令背景的特殊性也显现出来,它涉及了欧洲经济一体化、欧洲法律一体化和欧洲技术标准化这三个各具特色的欧洲重要课题(三者之间的关系如图2-1所示),在新方法指令的背景下研究这三者之间的关系及其对新方

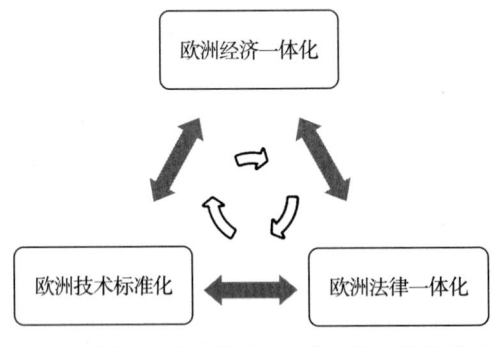

图 2-1 新方法指令背景中三个重要因素的关系

[①] 在欧洲技术标准化发展过程中,欧盟经历了欧共体、欧盟等阶段,为了研究的严谨性,本书有时会根据历史时期更改称谓。

法指令所起的作用需要回答以下四个问题:第一个问题是欧洲经济一体化与欧洲法律一体化的关系;第二个问题是欧洲经济一体化与欧洲技术标准化的关系;第三个问题是在欧洲技术标准化过程中,欧盟标准与法律的融合对欧洲法律一体化的作用;最后一个问题是在欧洲技术标准化过程中,欧盟标准与法律的融合对欧洲经济一体化的作用。

在回答第一个问题之前,我们要先了解欧洲经济一体化和欧洲法律一体化各自的含义。首先,兰天教授从经济学角度解释了欧洲经济一体化的内涵,即指各成员国为了逐步建立经济同盟、关税同盟、共同市场、经济和货币联盟而分阶段消除它们之间的歧视性障碍,使生产要素自由流动,再进一步协调经济和货币政策,最后达到经济的完全一体化。① 此外,兰天教授还从经济一体化与政治一体化相辅相成的角度对欧盟进行了完整的定义,并提出"经济一体化的过程不可避免地会掺杂对政治、法律等领域内一体化的要求,这意味着高度的制度化和机制化"这一观察结果,该结论同样获得了学界多数学者的支持,②也就是说一个高度成熟高效的经济区域运作体系必须将经济政策和非经济政策有机统一起来。③

其次,张彤教授将欧洲法律一体化解释为"欧盟内不同的几个法域,在欧盟层面形成共同法律,趋向一致的过程"。④ 这一"共同法律"使得欧盟区别于其他区域性组织,欧盟的独特性主要来自于其独特的法律制度模式。简而言之,"欧盟法"是一种兼具国内法和国际法特征的新型法律制度,它在大陆法系与英美法系融合的基础上,具有超国家性和联邦性的特点。⑤

最后,关于欧洲经济一体化与欧洲法律一体化的关系,从上述学者的论述中可知,作为比区域性国际组织层次更高的区域一体化组织,欧盟的经济一体化必须建立在法律一体化的基础上,正是欧盟独特的法律制度模式才既能有效维系各成员国之间的合作关系,又能为欧盟各机构的活动提供可靠的机制保障。⑥

陈淑梅学者的研究系统地回答了第二个问题,即欧洲技术标准化历程与欧洲经济一体化进程具有同步性,技术标准化是应经济一体化的需求不断调整、

---

① 兰天:《欧盟经济一体化模式》,中国社会科学出版社 2006 年版,第 6 页。
② 兰天:《欧盟经济一体化模式》,中国社会科学出版社 2006 年版,第 6 页。
③ 于津平、张雨主编:《欧洲经济一体化的基础与机制》,中国大百科全书出版社 2010 年版,第 115 页。
④ 张彤:《欧洲私法的统一化研究》,中国政法大学出版社 2012 年版,第 15 页。
⑤ 兰天:《欧盟经济一体化模式》,中国社会科学出版社 2006 年版,第 157~158 页。
⑥ 兰天:《欧盟经济一体化模式》,中国社会科学出版社 2006 年版,第 157 页。

为之服务并提供保障的。① 换句话说,欧洲技术标准化一方面是欧洲经济一体化的产物,另一方面也推动了欧洲经济一体化的发展。② 具体而言,欧洲技术标准化的活动范围有两个层次:一是欧盟层次上对各成员国间不同的技术标准、法规和合格评定程序等方面的协调;二是欧盟层面上本身的技术标准化活动。③ 以协调的全面性、系统性以及组织的程度和协调效果作为区分标准,欧洲技术标准化可以被先后划分为初步协调、旧方法、新方法和"三轨并列"这四个阶段,以持续不断地满足欧洲经济一体化发展中新的需求。④

首先,在技术标准化的初步协调(或称"微协调")阶段,1958年生效的《罗马条约》将建立共同市场和关税同盟作为欧洲经济一体化的起点和基石。⑤ 随着关税同盟的形成,欧共体及其成员国意识到因各成员国技术标准和法规等差异导致的技术性贸易壁垒已影响到产品在共同市场的自由流通,由此,包括欧共体成员国在内的欧洲国家采取了三类标准化协调措施,其中第三类协调措施主要采用欧共体指令的方式对成员国间危险品领域的相关法律、条例和行政调控采取趋同措施,因而微协调阶段技术标准化的特征是协调方式不具备系统性和组织性、协调范围极小且收效甚微。⑥

其次,在旧方法阶段,由于欧洲技术标准化活动滞后于欧洲经济一体化进程,1969年欧共体确定了分阶段消除技术壁垒的总行动纲领⑦,并开始在欧共体范围内全面而系统地协调技术标准化,这一阶段协调的目的在于,消除各成员国间由不同技术标准和法规等导致的技术性贸易壁垒;协调依据是《罗马条约》第100条⑧授权理事会以指令的方式协调各成员国直接影响共同市场形成

---

① 陈淑梅:《技术标准化与欧洲经济一体化》,载《欧洲研究》2004年第2期。

② 陈淑梅:《欧洲经济一体化背景下的技术标准化》,东南大学出版社2005年版,第1页。

③ 陈淑梅:《欧洲经济一体化背景下的技术标准化》,东南大学出版社2005年版,第4页。

④ 陈淑梅:《欧洲经济一体化背景下的技术标准化》,东南大学出版社2005年版,第1页、第22~26页。

⑤ 《罗马条约》第2条和第9条规定。

⑥ 陈淑梅:《欧洲经济一体化背景下的技术标准化》,东南大学出版社2005年版,第4页、第22~26页。

⑦ 1969年5月28日部长理事会通过《为消除成员国间由于法律、法规或行政行为差异而导致的工业产品的技术性贸易壁垒而制定纲领的理事会决议》,确定了分阶段消除技术性贸易壁垒的总行动纲领。参见陈淑梅:《欧洲经济一体化背景下的技术标准化》,东南大学出版社2005年版,第28页。

⑧ 《罗马条约》第100条规定,以一致赞同的表决方式通过欧委会的提案,授权理事会以指令的方式。

或运作的法律、法规和行政行为;协调机制是将各成员国不同的立法统一于欧共体的协调指令中;协调成果是到1985年通过了与工业品和食品有关的大量指令,实现了这些领域的产品在共同市场上的自由流通。

再次,技术标准化的新方法阶段始于1984年欧洲经济一体化进程的重启和单一欧洲市场建立的需要。1985年欧共体出台的《技术协调与标准的新方法决议》加快了欧共体层次的标准化协调和建设工作,并逐渐形成双层结构的"欧洲标准化法律"体系:上层由欧共体指令强制协调各成员国立法,下层由欧洲标准供厂商自愿选择符合欧共体指令的途径,由此开启欧盟标准与法律融合的新模式,并将此前欧洲技术标准化的做法划分为"旧方法"[1]。

最后,"三轨制"阶段源自1993年欧盟成立后,随着成员国的增加,欧盟多层次、多领域、多形式、多速度的差异一体化产生了对技术标准化多样性的需求,因此出现了欧洲技术标准化的旧方法、新方法和相互承认原则多种协调形式并存的情况。[2]

通过梳理欧洲技术标准化发展的四个阶段可以看出,随着欧洲经济一体化的深入、重启和差异一体化的不同发展需求,欧洲技术标准化进行了不断的调整和完善,以更好地服务于经济一体化并为之提供保障。其中,欧洲技术标准化为经济一体化提供保障的重要手段便是欧盟标准与法律的融合。新方法指令通过不断优化融合模式和融合机制,有效地促进了欧洲技术标准化、欧洲法律一体化与欧洲经济一体化之间形成密不可分的欧洲独特体系。

对第三个问题的回答涉及本书的主要研究领域。在欧洲技术标准化进程中欧盟不断调整欧盟标准与法律融合的方式以适应经济一体化的发展服务,通过欧盟标准与法律的融合使各成员国间的技术标准和法律法规得到协调,并进一步推动欧洲法律一体化的进程。因此可以说,欧盟标准与法律融合是欧洲技术标准化的协调手段,二者融合的效果之一便是推动了欧洲法律一体化进程,二者融合的最终目的在于深化欧洲经济一体化。在欧洲技术标准化不断调整协调方法的过程中,有三种欧盟标准与法律融合的模式值得关注:第一种是旧方法阶段普遍采用的欧共体法律直接制定标准的模式,即欧共体立法"直接制定"关于产品的详细技术标准,包括产品的设计规格和性能指标等;第二种是欧

---

[1] "旧方法"称谓的来源:在欧共体的有关文献中,1985年的《技术协调和标准的新方法决议》出台后,人们开始将1985年前的方法称为"旧方法"(old approach)或者"传统方法"(traditional approach),以示区分。参见陈淑梅:《欧洲经济一体化背景下的技术标准化》,东南大学出版社2005年版,第27页。

[2] 陈淑梅:《欧洲经济一体化背景下的技术标准化》,东南大学出版社2005年版,第96~100页

共体法律"直接引用"欧洲标准的模式,即在法律文本中直接引用特定的标准;第三种则是新方法阶段采用的欧盟法律"间接引用"欧洲标准的模式,即由立法规定强制性的基本要求来协调各国的法律要求,再由立法机构(欧委会)委托欧洲标准化组织制定协调标准为满足立法要求提供具体的技术规范。①

本书主要研究领域是第三种欧盟标准与法律的融合模式。无论欧盟标准与法律融合采用哪种模式,均运用了标准的技术规范性为法律的抽象性要求提供具体技术支持的方式,从而为欧盟法律的落地实施、各成员国法律和标准的协调提供了有效的路径,进而推动了欧洲法律一体化进程和欧洲法治的发展。

其实,对上述三个问题的回答中已经存在了第四个问题的答案,欧盟标准与法律的融合对欧洲经济一体化的作用在于:其一,从技术标准化的角度看,欧盟标准与法律的融合作为协调各国技术差异的手段,有效地消除了欧洲建设单一市场中的技术障碍;其二,从法律一体化的角度看,欧盟标准与法律融合的新模式高效地协调了各成员国的立法要求,为深化经济一体化发展在制度建设上提供了保障机制。对于这四个重要问题的回答同样是本书研究的重要维度。欧洲经济一体化、欧洲法律一体化和欧洲技术标准化这三个较为宏观的维度之间并非相互独立的,而是具有密不可分的内在关系:欧洲法律一体化和欧洲技术标准化分别从欧洲法治和标准化协调治理的角度为欧洲统一大市场的建设提供规范和保障,共同构成了欧洲经济一体化的制度基础。②

从更广的全球范围来考察,关于新方法指令背景特殊性的探讨,有助于揭示欧盟如何运用法治和标准化治理相结合的方式来协调欧洲法律趋于一致、协调各成员国之间的技术差异,并为不断深化统一大市场提供高效的规范和有效的保障。欧盟标准与法律的融合有效地消除了各成员国间的技术性贸易壁垒,进而深化了欧洲经济一体化进程,在经济全球化和区域经济一体化不断提出新的挑战和更高要求时,新方法指令可以对内确保经济社会的可持续发展,对外提升欧洲在国际贸易中的竞争力。简而言之,对于新方法指令背景内三大重要因素的任意组合(如图2-1所示),均可以分析出欧盟标准与法律融合对欧盟内部及外部的积极影响力,这得益于欧盟标准与法律的融合不单只是欧洲标准与欧盟法律之间的关系,更是将新方法指令背景中的三大重要因素有机结合的重要机制。

---

① 聂爱轩:《欧洲标准与欧盟法律的融合》,载《法大研究生》2018年第2期。
② 罗红波主编:《欧洲经济社会模式与改革》,社会科学文献出版社2010年版,第83页、第109~110页。

二、欧盟融合体制的特殊性

如上所述,欧盟标准与法律的融合能够兼顾新方法指令背景中的三大重要因素,并非仅仅依靠欧洲标准与欧盟法律及两者结合的力量,更需要一整个新方法指令中所建立的体制发挥作用。简单来讲,欧盟标准与法律(融合)属于"新方法指令"的血肉,而新方法指令体制则是"新方法指令"的骨架,作为一个整体框架和运行机体而存在。因此,在研究欧盟标准与法律融合的模式、机制及其效果之前,我们有必要先对欧盟标准与法律融合的体制及其特殊性做基础性梳理与分析。欧盟作为一个由28个成员国组成的世界上最大的经济体和贸易集团,其标准与法律的融合体制具有显著的特殊性,这也导致欧盟在单一市场建设中协调治理的经验印有"欧洲模式"的特征。

本书关于欧盟性质的界定支持学界中有关"中间性"的理论,即欧盟是"介于联邦[①]与邦联之间的一种独特的体制"[②]或者说是"建筑在国家之上(超国家),成长于国家之间(政府间)的国际行为体"[③]。因而,此处探讨新方法指令体制的特殊性,主要从欧盟与成员国的关系、欧洲标准与欧盟法律的关系以及二者的制定主体(立法机构与标准化机构)之间的关系这三方面进行分析,最后以新方法指令体制的效果评价作为对其特殊性探索的总结。

(一)欧盟融合体制中欧盟与成员国的关系

需要注意的是,此处关于欧盟与成员国关系的探讨是放在"新方法指令体制"的环境下进行的。如图2-2所示,在欧盟融合体制下,欧盟与成员国的关系主要涉及这两个层面上法律与法律之间、标准与标准之间,以及法律与标准之间的关系。因而,新方法指令体制的特殊性首先在于,一是涉及欧盟与成员国不同层面之间的特殊关系,二是需要厘清这两个层面上两种法律与两类标准之间复杂而有序的关系。

[①] 张彤教授对"联邦制"和"邦联制"进行了简明的解释,前者是指"由两个或两个以上的政治实体(共和国、州、邦)结合而成的一种国家结构形式";后者是指"若干个独立的主权国家为实现某种特定目的(如军事、经济方面的要求)而组成的一种松散的国家联合"。参见张彤:《欧盟法概论》,中国人民大学出版社2011年版,第45页。

[②] 兰天:《欧盟经济一体化模式》,中国社会科学出版社2006年版,第8页。

[③] 罗红波主编:《欧洲经济社会模式与改革》,社会科学文献出版社2010年版,第3页。

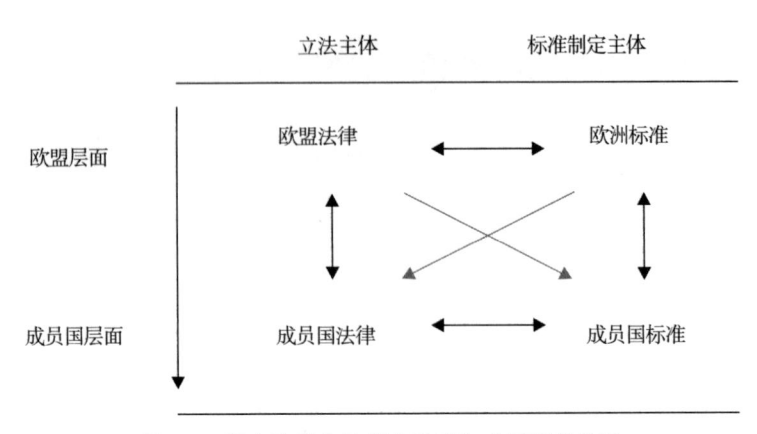

图 2-2　新方法指令体制中欧盟与成员国的关系

本书尝试运用"欧盟的合法性理论"对欧盟与成员国之间的关系从标准与法律融合的视角进行逐步分析。首先,欧盟合法性的首要基础是法理型合法性,欧盟法既是欧盟存在和发展的基础,又是调整欧盟与成员国之间法律关系的重要手段。欧盟法的核心是建立欧盟和规制欧盟各国的国际条约,欧盟法的内容包括欧盟为实施条约而制定的条例、指令、决定和判例以及各成员国的相关国内法。因此,欧盟法是调整欧盟各成员国对内和对外关系的法律体系。[1] 围绕欧盟法与成员国法的关系,学界主要从两个方面进行总结:一是欧盟法在各成员国的法律秩序中具有直接效力和直接适用性;二是当欧盟法与成员国法发生冲突时,欧盟法高于成员国法具有优先适用效力。[2] 因而,从合法性理论认识欧盟与成员国之间的特殊关系是,在《欧洲联盟条约》第 5 条规定的"授权原则"、"辅助性原则"和"相称性原则"的基础上和高度一体化之下,成员国尽全力实现欧盟层面上的立法和政策。正是这种特殊关系保证了欧盟的有效运行。

其次,在欧洲标准与欧盟法律融合的体制下,为了顺应时代发展和推动欧洲一体化程度的加深,欧盟在法理上的合法性发生了一定的演变,即通过融合标准与法律的方式促进欧盟立法和政策的高效实施并优化欧盟的制度建设。进一步而言,欧洲标准与欧盟法律的融合通过协调成员国间的立法要求和技术差异,优化了欧盟多层治理的机制,使得欧盟对内可以达成内部立场协调、凝聚

---

[1]　沈洪波:《欧洲一体化进程:在理论与实证之间》,中国社会科学出版社 2015 年版,第 63 页。

[2]　张彤:《欧盟法概论》,中国人民大学出版社 2011 年版,第 97 页。

欧盟内部力量,对外可以有效提升其在国际事务中处理问题的能力和国际竞争力。①

最后,从治理的角度看,"新方法指令"是欧盟多层治理机制中重要的组成部分和治理模式。一来在法治的效果上,如图 2-2 所示顺/逆时针来看,欧盟法律、欧洲标准、成员国标准与成员国法律这四者之间形成了可顺可逆的有效循环,因此,欧盟标准与法律融合的体制有助于法治既在欧盟和成员国各自的层面上有效实现,又有利于法制在欧盟和成员国之间协调一致;二来在政策的合法性上,"新方法指令"通过标准化机制增加并拓宽了欧洲公民参与欧盟事务的渠道和机会,广泛的社会参与使得欧盟政策能尽量代表最大多数人的利益,通过间接民主与直接民主的结合优化了欧盟多层治理机制;三来在治理的效率上,运用标准与法律的融合可以实现政府与公民社会的合作治理,一方面有助于提高欧盟超国家机构和成员国政府的管理效率,另一方面可以为超国家机构获得来自公民社会的合法性支持以减轻来自成员国的压力;四来在对外竞争力上,新方法指令体制内凝聚了欧盟超国家机构、成员国政府和公民社会的力量,通过标准与法律的融合既平衡了权力的分配又保障了决策的民主,这有利于欧盟在国际事务的处理中提升效率和能力,使得欧盟整体更具国际竞争力。②

因此,在新方法指令体制中观察欧盟与成员国之间的关系可以发现,其一,在成员国全力实施的欧盟立法和政策上,既有欧盟法(直接或转化)作用成员国法的法律体系的硬性保障,又有欧洲标准发展为成员国标准的标准体系的灵活性保障,而且新方法指令体制中的法律体系与标准体系之间还形成了可顺可逆的循环体系,为协调欧盟与成员国之间的关系提供了更多的柔性途径;其二,在欧盟内部的凝聚力及其外部影响力上,由于标准的加入缓解了欧盟协调成员国法律上的压力,欧盟仅需要协调成员国间抽象的立法要求而将具体规范的协调交由技术标准提供自愿又便利的途径,从而使得欧盟能够对内高效地达成统一立场,对外高效地采取统一行动;其三,在决策的民主性与合法性上,由于欧盟标准与法律之间的互动使得欧盟决策因获得欧洲公民社会的广泛参与和支持而提高了决策的合法性、民主性和效率,并进一步减轻了来自成员国的压力和阻力。

---

① 沈洪波:《欧洲一体化进程:在理论与实证之间》,中国社会科学出版社 2015 年版,第 65 页。
② 沈洪波:《欧洲一体化进程:在理论与实证之间》,中国社会科学出版社 2015 年版,第 65 页。

(二)欧盟融合体制中立法机构与标准化组织的关系

此处研究欧盟融合体制中立法机构与标准化组织的关系,一是为了梳理图 2-4 中欧盟立法机构、欧洲标准化组织、成员国立法机构和国家标准化机构之间复杂的关系网络;二是为了更深入地理解新方法指令体制的特殊性及其所发挥的多方面作用。新方法指令体制的重要意义在于,一是既在欧洲层面又在成员国层面深入地发挥了多层治理的优势,二是促进了欧盟各成员国政府之间的最佳合作,三是促进了欧洲公民社会内部之间的最佳合作。本书先从横向上分别探讨欧洲层面和成员国各自层面上立法主体与标准制定主体之间的关系,再从纵向上分别研究欧盟立法机构与成员国国家标准化机构之间、欧洲标准化组织与成员国立法机构之间的关系,从而以不同机构间关系的视角来阐释新方法指令体制对欧盟多层治理机制的贡献。

1. 新方法指令体制中的横向关系

欧盟立法机构与欧洲标准化组织之间的关系,既包含了两者在规范能力、成员构成和文件制定程序上的差异,也包含了两者在规范范围上的重合之处和工作上的联系。

首先,关于两类机构之间的差异性

(1)在规范能力上的差异,主要表现为立法权和标准制定权之间的差异。欧盟立法机构的立法权来源于成员国转让的主权权力,且某些领域的权力具有欧盟立法机构的专属性,但欧盟的立法权能并非由单一机构行使,而是由欧盟理事会、欧盟委员会(以下简称"欧委会")和欧洲议会分享或由前两者部分地独立行使。确切而言,欧盟理事会是欧盟最主要的立法机构,它与欧洲议会共同行使立法权,二者有权制定和颁布欧盟规范性法律文件,而欧洲议会拥有参与立法权,欧委会拥有立法动议权[1]。欧洲标准化组织的标准制定权来源于欧盟派生性立法的授权,《关于欧洲标准化的 1025/2012 号条例》(以下简称"《1025/2012 号条例》")规定了"欧洲标准"是"由欧洲标准化组织批准的标准",并列明了该条例认可的三个欧洲标准化组织[2]。除了权力来源不同之外,欧盟立法机构和标准化组织在规范效力和规范内容上也存在差异。欧盟立法机构制定的

---

[1] 欧委会的立法动议权由《欧盟条约》第 17 条规定,除两部条约另有规定外,联盟立法性法令只能在委员会提议的基础上通过,参见张彤:《欧盟法概论》,中国人民大学出版社 2011 年版,第 67 页。

[2] 《1025/2012 号条例》附件Ⅰ认可的欧洲标准化组织包括:欧洲标准化委员会(CEN)、欧洲电工标准化委员会(CENELEC)和欧洲电信标准学会(ETSI)。本条例的原文和翻译均来自国家标准化管理委员会委托的课题项目:"外国标准化法的翻译"。

条例、指令和决定这三类法律文件具有法律约束力,规范的内容主要在于实施欧盟基础条约、履行与欧盟有关条约上的义务和执行欧盟法令;[1]而欧洲标准化组织制定的欧洲标准不具有强制性,规范的内容在于设定与各种产品、材料、服务和过程有关的规格和其他技术信息,主要用于提高安全、性能和能源效率,并为企业和其他欧洲市场参与者遵守欧洲与国家的相关立法和政策提供具体途径。正是这些规范性上的不同构成了欧盟标准与法律融合的必要性之一——因为不同才有了互补的必要及其内在需求。[2]

(2)在成员构成上的差异。根据《里斯本条约》的相关规定,欧盟立法机构主要由欧盟理事会和欧洲议会共同组成,此外,欧委会具有立案动议权。欧委会的成员由每个成员国各一名公民组成,由于欧委会是欧盟利益的代表者,其独立性的地位要求欧委会成员应从其独立性无异议的人选中选任;欧盟理事会由每个成员国各一名部长级代表组成,他们能够代表其所代表的成员国政府作出决定,这体现了欧盟理事会是成员国利益的代表机构;欧洲议会由欧盟公民的代表组成,议员经自由和无记名投票直接普选产生,这体现了欧洲议会代表了欧盟公民的利益。[3] 欧洲标准化组织的成员则是欧洲国家的国家标准化机构,例如,欧洲标准化委员会(CEN)的成员是 34 个欧洲国家的国家标准化机构,这些国家中既包括欧盟所有成员国又包括欧洲单一市场中的其他国家。[4]虽然立法机构和标准化组织在成员构成上具有差异性,但欧盟理事会的成员组成表明:该机构具有政府间机构的性质,代表了成员国的利益;欧洲标准化组织的成员组成同样体现了各成员国对欧洲标准化的需求和利益反映。因此,两种机构在利益需求上共同的代表性又表明,新方法指令体制兼顾并协调了其成员国在法律和标准上的利益需求,这种利益协调属性有该体制内在构成上的基础和动力。

(3)在制定程序上的差异。欧盟由于立法主体的多元性导致其立法程序呈现复杂性的特点。在立法机构的安排上,欧委会是代表欧盟整体利益的超国家机构,欧盟理事会主要代表成员国利益,欧洲议会代表了欧盟公民的利益,象征着欧盟决策的民主性,不同的机构安排便产生了四种欧盟立法程序。但这些不同的立法程序均具有欧盟机构之间紧密合作、互相监督的严格立法特征,这也是欧盟立法程序与一般国际法在立法程序上处于分散状态的区别所在。[5] 相较

---

[1] 张彤:《欧盟法概论》,中国人民大学出版社 2011 年版,第 92～93 页。
[2] 柳经纬:《标准与法律的融合》,载《政法论坛》2016 年第 6 期。
[3] 张彤:《欧盟法概论》,中国人民大学出版社 2011 年版,第 58～66 页。
[4] 网址:https://www.cen.eu/you/EuropeanStandardization/Pages/default.aspx。
[5] 张彤:《欧盟法概论》,中国人民大学出版社 2011 年版,第 113 页。

之下,欧洲标准的制定程序则相对简单便捷,基于世界贸易组织(WTO)在标准化领域公认的原则[1],欧洲标准由标准化组织中的国家成员共同制定。欧盟立法程序的严密性与欧洲标准制定程序的灵活性结合,很好地从程序上阐释了新方法指令体制在多层治理上的优势,即兼顾了立法保障公共利益的稳定性和标准跟进市场需求的灵活性。

其次,关于两类机构在规范范围上的重合之处。柳经纬教授在探讨标准与法律融合的外部因素中观察到,随着社会经济的发展,标准与法律各自规范的领域出现了重合。[2] 这一现象同样出现在新方法指令体制中。欧盟专属的及其与成员国共享的权能范围包括内部市场、经济社会、环境能源、自由安全和消费者保护等领域,并可依据两部条约的授权在这些领域内通过具有法律约束力的法律文件。标准作为可供重复或连续使用的技术规范,可以覆盖经济社会发展中的多种问题,例如对产品的不同等级或规格实施标准化,在产品和服务市场中提供与其他产品或体系在兼容性和操作性上必要的技术规范等。[3] 由此,标准的技术规范性和自愿性使得欧洲标准可以并实际上在单一市场自由流通、可持续资源利用、劳动者安全和工作条件、消费者保护等欧盟法的权能范围内帮助欧盟立法和公共政策解决社会问题及其带来的挑战。现实中,欧盟公共当局和欧洲标准化组织同样注意到了欧洲层面上标准与法律融合的现象,并从两者自身有时会致力于实现类似甚至共同的目标(如发展单一市场,提高竞争力、促进全球贸易、改善公民福利和保护环境等)出发,逐步开展合作,运用欧洲标准为欧盟立法和公共政策提供具体的技术支持。

最后,两类机构在工作上的联系,一是源于客观上各自规范领域上的重合因素,二是源于主观上欧盟立法机构与欧洲标准化组织之间达成的共识,即在双方致力于实现相似或相同目标的领域开展合作,建立欧洲标准为欧盟立法和公共政策提供支持的框架。由此,欧盟立法机构与欧洲标准化组织在工作上的联系,表现为目的上实现欧洲标准为欧盟立法和公共政策提供技术支撑,形式上达成立法机构与标准化组织之间的一系列合作实践与合作协议,成果上不断形成并完善欧洲标准与欧盟法律融合的模式和机制。在新方法指令体制下,欧盟立法机构与欧洲标准化组织之间的关系随着欧盟标准与法律融合方式的演变也经历了不同的阶段。在新方法指令的旧方法阶段,新方法指令模式在内容上表现为,欧盟立法制定关于产品的详细技术标准,但可惜的是,此时欧委会的

---

[1] WTO 在标准化领域公认的原则有:连贯性、透明、公开、协商一致、自愿适用、不受特殊利益集团影响和效率原则,参见《1025/2012 号条例》的规定。

[2] 柳经纬:《标准与法律的融合》,载《政法论坛》2016 年第 6 期。

[3] 参见《1025/2012 号条例》的表述。

"技术立法"并没有将对各国技术法规的协调与欧洲标准化组织的标准化体系相联,造成形式上立法机构的标准化协调工作与标准化组织的标准制定工作之间是分离状态;①在新方法指令的新方法阶段,新方法指令模式表现为,内容上由欧洲标准为满足立法中的基本要求提供技术规范,②反映在工作机制上即由欧盟立法机构制定标准化"委托书"请求欧洲标准化组织制定欧洲标准以支持欧洲政策和立法的合作关系。因此,欧盟立法机构与欧洲标准化组织在新方法指令模式发展的不同阶段表明,二者在工作上的联系不仅需要客观上标准与法律在规范领域上的重合,还需要主观上两类机构在欧洲标准化协调和制定工作上达成合作的共识。

欧盟立法机构与欧洲标准化组织在规范能力、成员构成和制定程序上的区别,既直观地表明了欧盟法律和欧洲标准之间的诸多差异,又从侧面体现了欧盟法律与欧洲标准融合的必要性、新方法指令体制内在的利益协调性以及立法的稳定性与标准的灵活性相结合的特点。而欧盟立法机构与欧洲标准化组织在规范范围上的重合和工作上的联系,则直接地说明了新方法指令体制的形成及其不断完善,是建立在融合的客观必要性和欧洲各类主体主观努力达成融合共识的基础之上的。

成员国立法机构与国家标准化机构的关系,主要反映了成员国的国内法与其标准化体制之间的运行机制。以德国为例,德国的第一个标准化法律文件是德国联邦政府与德国标准化协会(DIN)签订的《联邦政府与德国标准化协会合作协议》(以下简称"《合作协议》"),该协议为德国标准化的发展以及国家立法部门与国家标准机构之间的合作关系奠定了法律基础并进行了法律规范。首先,《合作协议》确认了 DIN 是德国法定的国家标准机构;其次,《合作协议》规范并加强了联邦政府和 DIN 之间的合作关系,主要包括 DIN 优先制定联邦政府请求服务于公共利益的标准,DIN 允许并邀请联邦政府担任管理局成员并参与标准的制定,以及联邦政府有责任为 DIN 提供必要信息、承诺采用 DIN 标准并对 DIN 提供财政支持等;最后,《合作协议》要求 DIN 的标准制定活动必须与联邦政府的立法和公共管理相一致。③ 由此,德国的《合作协议》规范了德国政府(立法部门)与国家标准化机构之间的合作关系,既包括政府立法部门对国家标准机构应履行的责任义务,又包括国家标准机构对联邦政府的立法活动、公共管理和法律活动提供技术支持的措施和要求。

---

① 陈淑梅:《欧洲经济一体化背景下的技术标准化》,东南大学出版社 2005 年版,第 42 页。
② 聂爱轩:《欧洲标准与欧盟法律的融合》,载《法大研究生》2018 年第 2 期。
③ 刘春青等编著:《美国 英国 德国 日本和俄罗斯标准化概论》,中国质检出版社、中国标准出版社 2012 年版,第 80~82 页。

在新方法指令体制的横向关系中,成员国层面上立法机构与标准化组织间的关系要比欧盟层面上两类机构间的关系简单许多。成员国主要通过标准化法律文件来规范这两类机构间的合作关系,规范的内容主要包括规定机构间相互的职责和义务,要求机构/部门的活动及其成果保持一致性等。

2. 新方法指令体制中的纵向关系

如图2-2所示从纵向角度看,欧盟立法机构与成员国国家标准机构之间的关系以及欧洲标准化组织与成员国立法机构之间的关系并没有直接的关联性,基本上都需要通过一个中间的"媒介"才能产生关联。比如,欧盟立法机构对成员国国家标准机构产生影响主要以欧洲标准化组织作为"中介",即基于欧盟立法机构与欧洲标准化组织的合作关系、成员国国家标准机构作为欧洲标准化组织的成员关系,进而在共同与"欧洲标准化组织"联系的基础上参与立法在欧洲层面对各国标准的协调;同样地,欧洲标准化组织对成员国立法机构发挥作用则需要欧盟立法机构作为"中介",一方面,欧洲标准化组织通过接受欧盟立法机构的标准化要求,回应了各成员国在欧洲法律和标准协调层面的基本需求及其"底线",另一方面,作为成员国利益代表的欧盟理事会通过制定协调和管理欧洲标准化的法律文件,也反映了各成员国对欧洲层面标准化事务的利益需求。

值得注意的是,新方法指令体制中纵向关系的"非直接关联性"既是新方法指令体制中标准化机制的重要作用,即图2-2中右半部分运行机制的体现,又是欧盟与成员国在权能划分中"辅助性原则"和"相称性原则"的演变形态。在欧盟范围内探讨"纵向关系"(即欧盟与成员国的关系),一般离不开对二者权能划分的三个规范性原则,其中,"辅助性原则"的基本含义是指欧盟在分享或并存的权利领域中,"只能在证明成员国不能有效实现特定目的,并证明自己能更好地实现此等目标的情况下才能采取行动"。[①] 此处,新方法指令体制中的"辅助性原则"既指欧洲技术标准化的演变历程,又指欧盟标准与法律融合的新模式对优化共同体中多层治理模式的重要贡献。欧洲技术标准化历程对于"辅助性原则"的回答,表现为新方法指令体制中纵向关系部分由"直接关联性"向"非直接关联性"的转化。

在欧洲技术标准化的"旧方法"阶段,欧盟法律对于各成员国标准的协调采用"技术立法"的方式,通过欧盟立法制定标准直接协调成员国间的技术标准和相关法律法规,因而,这段时期欧盟法与成员国标准之间的纵向关系具有"直接关联性"的特征。直到1984年欧共体批准了《关于技术协调与标准新方法决议》(以下简称《新方法决议》),欧洲技术标准化从此进入了"新方法"阶段,欧

---

① 张彤:《欧盟法概论》,中国人民大学出版社2011年版,第31~33页。

盟法律对各成员国标准的协调开始采用"双层结构"方式,即法律层面,欧盟立法仅协调成员国间相关法律法规的基本要求,标准层面则由欧盟立法机构委托欧洲标准化组织制定协调标准,进而对欧洲标准化组织的成员即欧盟成员国的技术标准进行欧洲层面上的协调。由此,新方法时期欧盟法与成员国标准之间的纵向关系具有"非直接关联性"的特征,即两者之间需要欧洲标准化组织和欧洲标准(协调标准)作为"媒介"才能完成前者对后者的协调。新方法指令新模式对于"辅助性原则"的回答,表现为"双层结构"的协调方式对欧盟多层治理的重要贡献,即欧盟法协调成员国技术法规的第一层展现了欧盟相对于成员国在"规模与效果"上能更好地实施技术法律法规的协调;同时,欧盟法律机构委托欧洲标准化组织协调成员国标准的第二层展现了欧盟相对于成员国在"效率"上能更充分地实施欧洲层面上技术标准的协调。

上述分析同样适用于新方法指令体制中纵向关系对于"相称性原则"的回应。关于"相称性原则"的内涵,张彤教授解释如下:

> 在欧盟法中,相称性原则是指欧盟机构或成员国机构在限制自然人或法人依欧盟法享有的自由或对其施加要求时,应将其行动限制在为实现条约目标所必需的范围内;当有几种适当的措施可供选择时,应采取具有最小限制性的措施;与其所追求的目标相比,该措施不得产生过度的不利影响。[1]

而新方法指令体制中纵向关系中的"非直接关联性"特征与新融合模式中"双层结构"的协调方式,同样满足了上述相称性原则的要求。欧盟法律与成员国标准之间的"非直接关联性"表明,在欧洲层面协调各国法律和标准的行动是在绝对必要的范围内;"双层结构"的协调方式表明,在旧方法与新方法之间,欧盟对各国标准的协调采取了具有最小限制性的措施,在提高协调效率的同时,为企业和欧洲市场中的其他主体提供自愿选择的技术规范,而没有限制技术创新,要求欧洲市场主体遵守强制性技术规范。

因此,新方法指令体制的特殊性,不仅体现在宏观上欧盟与成员国两个层面之间的特殊关系,而且更多地体现在微观上欧盟立法机构、欧洲标准化组织、国家公共当局和国家标准机构之间在工作联系上、工作文件处理上和一致性目标实现上的合作与协调。

---

[1] 张彤:《欧盟法概论》,中国人民大学出版社2011年版,第37页。

(三)欧盟融合体制中法律与标准的关系

对应新方法指令体制下机构之间的关系,其各自的规范性成果同样体现了新方法指令体制的特殊性,也是新方法指令体制中重要的规范性部分。上述机构之间的关系向我们揭示了欧盟标准与法律融合的内外因、必要性和主客观因素,此处关于新方法指令体制中标准与法律之间的关系可以直观地展现该体制在规范性和协调性方面对欧盟及其成员国的重要意义所在。

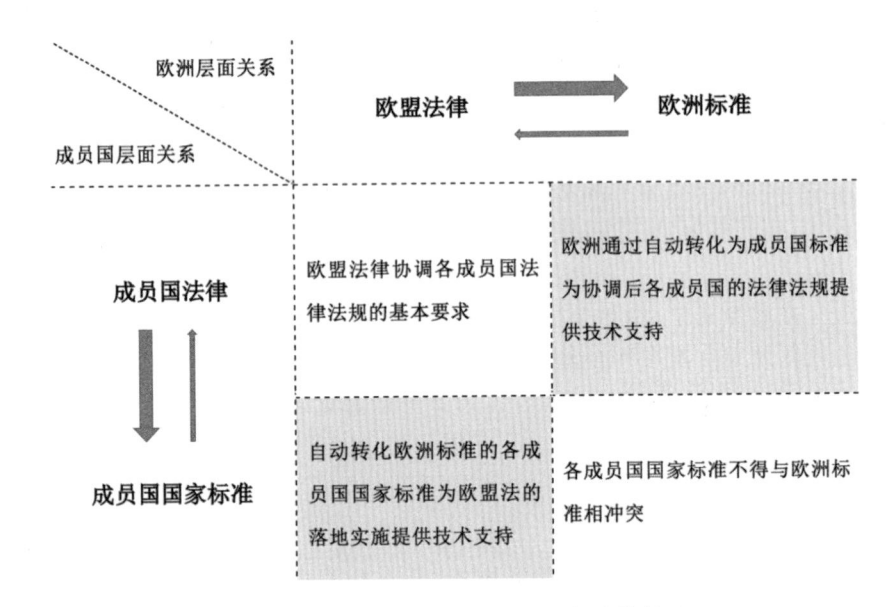

图 2-3 新方法指令体制中法律与标准的关系

图例:
图 2-3 中"粗箭头"的内涵:法律提出标准化请求/要求、法律规范管理和协调标准。
图 2-3 中"细箭头"的内涵:标准为法律中抽象性的基本要求提供具体的技术支持。

图 2-3 清晰地为我们展现了新方法指令体制下法律与标准关系的内涵。首先,从同一层面来看,欧洲层面上,欧盟法律与欧洲标准的关系表现为,标准为法律中的基本要求提供技术规范和支持,法律规范管理并协调标准化;成员国层面上法律与标准的关系同样如此,此处不必赘言。其次,从不同层面来看法律与标准的关系,无论是欧盟法律与成员国国家标准之间,还是成员国法律与欧洲标准之间都存在相似特征:一是两类纵向关系均以欧洲标准自动转化为成员国国家标准的机制为中间点,使得欧盟与成员国之间在法律与标准的关系上产生间接联系,二是两类纵向关系均侧重于标准对法律的支撑作用,即标准服

务于(欧盟)法律的落地实施或为协调后(成员国)法律的基本要求提供具体的技术规范。最后,图2-3还向我们展示了不同层面上法律之间、标准之间的关系,前者是指通过新方法指令机制,欧盟法有效地协调了各成员国法律(的基本要求);后者是指通过新方法指令机制,欧洲标准与成员国标准之间达到了协调一致。对于不同层面上标准的协调,《1025/2012号条例》第3.3条有明确规定,即国家标准机构不得发布与现有协调标准(欧洲标准)不符的新的/修订后的国家标准,否则应撤销与协调标准相冲突的国家标准。

在上述探讨法律与标准纵向关系中的第三部分,提到了欧洲标准自动转化为成员国国家标准的机制(标准协调机制)和欧盟法律对各成员国法律法规的协调(法律协调机制)。作为新方法指令体制组成部分的协调机制,此处有必要对这两种"同类协调机制"进一步阐释,通过分别梳理标准之间、法律之间的协调机制,可以从完整的体制角度帮助我们深入地理解新方法指令体制的整体运行方式和状态。首先,一方面,欧洲标准的"自动转化机制"是欧洲的标准协调机制不可或缺的重要环节,例如在CEN中,作为CEN的成员,每个国家标准化机构都有义务采用每一项欧洲标准作为其国家标准并向其所在国家的客户公开,此外,国家标准化机构还必须撤销任何与新制定的欧洲标准相冲突的现存国家标准。[①] 因此,在欧洲标准化组织中,一项欧洲标准制定后会成为覆盖其所有成员的国家标准。

另一方面,欧洲的标准协调机制除了"自动转化机制"之外,还包括定期信息交流制度、"停顿原则"(Standstill)和撤销机制,以确保各成员国国家标准与欧洲标准的协调一致性。这些协调机制起源于《新方法决议》,后来由《1025/2012号条例》进一步规范化。其一,"定期信息交流制度"要求欧委会、欧洲标准化组织和各成员国国家标准化机构之间确保定期的信息交流,以相互了解它们当前和未来的标准化活动,为协调不同层面的标准和提高标准化效率奠定基础;其二,《1025/2012号条例》第3.6条规定的"停顿原则"从标准协调的目的出发,要求在制备或批准协调标准阶段,国家标准化机构不得在该欧洲标准领域发布与其不符的新的或修订后的国家标准,且在发布新的协调标准后,所有与新制定的协调标准相冲突的国家标准均应在合理期限内被撤销;其三,撤销机制适用于新欧洲标准公布后、与现有欧洲标准不符/相冲突的情况下对成员国国家标准的撤销。其次,图2-2中欧盟法对各成员国法律法规的协调机制,主要来源于《新方法决议》所确立的协调原则,即指欧盟通过颁布具有法律约束力的

[①] 网址:https://www.cen.eu/you/EuropeanStandardization/Pages/default.aspx。访问时间:2023年12月1日。

法律文件[1]对各成员国有关保护公共利益方面的基本要求进行协调,对于技术规范的协调则不通过法律协调机制,而是通过标准协调机制。

综上所述,在新方法指令体制下,法律与标准之间的相互关系以及法律协调机制和标准协调机制共同构成了有机融合体系:在欧盟多层治理的视角下,法律与标准的关系主要体现为标准是立法和政策的技术支持工具,法律是对标准进行管理和协调的法律工具;而在纵向关系中,法律协调机制和标准协调机制的有机结合,既利于在各成员国共同"底线"之上满足对各国法律协调的需求,又利于在欧洲标准化体系下实现各国标准的协调一致。

第二节　欧盟标准与法律融合的旧模式

此处,我们首先考察欧洲旧融合模式的方法、形态和特征有哪些,然后考察适合采用旧融合模式的领域或其他决定适用的因素有哪些,再分析旧融合模式的效果有什么,最后对新方法指令模式演变的原因以及旧融合模式与新融合模式之间的关系进行探讨。这些就是本章所欲研究和回答的主要问题,在探索这些问题的过程中,我们不仅可以找到能回答这些问题的答案,而且对于旧与新融合模式所构成的标准支持立法政策的治理结构会有基本的认识。

关于欧盟法的内涵,欧盟法分为基础性立法和派生性立法。条约(基础性立法)是所有欧盟行动的基础或基本规则。派生性立法源于条约规定的原则和目标,包括条例(Regulation)、指令(Directive)和决定(Decision)等其他法律文件。《欧盟运行条约》第288条(原《欧共体条约》第249条)规定:"为了行使联盟权能,联盟机构应通过条例、指令、决定、建议和意见。条例具有普遍适用性,它在整体上具有约束力,应直接适用于所有成员国。就其旨在实现的结果而言,指令对于其所针对的每个成员国均具有约束力,但应由成员国当局选择实施指令的形式和方法。决定整体上具有法律约束力,明确规定了适用对象的决定仅对其针对对象具有约束力。建议和意见不具有约束力"。[2]

---

[1] 此处协调机制中的法律文件由《新方法决议》规定的指令发展到如今的条例、指令和决定,即欧盟协调性的法律文件范围得到了扩大。

[2] 张彤:《欧盟法概论》,中国人民大学出版社2011年版,第92～93页。

一、法律"直接制定"标准:"技术立法"模式

(一)法律与标准的"合并式"融合模式

谈到"新方法指令",我们首先了解了新方法指令的特殊性,包括融合背景的特殊性与新方法指令体制的特殊性。但这些仅是"新方法指令"所涵盖的内容之一,本书研究的重点在于欧盟标准与法律的"融合模式"(及其演变)以及新方法指令最重要的功能——"技术协调"作用。实际上,新方法指令是欧洲技术协调的有效手段,新方法指令模式及其演变是为达成技术协调并提高协调效果而服务的。以1985年《新方法决议》为分界线,在这之前欧盟标准与法律融合的模式主要采用"合并式",即欧盟立法直接制定标准,将有关产品的详细技术标准直接写入法律中,包括产品的设计规格和性能指标等技术细节,从而协调各成员国的技术法规和标准。陈淑梅学者将这种法律与标准的融合方式称为"技术立法",因标准被写入法律中成为法律的一部分而具有强制性效力。[1]

例如,《关于用于食品生产和食物成分提取溶剂的2009/32/EC指令》第3条规定:"成员国应采取一切必要措施,确保附件Ⅰ中作为提取溶剂列出的物质和材料符合以下一般和具体的纯度标准:……(b)……不得含有超过1mg/kg的砷或超过1mg/kg的铅"。首先,该指令(欧盟法律)中直接写入作为提取溶剂的物质和材料的纯度标准,包括具体成分及其含量;其次,对于该纯度标准的实施是强制的,因其被写入法律作为法律一部分便具有了法律的强制性效力,因此,用于食品生产和食物成分的提取溶剂在砷或铅的含量上均不得超过1mg/kg;最后,这种立法制定技术标准的模式,通过法律与标准的"合并"使得两者的强制性效力均可以有效地协调各成员国的技术法规和技术标准。

再如,《关于化学品注册、评估、授权和限制的1907/2006号条例》附件ⅩⅤ列出了生产、销售和使用某些危险化学物质、配置品和物品的限制,其中第44点限制"二苯醚,五溴衍生物$C_{12}H_5Br_5O$":"不得以高于0.1%的浓度投放市场或用作物质或配置品成分"。因而,通过法律与标准的"合并",在指向欧洲市场的生产、销售和使用二苯醚(五溴衍生物$C_{12}H_5Br_5O$)这一危险化学物质或将其用作配置品成分等情况时,它的浓度均不得高于0.1%,对这一指标的实施是强制的。又如,《关于动物源性食品的具体卫生规定的条例》(欧洲议会和欧盟理事会第835/2004/EC号)附件Ⅲ"特殊要求"中的第ⅩⅡ部分"熬制的动物脂肪和脂渣"第Ⅱ章"制备熬制的动物脂肪和脂渣的卫生要求"第4条规定:"熬制的

---

[1] 陈淑梅:《技术标准化与欧洲经济一体化》,载《欧洲研究》2004年第2期。

动物脂肪，根据种类，必须符合以下标准：猪油的 FFA（m/m 油酸）最大限量为 0.75（％）；过氧化物最大限量为 4meq/kg；不容杂质总量最大为 0.5％。"因此，在"合并式"融合模式中，立法制定的强制性技术标准必须实施，这种技术细节的强制性规范有利于同时协调各成员国的技术法规和技术标准。

由此可见，欧洲"合并式"的融合模式又可称为"技术立法"模式的特征在于，一是融合方式上，由法律直接制定技术标准（技术立法），通过法律与标准的"合并"（"合并式"融合）既赋予标准强制实施的效力又利于同时协调各成员国的技术法规和标准；二是标准的效力上，标准因与法律"合并"成为法律的一部分而具有"强制力"，不同于一般标准的"自愿性"属性，而这种"强制力"是欧洲"合并式"的融合模式所赋予它或所导致的；三是融合的形式上，一般标准是以附件的形式与欧盟法律合并，通过附在指令或条例的后面列出具体的技术指标或技术细节，此处以《关于人类饮用水质量要求的 98/83/EC 指令》（以下简称《饮用水质量要求指令》）中的规定与附件的关系为例来直观地展示欧盟标准与欧盟法律融合的形式：《饮用水质量要求指令》第 4 条关于"一般义务"中要求"在不损害其他组织条款的前提下，成员国应采取措施来确保人类饮用的水是卫生和干净的。为达到该指令的最低要求，如下情况的供人类饮用的水应是卫生和干净的：(a)没有微生物和虫害，且没有从数量或浓度上对人类健康构成潜在危险的物质；(b)满足附件Ⅰ中 A 部分和 B 部分设定的最低要求。"相应地，该指令附件中的部分要求如表 2-1 和表 2-2 所示，表 2-1 展示的是《饮用水质量要求指令》附件Ⅰ"参数和参数值"中"A 部分 微生物参数"的表格，表 2-2 展示的是附件Ⅰ"参数和参数值"中"B 部分 理化参数"表格的摘录部分。

表 2-1 微生物参数

参数	参数值（数量/100 mL）
大肠埃希氏菌（大肠杆菌）	0
肠球菌	0
以下适用于瓶装或容器装的销售的水	
参数	参数值/mL
大肠埃希氏菌（大肠杆菌）	0～250
肠球菌	0～250
铜绿假单胞菌	0～250
22℃菌落计数	100
37℃菌落计数	20

注：参数值：是指按照与水接触的相应聚合物最大释放量所计算的水中残留单体浓度。

表 2-2　理化参数（摘录）

参数	参数值/(μg/L)
丙烯酰胺	0.10
锑	5.0
砷	10
苯	1.0

可以看出，欧洲"合并式"融合模式中立法对技术标准的规定多是以附件的形式附在法律后面；立法对技术标准的要求多是：一来不与其他组织条款相矛盾或冲突，二来在质量上根据指令保障人身健康等"最低门槛"设置技术上的"最低要求"。

(二)"单一式"技术协调结构

作为欧洲技术协调的有效手段，新方法指令的旧方法通过技术协调立法模式，一方面达到对各成员国的技术法规和技术标准的同步协调，另一方面实现从技术细节上协调各成员国的技术差异。这种协调结构的特征表现为"单一式"的协调体系，即主要由欧盟理事会单一的主体在欧盟最高的层面上对其制定的法律中涉及的技术细节进行规范和协调。这种"单一式"的协调结构背后反映了欧盟企图完全协调各成员国技术差异的目的，因而通过欧盟层面立法的方式来强制性地实施同一技术法规和标准。"单一式"技术协调结构对技术标准的协调而言，表现为由欧盟立法机构强制性协调技术细节；对技术法规的协调而言，表现为由欧盟立法机构既协调技术立法要求又协调具体的技术立法内容。

(三)"由上至下"技术协调模式

在欧盟"单一式"的技术协调结构中，不难发现由欧盟理事会主导的技术协调属于"由上至下"的技术协调模式。在这种技术协调中，制定技术法规、规范技术标准的视角多是欧盟立法机构的视角，技术协调过程也多由欧盟立法机构主导，由于其中较少出现其他利益相关者的视角或其重要的参与地位，因此本书将这种技术协调模式归为"由上至下"的协调模式。这一模式反映了欧盟期望面面俱到地实现技术协调、统一市场和保障公共利益等多方面的构想。以欧盟的《178/2002/EC条例——制定了食品法的基本原则和要求，成立了欧洲食品安全局，规定了有关食品安全方面的程序》(以下简称"《食品法条例》")为例，首先，该条例第1条规定本条例"为保护人类健康和消费者在食品方面的利益提供了高层次的保障基础,尤其考虑到了包括传统食品在内的食品多样性,同时确保欧盟内部市场的高效运转;制定了一般原则和职责,提供强有力的科学支撑方法,有效的管理机构,以及加强在发生食品和饲料安全事件时做出决策的程序。"

其次,该条例引言中指出,"只有在各成员国之间对食品和饲料安全要求没有重大差异时,食品和饲料才可实现在欧共体内自由流通";而"安全卫生食品的自由流通是欧共体内部市场的基本组成方面,它对公民的健康和其社会、经济利益均有重大影响"。

最后,该条例引言中还指出,"人类的饮用水质量标准已在理事会指令 80/778/EEC 和 98/83/EC 中规定,参考指令 98/83/EC 第六条已足够。"因此,由欧委会提议、欧洲议会和欧盟理事会制定的《食品法条例》的立法目的在于,首先,其是追求高标准地保护人类生命健康,为消费者在食品方面的利益提供高层次的保障基础;其次,其基于食品多样性对食品和饲料安全方面的技术差异进行协调,实现食品和饲料在欧共体内自由流通;再次,强调安全卫生食品的自由流通是欧共体内部市场的基本构成,而这一点将保障公共利益(安全卫生的食品)、协调技术差异(自由流通)和深化欧共体内部市场联系在一起,作为《食品法条例》的共同目标;最后,《食品法条例》通过"制定一般原则和职责,提供强有力的科学支撑方法和有效的管理机构,并加强在发生食品和饲料安全事件时做出决策的程序"为实现上述共同目标提供落地实施的保障机制和方法。值得注意的一点是,《食品法条例》对于指令 98/83/EC 等其他欧盟法律的引用。

《食品法条例》从一方面体现了欧盟"由上至下"的技术协调模式的优势所在,即由欧盟立法机构主导的技术协调过程可以通过技术立法"一体化"地结合欧盟关于技术协调、保障公益和深化内部市场等政策,不仅可以提出指导性的技术要求,还可以一并制定符合这些立法要求的技术标准(规范),这样既有利于立法支持欧盟各项政策的落实,又有利于法律的实施者通过参照立法要求和立法细节同时实施技术法规和技术标准,为法律和相关标准的实施提供便利。

(四)立法程序控制标准化成果

"由上至下"的技术协调模式的特征之一便是主导技术协调的主体和视角是欧盟立法机构,这种技术协调模式与欧洲标准和法律"合并式"的融合模式是紧密相连的。因此,在"合并式"融合模式中,不仅由欧盟立法机构控制着欧洲的技术协调过程,而且还由其通过立法程序与"合并式"融合模式控制着标准化成果,以确保标准为欧洲立法和政策提供符合预期的技术支持。与其他标准和法律的融合模式相比,欧洲"合并式"融合模式在立法控制标准化成果方面具有极大的优势。比如，与法律"注明日期"（直接）引用标准的模式相比，"注明日期"直接引用的是已存在的现成的技术标准，因此，法律与标准化成果之间的关系更准确地说属于"选择与被选择的关系"，前者选择其认为最符合法律要求的技术解决方案，但谈不上是对标准化成果的控制甚至影响。再如，与法律"不注明日期"（直接）引用标准的模式相比，"不注明日期"引用的是某一项/系列标准的最新版本，由于最新版本指向未来不确定的某项/系列标准，因此立法者别提对技术成果的控制或影响了，连选择权都是被动的。

由此可知，欧洲"合并式"融合模式的另一重要优势便是立法者可以通过立法程序全过程地控制标准化成果以使其符合立法者的预期立法要求，并为立法政策提供技术支持。这也是随着欧盟标准与法律融合模式的不断演变，而没有出现新融合模式替换掉旧融合模式（即"合并式"融合模式）的原因。根据欧盟的现状和学者的观察发现，不仅旧方法阶段的指令仍在使用中，而且在食品和药品领域，仍以标准与指令融合的旧方法（"合并式"融合模式）为主。这是因为食品和药品领域的产品对公共健康和环境可能带来潜在的危险，属于特别敏感的产品。而旧融合模式通过将技术法规与技术标准相结合的方式，一方面使得技术标准具有与技术法规一样的强制性，这种强制性规范有利于确保食品和药品领域产品的安全性；另一方面，立法者可以有效控制标准化成果使其为立法要求进而为保障公益等立法目的服务。相比之下，新融合模式则保留了标准的自愿属性，而这种自愿性质的技术标准难以确保产品符合技术法规对健康和安全方面的基本要求和具体指标，因此，在这些对公共健康和环境可能带来潜在危险的领域适用新融合模式便是不妥当的。

此处以《关于人类饮用水质量要求的98/83/EC指令》（以下简称"《饮用水质量要求指令》"）为例。其一，该指令序言部分指出："人类饮用水所必需的共同标准和保护健康相关的质量参数是必要的，如果确定了要达到与其他的共体措施相匹配的最低环境质量目标，将能保障和促进人类饮用水的可持续利用。"这说明了《饮用水质量要求指令》在欧盟范围内对饮用水标准进行协调的必要性之一在于，设置饮用水质量最低标准进而保障欧洲公民身体健康。其二，该指令回应了《食品法条例》的规定，要求"欧洲水政策的连贯性（包括合理的水指令体系）将在相应的过程中得到应用"，以便为指令引用指令（法律引用法律）奠定法律基础，为欧洲水政策的连贯性提供法律条件。其三，该指令进一步指出"对整个社会都很重要的物质，有必要在充分保证达到该指令目的的水平上对其设定单独的参数值。参数值是建立在有效的科学技术基础上的，也应该考虑到预防原则；选择这些数值是用来确保供人类饮用的水终身饮用安全，因而代表了高水平的健康保护。"这说明"合并式"融合模式也兼具一定的"灵活性"，这种灵活性在于技术标准(参数值)不仅可以为立法要求(指令目的)提供技术支持,还可以从社会整体利益出发设定更高水平的技术保障。其四,指令对其标准的质量要求:"特别是附件Ⅰ中的标准,通常在世界卫生组织'饮用水质量指导方针'的基础上,以及根据欧委会科学咨询委员会的观点,来检测化学物质的毒性和生态毒性"体现了指令在立法过程中对标准内容和质量的控制,从国际和欧盟两层专家视角对饮用水的毒性检测进行综合考量。

通过对《饮用水质量要求指令》内容的分析,我们对欧洲"合并式"融合模式立法程序控制标准化成果机制有了更深入的认识:(1)这种控制机制的手段是利用标准为立法提供技术支持,目的是为立法目的和要求的落地实施提供具体途径;(2)该控制机制的实施效果还可继续细分,由于规范某一领域的欧盟法律众多,旧融合模式通过合并法律和标准的方式,可以有效便捷地保障某一领域相关政策的统一性和连贯性,不仅体现在立法要求上还体现在具体的技术指标上具有一致性;(3)该控制机制除了控制标准化成果外还具有一定的灵活性,在满足立法要求的基础上还可以对社会整体利益提供更高水平的技术保护;(4)区别该控制机制与其他法律的主动性机制,例如"注明日期"引用模式中的"选择机制",控制机制不仅体现在其可以标准化成果,还体现在其对标准化过程的控制,例如立法中注意将标准的指令以世界标准化组织的标准质量指导方针为基础;(5)欧洲"合并式"融合模式及其控制机制更适合在某些特别敏感的产品领域被适用,尤其是对公共健康和环境可能带来潜在危险的食品和药品等产品领域。由此可见,"合并式"融合模式及其附带的不同特质的技术协调结构、模式和协调过程在优势上也是共通的。

二、旧融合模式的效果评价

(一)技术细节的协调切实保障公共利益

欧洲旧融合模式在立法中对技术细节进行协调,其中技术标准的指标以指令的最低保护水平为依据设定最低的技术标准,即使如此,技术法规与技术标准的保护水平在多数情况下均足以保障欧洲范围内的公共利益,并且赋予各成员国根据自身不同的国情采用较高水平保护的灵活空间,这是一种典型的兼具协调统一与灵活性的"欧洲模式"。其次,旧融合模式中"单一式"的技术协调结构以欧盟立法机构为技术协调的主导者,从这可以看出,欧洲技术协调和标准化具有相当的"集中性"①(centralised),这种集中性的技术协调有利于贯彻欧盟高层次的技术协调政策和协调措施,从而在协调中有利于实现欧盟对欧洲公民健康和安全等公共利益的保护。再次,旧融合模式中"由上至下"的技术协调模式同样有利于执行欧盟的一系列政策,这种技术协调模式从欧盟立法机构的视角出发,有利于从宏观上把握欧洲整体利益,其中便包括对欧洲公共利益的保障。最后,旧融合模式中立法程序控制标准化成果的机制,更是从侧面揭示了欧洲"合并式"融合模式的一大优势,即通过立法与标准化融合的过程,保证标准化成果符合立法目的和要求,从而在实施保障和落实立法要求的同时切实保障公共利益。

(二)复杂的技术协调立法工作:技术协调速度慢、成果少

欧盟标准与法律融合的旧模式,表现为标准与法律"合并式"的融合模式,因是由法律直接制定标准,又可称为"技术立法"模式。这种"合并式"融合模式的独特之处在于,法律与标准共同具有强制性效力,法律与标准共同协调各成员国的技术法规和技术标准,法律与标准的同步制定最终共同形成技术协调立法成果。技术立法的过程向我们同步展示了法律与标准的制定程序,由于标准是以附件的形式附在法律之后,所以不会存在"新融合模式"中先制定出欧盟法律,再根据法律制定技术标准的先后情况。也由此欧盟的技术协调立法工作会比"新融合模式"存在更大的难度和复杂性。首先,由于技术协调立法程序既需要制定欧盟法律又要在附件中制定符合立法目的和立法要求的技术标准,因此,在技术细节上达成一致需要花费更长的时间,这样导致技术协调的时间和过程较长。

其次,由于旧融合模式体现了"单一式"的技术协调结构,此时,欧洲技术协调的视角和主导者是欧盟立法机构,因而在涉及技术细节的问题时欧盟立法机构在专业性上的局限便显露出来。这也说明了"合并式"融合模式的主要缺陷之一便是,虽然在内容和形式上欧洲法律与欧盟标准是结合的,但是在立法工作和标准化工作上欧盟立法机构和欧洲标准化组织这两个各司其职的专业性机构之间却是分离的。再次,旧模式这种仅"由上至下"的技术协调模式,因缺乏市场导向,注定在技术协调过程中与市场需求和技术发展需求存在差距。

最后,旧融合模式虽然在某些敏感产品领域尤其是公共健康和环境可能带来潜在危险的产品领域,通过立法程序控制标准化成果以确保其符合立法预期和要求,但是这种控制标准化的模式由于会花费较长的时间,在成本与收益比

---

① Harm Schepel, *The Constitution of Private Governance*, Hart Publishing, p.101.

例的考量下，很显然也只能适用于某些特定的领域，而不适合广泛推广这种融合模式及其控制机制。

第三节　欧盟标准与法律融合模式的演变

一、新融合模式与旧融合模式的关系

(一)新、旧融合模式之间的联系

1. 新模式是旧模式的演变

从旧融合模式的效果分析中我们发现，在欧洲技术协调功能上，"合并式"融合模式具有协调速度慢和协调成果较少的缺陷，而且该融合模式仅在某些敏感产品的领域才可以最大发挥其切实保障公共利益的效用。对此，为了克服旧融合模式的缺陷并对其进行改进，欧盟发展出了一种新的融合模式。从标准与法律融合的形势来看，本书将这种对应旧的融合模式的新融合模式称为"分离型"融合模式。新旧融合模式不仅在融合的形式上发生了改变，随之而来的技术协调结构、技术协调模式和一系列辅助机制均发生了较大的变化。

追根溯源，新融合模式源自 1985 年欧盟理事会发布的《技术协调与标准的新方法决议》(以下简称"《新方法决议》")，该决议规定欧洲技术协调的四项基本原则为欧盟标准与法律新的融合模式奠定了形式和功能上的基础：(1)欧盟通过立法(指令)规定关于安全和其他公共利益方面的基本要求，在单一市场上销售的产品①应满足这些要求；(2)欧盟委员会向欧洲标准化组织提出标准化请求，由标准化组织负责制定有助于遵守上述基本要求的技术标准(协调标准)和规范；(3)公共部门必须承认按照协调标准生产和提供的所有产品都被推定为符合欧盟相关立法规定的基本要求；(4)对欧洲标准的使用是自愿的，没有法律义务适用它们，但任何选择不遵守协调标准的生产者有义务证明其产品符合法律的基本要求。

我们从这四项技术协调的基本原则出发可以理解新融合模式中标准与法律的"分离"在于，其一，标准与法律的制定主体是不同的，区别于旧融合模式中

---

① 《1025/2012 号条例》将立法范围扩大到服务标准领域，而 1985 年的《新方法决议》仅对产品进行了规范。

的"技术立法"——由立法机构在法律文本的附件中制定技术标准,新融合模式中分别由欧盟立法机构制定法律和欧洲标准化组织制定标准;其二,标准与法律在形式上是分离的,区别于旧融合模式中标准以附件的形式与法律融合,在新融合模式中标准以"清单"的形式被发布在由欧盟立法机构控制的官方公报上,通过标准的名称、参照号等标准的基本信息与相应的欧盟法律相对应;其三,新融合模式中的标准与法律虽然在形式上是分离的,但二者之间通过"符合性推定"机制建立起技术标准,为立法要求提供技术支持的实质联系,因而对于新融合模式中这种"分离式"融合,国际上也将其称为法律对标准的"间接引用";其四,新融合模式中欧盟法律和技术标准各自的功能明确、界限清晰,欧盟仅需要规定有关安全和其他公共利益方面的基本要求,技术标准则负责为满足法律的基本要求提供具体的技术规范,既为立法的抽象性要求提供具体的技术支撑又为法律和标准的实施者提供遵守和实施上的便利。

2. 新、旧模式共同构成欧盟的技术法规体系

虽然新旧融合模式在融合的形式上存在很大的差别,但是新融合模式是在克服旧融合模式缺陷的基础上演变发展而来的,而且新融合模式并没有完全取代旧融合模式,在特定产品领域旧融合模式仍发挥着十分重要的作用。因此,新旧两种融合模式共同构成了欧盟技术法规体系,并在各自擅长的领域发挥着至关重要的技术协调作用。

3. 新、旧模式在功能上的共通性

新旧融合模式作为欧盟技术法规共同的组成部分,二者在功能上当然地具有共通性,除了均具有对各成员国的技术差异进行技术协调、对欧洲公共利益进行保护、为欧洲内部市场的自由流通奠定规范性基础的功能之外,新融合模式的效率普遍要高于旧融合模式。

(二)新、旧融合模式之间的区别

(1)融合模式上的区别。通过从旧融合模式到新融合模式的演变分析可知,两种融合模式在形式上存在很大的差别,概括起来,旧融合模式中标准与法律的融合属于"合并式"融合模式,新融合模式中标准与法律的融合属于"分离式"融合模式。

(2)在技术协调结构和协调模式上的区别。技术协调结构和协调模式是由标准与法律的融合模式所决定的。在旧融合模式中,欧盟标准与法律的融合方式是"合并式"又可称为"技术立法",因此,这种融合模式下的技术协调结构表现为由主体单一的欧盟立法机构进行欧洲技术协调活动,而技术协调模式也表现为由欧盟立法机构所主导的"自上而下"的欧洲技术协调。在新融合模式中,

欧盟标准与法律的融合方式是"分离式",在这种融合模式下,由于法律与标准的制定主体不同(分离),所以表现在技术协调结构上就不再是由单一主体实施欧洲的技术协调,而是由欧盟立法机构和欧洲标准化组织二者共同实施欧洲技术协调,因而此时的技术协调结构是"双层式"协调结构。在"双层式"技术协调结构中,由于引入了欧洲标准化组织这一主体及其所带来的标准化体系,而标准是一定范围内经利益相关方协商一致的产物,因此,新融合模式所导致的技术协调模式不仅存在欧盟立法机构"自上而下"的技术协调体系,还存在欧洲标准化机构组织的由欧洲市场中利益相关方主导的"自下而上"的技术协调体系。

(3)在立法控制标准化机制上的区别。立法控制标准化成果的机制同样是由标准与法律融合的模式所决定的。在旧融合模式又称"技术立法"模式中,由立法者在立法过程中既制定法律要求又规定技术标准并将标准附在法律文件之后,这种将标准制定过程融入立法程序的融合方式便于立法者通过立法程序控制标准化过程及标准化成果,以使其符合立法者的立法目的并为抽象性的立法要求提供具体的技术支撑。在新融合模式中,由于法律和标准的制定主体不同,二者的制定程序也因此是分离的,即使法律和标准的制定程序不是同一的,欧盟立法机构仍可通过其他机制有效地控制标准化过程及其成果。新融合模式中立法者对标准化实施控制的最重要两个机制:一是标准化"委托书"机制,二是标准发布刊物机制。前者是指支持欧盟立法的欧洲标准的制定起始于欧盟立法机构向欧洲标准化组织提出的标准化"委托书",再由欧洲标准化组织在接受"委托书"的情况下根据"委托书"的内容和要求制定支持欧盟立法的欧洲标准(专称"协调标准"),这样就可以保证欧洲标准化组织制定的协调标准符合欧盟立法机构的立法要求;"标准发布刊物机制"是指由欧洲标准化组织制定的支持欧盟立法的协调标准需发布在特定的欧盟官方公报上才能发生效力,而这一特定的欧盟官方公报实际上是由欧盟立法机构所控制的,因此,通过控制支持立法的欧洲标准的发布刊物,欧盟立法机构仍可以有效监督欧洲标准的质量及其满足立法要求的程度等标准支撑法律的重要信息和内容。

二、欧盟新融合模式:新方法指令模式

欧盟标准与法律的"新融合模式"可以有多种说法,我们根据法律引用标准的方式可将其归为"间接引用"模式,根据新融合模式中欧盟法律的特殊性可将其称为"新方法指令模式",根据欧盟标准与法律融合的形式可将其分为"分离式"融合模式。此处为方便读者区分新旧融合模式之间在融合形式上的差异,多数情况下称旧融合模式为"合并式"融合模式,称新融合模式为"分离式"融合模式。

从名称上的差异可以看出,新旧融合模式之间在标准与法律的融合形式上几乎采用了完全相反的方式,旧融合模式采用标准与法律的"合并式",而新融合模式则采用"分离式"。反映到不同融合模式下的技术协调结构和协调模式上,"分离式"比"合并式"在技术协调结构上多了一个协调主体(欧洲标准化组织),因而转化为"双层式"协调机构;同时,"分离式"比"合并式"在技术协调模式上由于多了欧洲标准化机构组织协商一致的标准制定程序,因而也增加了"由下至上"的技术协调体系。尽管"分离式"比"合并式"在技术协调结构和协调模式上均增加了一层体系,但"分离式"融合模式的技术协调效率比"合并式"要高很多,下文将对新融合模式实施技术协调的高效率的原因进行分析,其中最重要的便是"分离式"中融合方式的转变及由此导致的欧盟立法机构控制标准化机制的转变所带来的欧洲技术协调效率的提高。

(一)法律与标准的"分离式"融合模式

由上文可知,欧盟法律与标准的"分离式"融合模式起始于1985年《新方法决议》确立的关于技术标准化的四项基本原则。直至2012年发布的《关于欧洲标准化的1025/2012号条例》(以下简称"《1025/2012号条例》")对欧洲"分离式"融合模式及其对欧洲的贡献进行了法律上的确认和肯定。根据《1025/2012号条例》的规定和定义,欧盟将"分离式"融合模式中支持立法的欧洲标准专称为"协调标准"(Harmonised Standard),它是指由欧洲三大标准化组织之一依据欧盟委员会提出的标准化请求(委托书)而制定通过的欧洲标准,作为新方法指令中使用的术语,协调标准是作为欧洲标准而存在的技术规范的法定资格,而非欧洲标准中的一个特定类别。[1] 欧洲标准是指"由欧洲标准化组织批准的标准",因而,欧洲标准与其他形式的标准的区别在于,其批准机构是欧洲标准化组织,而不是国际标准组织或国家标准机构。协调标准的重要内涵在于,其一,对协调标准的适用是为了应用欧盟统一立法;其二,协调标准的产生程序是在欧委会提出标准化请求的基础上;其三,协调标准同样是由欧洲标准化组织批准的标准,因而协调标准属于欧洲标准的范围,仅是欧洲标准的一种形式。欧盟法律与协调标准的融合可以根据欧盟的类型分为协调标准与欧盟条例的融合、协调标准与欧盟决定的融合以及最常见的协调标准与欧盟指令(新方法指令)的融合。下文将对这三种协调标准与欧盟法律融合的现象分别描述。

1. 协调标准支持欧盟条例

协调标准与欧盟条例的融合方式可以细分为两种类型:一是协调标准支持

---

[1] 饶治、陈展展、周柏新:《欧盟新方法指令的实施与最新趋势》,中国轻工业出版社2005年版,第45页。

条例的融合(该条例原本即为条例的法律形式),二是协调标准支持废除指令的条例(该条例是由指令转变为条例的情形)。第一种融合情况以《关于产品销售的认证和市场监督要求的 765/2008 号条例》(以下简称"《产品认证和监督条例》")为例,该条例第 8 条规定了对成员国国家认证机构的立法要求,并在第 11 条以"对国家认证机构的符合性推定"为标题指出:"符合欧盟官方公报中已公布参照号的相关协调标准的国家认证机构……应被推定符合第八条的要求",简而言之,《产品认证和监督条例》第 8 条是有关成员国国家认证机构的立法要求,紧接着该条例第 11 条通过"符合性推定"在协调标准与条例的立法要求之间建立了融合渠道,即只要成员国的国家认证机构符合已在欧盟官方公报中公布了参照号的协调标准的技术规范,便被推定为该国家认证机构符合《产品认证和监督条例》第 8 条相应的立法要求。

协调标准与欧盟条例的第二种融合情况以《关于人身保护设备和废除 89/686/EEC 指令的 2016/425 号条例》[①](2018 年 4 月 21 日生效)(以下简称"《2016/425 号条例》")为例。首先,该条例在其引言中表明基于新方法原则的《人身保护设备指令》(89/686/EE 指令)在协调标准支持指令基本要求方面的实践运行良好,应得到保持和进一步推动;其次,《2016/425 号条例》指出了废除 89/686/EE 指令的原因,即"由于所有成员国的范围、基本健康和安全要求及合格评定程序必须相同,那么基于新方法原则将指令转化为国内法几乎没有灵活性可言,因此,89/686/EE 指令应由条例所取代,条例只是为成员国规定明确细则的适当法律文书,不会给成员国的不同转化留下空间";最后,《2016/425 号条例》第 14 条同样基于新方法原则规定了协调标准与该条例附件Ⅱ中的基本健康和安全要求之间的"符合性推定关系"。

综上所述,首先,对于协调标准与条例融合的两种情形而言,虽然本书根据条例自身的情况对融合情形有所区别,但两种情形下协调标准与欧盟条例融合的模式实质上均是一样的,即通过"符合性推定"机制在已在欧盟官方公报上公布参照号的协调标准与欧盟条例的立法要求之间建立"符合性推定关系",只要是符合有关协调标准的产品即被推定符合相应条例的立法要求。

其次,所以此处"分离式"的融合主要是指形式上的分离,区别于旧融合模式中标准以附件的形式与法律的"合并式",在"分离式"融合模式中,欧盟法律仅规定了有关健康安全等保护公共利益的基本要求,而将满足立法要求的途径

---

① Regulation (EU) 2016/425 of the European Parliament and of the Council of 9 March 2016 on personal protective equipment and repealing Council Directive 89/686/EEC, OJ L 81, 31.3.2016.

交给具体的协调标准,协调标准只有将其参照号(还会包括标准的其他基本信息)发布在欧盟"官方公报"上才发生效力,这时对于协调标准的符合便"推定"为符合相应欧盟法律的立法要求。

最后,此处在协调标准与欧盟条例的融合方式中区分两种类型可以使读者对欧盟法律是采用指令还是条例的选择原因有一定的认识。通过对《2016/425号条例》引言中的内容解读后我们发现,欧盟在加强对公共健康和环境等方面的保护时、希望压缩甚至不留给各成员国转化欧盟法律的自由空间时,通常会选择条例来协调各成员国的技术法规和技术标准,或者在发展中用条例取代指令的方式加强保护和协调(或称统一)的力度。

2. 协调标准支持欧盟决定

协调标准与欧盟决定的"分离式"融合以《关于产品销售的共同框架的768/2008/EC号决定》(以下简称《产品销售共同框架决定》)为例,该决定第R18条规定了协调标准与本决定第R17条中关于公告机构(Notified Bodies)(或称"通知机构")的要求之间的符合性推定关系:"如果合格评定机构证明其符合欧盟官方公报中相关协调标准或其部分,则应推定其符合第R17条就适用的协调标准所覆盖的要求"。首先,欧盟法律中均重视规定对"公告机构"的要求,"公告"的作用在于使欧盟各成员国之间互相知道各国实施第三方合格评定任务的机构,而"公告机构"的主要任务是按照欧盟法律规定的要求提供合格的评定服务,这是一种涉及公共利益的提供给制造商的服务。在某些欧盟法律中,公告机构还有其他名称,例如检验机构(《简单压力容器指令》)[1]和《建筑产品指令》)[2]、测试实验室和认证机构(《建筑产品指令》)或批准机构(《玩具安全指令》)等。[3]

其次,《产品销售共同框架决定》对公告机构进行规范包括依法(成员国国内法律)设立、法人资格、独立性和管理人员资格等法律要求,并在法律要求与协调标准之间建立法定的"符合性推定关系",即符合欧盟官方公报中相关协调标准的公告机构就被推定其符合《产品销售共同框架决定》中规范公告机构的相应基本要求。

---

[1] Directive 2009/105/EC of the European Parliament and of the Council of 16 September 2009 relating to simple pressure vessels, OJ L 264, 8.10.2009.

[2] Council Directive 89/106/EEC of 21 December 1988 on the approximation of laws, regulations and administrative provisions of the Member States relating to construction products, OJ L 40, 11.2.1989.

[3] 饶治、陈展展、周柏新:《欧盟新方法指令的实施与最新趋势》,中国轻工业出版社2005年版,第39、45页。

最后，通过分析上述欧盟法律的基本要求和相应的协调标准的内容可以发现，"质量"是欧盟法律中规范产品、机构等各项要求的重要组成部分，投放欧洲市场的产品或服务的质量不能低于这些要求的水平，而符合协调标准的产品或服务就表明其质量满足这些要求，否则根据欧盟法律，不符合要求的低质量产品或服务禁止进入欧洲市场。

3. 协调标准支持新方法指令

在认识协调标准与新方法指令的融合情况之前，我们需要对欧盟指令与新方法指令之间的关系进行一定的了解。欧盟指令属于欧盟法律体系的一部分，而新方法指令据其字面含义是指根据《新方法决议》制定的指令。根据《新方法决议》关于技术标准化的四项基本原则可知，新方法指令的重要内容便是法律"间接引用"标准的模式（即"分离式"融合模式），之所以称为"间接引用"，是因为指令中没有标准的基本信息，法律法规只规定了基本安全等方面的要求，而对于满足法律要求的标准则由"法律法规制定机关列为清单，并在立法机关控制的官方刊物上发布"。

同上述协调标准与其他欧盟法律之间"分离式"融合的实质相同，新方法指令的"间接引用"表现在形式上，协调标准与新方法指令是分离的，指令既没有"直接引用"标准的名称、代号、顺序号（以及发布日期）等标准的基本信息，也没有"普遍性"引用某一领域或标准体系中某一层级的标准，而是通过立法机关对协调标准发布刊物进行控制，在协调标准与指令要求之间建立"符合性关系"，即在立法机关控制的刊物上发布的协调标准与其所制定的法律要求之间建立一种"推定对应满足"的关系。

协调标准与新方法指令的"分离式"融合以《关于游艇和私人船只的2013/53/EU指令》[①]（以下简称《游艇指令》）为例，该指令第14条以"符合性推定"（Presumption of conformity）为标题在本指令的法律要求与协调标准之间建立了"符合性推定关系"和"间接引用"的"分离式"融合模式，该条款规定：只要符合协调标准或其部分的产品就被推定为符合本指令第4条第1项和附件Ⅰ中的法律要求。《游艇指令》第4条"基本要求"第1项规定："在按照预定的目的正确维护和使用第二条第一项所述产品时，只有该产品不危害人身健康、安全、财产或者环境且满足附件Ⅰ中适用的基本要求的情况下，才能将该产品投入市场或投入使用"。此处《游艇指令》的立法要求中有关于保护财产和环境的基本

---

① Directive 2013/53/EU of the European Parliament and of the Council of 20 November 2013 on recreational craft and personal watercraft and repealing Directive 94/25/EC Text with EEA relevance，OJ L 354，28.12.2013.

要求,并在附件Ⅰ中规定了更详细的具体要求,例如,在保护环境方面规定了防止排放废物和便利运送废物上岸的设施上的要求、喷气发动机废气排放的要求和噪音排放的基本要求等。对应这些基本要求,欧盟官方公报发布了相关协调标准的名称及其参照号,其中包括"小艇—往复式内燃机尾气排放测量——气体和微粒废气排放的试验台测量"标准(EN ISO 18854:2015)以及"小艇——动力游艇发出的空气声音—第1部分:通过噪声测试程序"标准(EN ISO 14509—1:2008)等。这些协调标准回应并满足了《游艇指令》的相关要求,比如,在游艇设计和建造上规定关于废气和噪音排放的特定限值,为满足《游艇指令》中有关保护环境的基本要求提供具体的技术规范和实施途径。

再如,《关于医疗器械的93/42/EEC指令》[1](以下简称《医疗器械指令》")第16条以"公告机构"为标题规定了协调标准与如何指定公告机构的要求之间的"符合性推定关系"——"各成员国应适用附件Ⅺ所列准则(criteria)指定机构。符合将协调标准转换为国家标准所规定的准则的机构应当推定其符合指令中的相关准则"。接着,该指令附件Ⅺ"公告机构的指定准则"第1条要求:"公告机构及其主管、评估和验证人员不应是他们所检查器械的设计者、制造商、供应商、安装者或使用者,也不得是其中任何人员的授权代表。他们不得直接参与器械的设计、建造、销售或维护,也不能代表参与这些活动的各方。"此外,附件Ⅺ还对公告机构及其工作人员的专业能力、执行任务能力、职业培训、公正性、投保民事责任保险和保守专业秘密等进行了规定。

对应《医疗器械指令》关于指定公告机构的要求,EN 45000系列标准(协调标准)则是帮助实施者符合指令要求的重要技术途径和手段。EN 45000系列标准覆盖了不同类型的合格评定机构(认证机构、测试实验室、检验机构、认可机构)并由两部分组成:一是涉及机构组织结构和管理,二是涉及机构运行的技术要求。[2] 例如,EN 45001标准规定了待认可进行测试和/或校准的实验室必须满足的一般技术规范,EN 45004标准则规定了机构实施检验能力的一般准则。符合EN 45000系列标准中有关公告机构的部分便是推定其符合《医疗器械指令》有关立法要求的重要技术途径和手段。

---

[1] Council Directive 93/42/EEC of 14 June 1993 concerning medical devices, Official Journal L 169, 12/07/1993.

[2] 饶治、陈展展、周柏新:《欧盟新方法指令的实施与最新趋势》,中国轻工业出版社2005年版,第39~40页。

此外,《关于升降机和升降机安全部件的 2014/33/EU 指令》①(第 24 和 25 条)、《关于民用爆炸物的 2014/28/EU 指令》②(第 28 和 29 条)和《关于预定用于潜在爆炸性环境的设备和防护系统的 2014/34/EU 指令》(第 21 和 22 条)等新方法指令③中均规定了关于公告机构如何指定的要求及其与 EN 45000 系列标准之间的"符合性推定关系",符合 EN 45000 中评估标准的机构就会被推定为符合相应指令中的对应要求。

因此,通过对上述协调标准与欧盟不同形式的法律之间的融合可以总结出"分离式"融合模式所代表的欧洲"新融合模式"的特点:一是形式上协调标准与欧盟法律是分离的,欧盟机构制定并颁布法律,由欧洲标准化组织负责制定满足欧盟立法要求的协调标准并公布在由欧盟立法机构控制的欧盟官方公报上;二是虽然形式上分离,但协调标准与欧盟法律通过法定的"符合性推定"机制建立起实质上的"符合性推定联系",由此符合协调标准的产品或服务便被"推定"为符合相应的欧盟法律的基本要求;三是对于协调标准与欧盟法律融合的新模式,国际上也将其称为法律"间接引用"标准的模式,以与法律"直接引用"标准的模式相区分。

(二)"双层式"技术协调结构

在"分离式"融合模式中,由于协调标准与欧盟法律的制定主体不同,因而由新融合模式所建立的欧洲技术协调结构也与旧融合模式存在很大的区别。首先,"双层结构"体现在数量上是指,欧洲技术协调的主导主体由旧模式中单一的欧盟立法机构主导转变为由欧盟立法和欧洲标准化组织二者共同主导的技术协调。

其次,"双层协调"体现在专业上是指,不仅是主体数量上的增加,更体现为专业上的"术业有专攻",由欧盟立法机构对各成员国之间的法律要求(通常为保护公共利益的抽象性要求)进行"完全协调",再由欧洲标准化组织在符合欧盟立法要求的技术上对各成员国之间的技术标准进行"自愿性"的协调。但是根据欧洲学者的观察,这种"自愿性"技术协调由于具有市场上消费者的高度认

---

① Directive 2014/33/EU of the European Parliament and of the Council of 26 February 2014 on the harmonization of the laws of the Member States relating to lifts and safety components for lifts, OJ L 96, 29.3.2014.

② Directive 2014/28/EU of the European Parliament and of the Council of 26 February 2014 on the harmonization of the laws of the Member States relating to the making available on the market and supervision of explosives for civil uses (recast), OJ L 96, 29.3.2014.

③ 新方法指令:是指依据《新方法决议》制定的指令。

可和符合立法要求的便捷性等因素,通常具有"实际上的强制性",因此,从最终效果来看,"双层式"技术协调结构既实现了对各成员国的技术法规和技术标准的"高度协调"又提高了欧洲技术协调的效率。

最后,"双层式"技术协调结构不仅有效协调了各成员国的技术法规和标准体系,更是超越了法律和标准等规范性文件的范畴,建立了欧盟立法机构与欧洲标准化组织之间良好的工作联系。这是"单一式"协调结构最欠缺的一个重要环节。在"单一式"技术协调结构中欧委会与欧洲标准化组织的联系并不紧密,这直接导致欧洲标准化的协调工作(由欧委会主导)与欧洲标准的制定工作脱节。[①] 之所以在欧盟立法机构与欧洲标准化组织之间形成良好的工作联系如此重要,是因为机构(规范性文件制定主体)之间的良好互动是欧洲标准支持欧盟立法政策可持续发展的现实基础。

换言之,"双层式"技术协调结构也就是欧盟立法机构与欧洲标准化组织在技术协调上的工作联系,作为欧洲标准支持欧盟立法政策可持续发展的现实基础可以从制定程序上、监督反馈机制上、欧洲标准持续性完善等多方面为欧盟技术法规和技术标准的高效更新及二者的有效融合提供科学合理的助力。首先,在制定程序上的优势,"双层式"技术协调结构的功能不仅在于对各成员国的技术差异进行协调,还有助于提高欧盟法律和欧洲标准的质量。这也主要源于欧盟立法机构与欧洲标准化组织在工作上的有效联系,例如,欧委会与欧洲标准化组织之间基于"标准化请求"的合作关系始于《新方法决议》确立的技术协调与标准新方法的原则——"欧盟委员会向欧洲标准化组织提出标准化请求,由标准化组织负责制备有助于遵守立法基本要求的技术标准(协调标准)和规范",由此,欧盟法律的抽象性要求有了欧洲标准的具体技术支持,同时,根据欧委会标准化请求而制定出的欧洲标准可以最大程度地符合立法要求和目的、保障欧洲公共利益、促进内部市场的自由流通。

其次,在监督反馈机制上的优势,欧委会的标准化"委托书"并非一个"单方向"的标准化请求,而是一个"双向机制",其中既含有向欧洲标准化组织提出的标准化"委托书"(标准化请求)、对欧洲标准化组织制定标准过程的监督,又含有欧洲标准化组织向欧委会汇报标准制定情况的进展、欧委会对标准与"委托书"符合程度的评估。根据《1025/2012 号条例》第 10 条的规定,其一,"欧委会可以在条约规定的权限范围内,请求一个或多个欧洲标准化组织在确定的期限内起草一项欧洲标准或欧洲标准化可提供使用文件。欧洲标准和欧洲标准化

[①] 陈淑梅:《欧洲经济一体化背景下的技术标准化》,东南大学出版社 2005 年版,第 42 页。

可提供使用文件应以市场为导向,兼顾欧委会请求中明确提出的和基于共识的公共利益和政策目标。欧委会应确定被请求文件内容所要满足的要求及批准该文件的最后期限"。此项规定包含了欧委会"标准化请求"的法定权利和内涵,以及欧洲标准化组织制定标准的依据,可以将其看作欧委会"标准化请求"机制的"A向内容"。其二,"欧洲标准化组织应向欧盟委员会通报标准制定活动的进展。标准制成后,欧盟委员会会同欧洲标准化组织应评估由欧洲标准化组织起草的标准文本与最初标准化请求的符合程度"。此项规定表明了欧委会"标准化请求"机制的"B向内容",即欧洲标准化组织向欧委会汇报标准制定工作进展,内含"欧委会对欧洲标准化组织工作的监督",随后,欧委会会对标准文本与其"标准化请求"的符合程度进行评估,由此"B向内容"与"A向内容"共同构成了欧委会标准化请求的"双向机制"。

最后,在欧洲标准持续性完善方面,根据《1025/2012号条例》欧委会在其他主体对协调标准提出"正式反对意见"时,有权对欧洲标准化组织制定的协调标准"决定"是否在欧盟官方公报上发布或继续保留或通知欧洲标准化组织进行修订等。《1025/2012号条例》第11条规定了"对协调标准提出正式反对意见"(Formal objections to harmonised standards):

1. 当某一成员国或欧洲议会认为一项协调标准并不完全满足它致力于覆盖的要求并且这些要求被载于欧盟相关的统一立法中时,则他们应将这一情况通知欧委会并附上详细的解释,欧委会则应在咨询由相应欧盟统一立法设立的委员会之后,如果该委员会存在的话,或者以其他形式咨询行业专家后,做出下列决定:(a)在欧盟官方公报上出版、不出版或者有限制地出版相关协调标准的参照号;(b)在欧盟官方公报上保留、有限制地保留或者从欧盟官方公报上撤销相关协调标准的参照号。

2. 欧委会应在其网站上公布受到第1点中决定影响的相关协调标准的信息。

3. 欧委会应将第1点所提到的决定通知相关欧洲标准化组织,如果有必要,请求对相关协调标准进行修订。

《1025/2012号条例》的此条规定表明,在欧洲"双层式"技术协调结构中除了对欧洲标准的制定过程可以有效控制之外,还能对已制定或者已发布的欧洲标准进行"修正",以确保欧洲标准的质量得到持续不断的完善。

(三)"由上至下"和"由下至上"相结合的"循环式"技术协调模式

由"双层式"技术协调结构导致的技术协调模式,从旧方法时的"由上至下"

的技术协调模式演变成"由上至下"与"由下至上"相结合的技术协调模式。其中,"由下至上"的技术协调体系主要是源自欧洲标准化组织的加入,因而带来了宝贵的不同领域利益相关者的需求和意见。此处将"由上至下"与"由下至上"相结合的技术协调模式总结为"循环式"技术协调模式,这种技术协调模式有利于发挥两种模式各自的优势。其中,"由上至下"技术协调模式的优势在于,便于欧盟立法者和决策者集中高效地实现其立法目的和政策,保证欧洲技术协调的连贯性并从宏观上解决现实问题和预测未来走向以作出有效的提前应对。"由下至上"技术协调模式的优势则在于,有利于及时跟进市场和技术发展的需求,因而技术协调的内容也更"接地气"。

因此,我们发现,即使在同一个技术协调结构中,由于技术协调的顺序不同也会看到不同的事物和问题,侧重的方面自然也会不同。回到图2-4所展示的新方法指令的结构图中,我们可以发现"循环式"技术协调模式的宝贵之处:一来,在欧盟与成员国的关系中,"循环式"技术协调模式既有利于欧盟法律和欧洲标准协调各成员国的技术法规和技术标准,又有利于从成员国的实际情况出发对欧盟的技术协调提出反馈和最新需求,这样便形成了普遍意义上控制系统所追求的"闭环"[①]结构;二来,在欧盟、成员国与欧洲各利益相关方的关系中,"循环式"技术协调模式延伸了图2-4中技术协调的"触角"到更接近市场和技术

Dimensions in millimetres

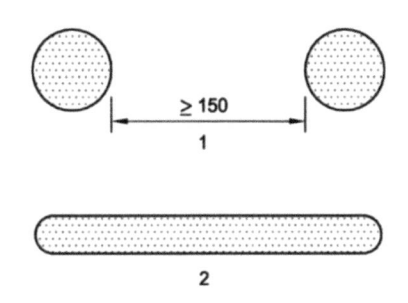

Key
1　total ventilation area, 1 300 mm² or more
2　alternative equivalent ventilation area, 1 300 mm² or more

图2-4　EN 71-1:2014标准中"通风区域"图示[②]

[①]　闭环(闭环结构)也叫反馈控制系统,是将系统输出量的测量值与所期望的给定值相比较,由此产生一个偏差信号,利用此偏差信号进行调节控制,使输出值尽量接近期望值。此释义来源于"百度百科"。

[②]　图示来源:网址:http://www.doc88.com/p-4703875010303.html,访问时间:2023年1月20日。

发展领域的不同利益相关者层面,如图2-5所示,由于第三层欧洲公民和各利益相关方的加入,使得他们可以通过欧洲技术协调参与欧盟立法、决策和欧洲标准化过程,这一环节的增加可以有效地结合直接民主与间接民主,从而强化欧盟政策的合法性、优化欧盟多层治理机制和结构;此外,欧洲技术协调由于得到了欧洲公民社会的合法性支持,也有助于减轻来自成员国对欧盟的压力,从而进一步提升欧盟治理的效率;同样值得注意的是,因公民社会力量(欧洲公民和各利益相关者)的注入,不仅可保障欧盟决策的民主性和权力分配的平衡性,而且有助于欧盟一体化程度的深化和对内凝聚力的提升,进而有利于提升欧盟整体对外处理国际事务的能力和国际竞争力。

ANNEX

No	Reference of the standard
1.	EN 301 549 V2.1.2 (2018-08) Accessibility requirements for ICT products and services

图 2-5 "网站和移动应用程序协调标准"的参照号

(四)"委托书"与"发布刊物"机制控制标准化成果

探讨欧洲的技术协调自然离不开控制机制来保证协调成果和效果符合预期。欧洲新融合方式下的控制机制不同于旧方法时期采用的"立法程序控制标准化成果",而是采用了更专业合理的控制机制,这便是欧委会的标准化"委托书"机制及其针对欧洲标准的"发布刊物"机制。通过结合这两种控制机制不仅提高了欧洲技术协调的效率,而且促进了欧盟立法者与欧洲标准制定者积极发挥各自的专业优势,保证欧洲标准高效切实地满足欧盟立法要求。

1. 标准化"委托书"控制标准化的进程

通过上述对欧洲"双层式"技术协调结构的分析可知,欧委会的标准化"委托书"是欧盟立法机构与欧洲标准化组织工作联系上的重要一环,并自带"双向机制"。此处对欧委会标准化"委托书"的研究主要从新旧融合模式下不同标准化控制机制入手,探讨新融合模式下"委托书"机制的控制效果。

《1025/2012号条例》第10条规定,有助于我们理解"委托书"机制如何发挥控制作用。首先,委托书控制标准化成果侧重于"标准的内容"是否满足其中"提出的和基于共识的公共利益和政策目标",结合《1025/2012号条例》第10条第1款的规定,标准还应"以市场为导向"。

其次,委托书还控制标准的"制定期限",《1025/2012号条例》规定了欧委会应确定批准标准的最后期限,以及欧洲标准化组织在收到委托请求决定后是否接受的期限要求(1个月内),以保证标准制定以及标准支持立法的效率。

再次,尽管委托书是由欧委会向欧洲标准化组织提出的,但是"委托书的内容"并非由欧委会一个机构决定的,《1025/2012号条例》第10条第2款规定了欧委会在发出委托书之前应当咨询"欧洲标准化组织"、"根据该法规接受欧盟资助的欧洲利益相关方组织"和"由相应欧盟立法设立的委员会","如果这样的委员会不存在则以其他形式咨询部门专家",再作出发布委托书的决定。此条规定可以看作是对"委托书"控制机制的"控制",通过充分发挥欧盟立法机构、欧洲标准化组织、欧洲利益相关方组织和专家委员会的智识和经验,确保欧洲标准化组织了解欧盟立法的目的和要求、欧洲标准的内容可以有效满足抽象性的法律要求。

最后,如上所述,委托书并非一个向欧洲标准化组织发出的"单向"机制,而是一个既有请求又有汇报的"双向机制"。根据《1025/2012号条例》第10条第5款的规定,欧洲标准化组织在接受委托书而制定标准时,"应向欧委会通报标准制定活动的进展。标准制成后,由欧委会会同欧洲标准化组织评估后者起草的标准文本与最初标准化请求(委托书)的符合程度"。因此,虽然"委托书"机制的控制程度乍看起来没有旧方法时期"立法程序控制标准化"机制中欧盟立法机构的控制程度大,但是通过这种"有来有往""标准化请求—标准制定反馈"的闭环标准制定模式,欧委会对欧洲标准化组织制定的标准能有效满足欧盟立法要求仍具有既"严格"又"灵活"的控制力。

2. 欧洲标准"发布刊物"保证制出标准的质量

《1025/2012号条例》的相关规定有助于我们理解"发布刊物"这一机制对已制定欧洲标准的质量所起的把控作用。首先,"发布刊物"机制是与欧委会的"标准化请求"相连的机制,共同构成了欧洲"双层式"技术协调结构中欧委会与欧洲标准化组织合作机制的重要环节。《1025/2012号条例》第10条第6款规定:"当一项协调标准满足其欲覆盖的要求时且这些要求被相应的欧盟统一立法所规定,则欧盟委员会应及时地将符合要求的协调标准的参照号发布在欧盟官方公报(Official Journal of the European Union,OJEU)上,或者按照欧盟统一立法中对相应行为规定的条件通过其他方式公布。"由此可以看出,尽管在委托制定标准的过程中,欧洲标准化组织会向欧委会汇报进展,为了避免"虎头蛇尾",欧委会还把控了委托制定的标准最后是否会发布进而发生效力的重要环节,只有标准的质量过关、满足其欲覆盖的欧盟相关立法要求,欧委会才会将该协调标准的参照号发布在欧盟官方公报上。

其次,通过上述分析我们已经发现,"发布刊物"机制也是协调标准发生效力的"门槛"。《新方法决议》第Ⅴ点规定了"符合性证明的手段和效果":

  1. 对于附有第Ⅷ点中证明手段之一的产品且该产品声明其符合下列条件之一,则成员国应推定该产品符合第Ⅱ和Ⅲ点的要求;(a)符合欧洲标准化机构制定的协调标准,尤其是相应指令范围内的主管机构,并且这些标准根据标准化机构与欧委会签订的一般指导原则而制定且其参照号已在欧共体的官方公报上公布;此外,成员国也应该公布这些标准的参照号。

《新方法决议》的此条规定,可以很好地帮助我们理解"发布刊物"机制作为协调标准发生效力的"门槛"的内涵:首先,此处协调标准"发生效力"是指发生对欧盟相应法律的"符合性推定的效力",即该协调标准具有符合它的产品/服务就可以推定该产品/服务符合相应欧盟立法要求的效力;其次,因而只有协调标准的参照号公布在欧盟(或之前的欧共体)官方公报上,该协调标准才会具有"符合性推定的效力";最后,从《新方法决议》第Ⅴ点的规定可知,关于协调标准发生效力的条件除了有最终"发布刊物"这一"门槛"之外,还有其他条件,比如,该协调标准是根据欧委会与欧洲标准化组织签订的一般指导原则(合作原则)而制定的。

(五)标准支持技术立法工作

为了更好地促进欧洲单一市场运作、保护健康和安全,欧盟在对标准支持立法机制的探索中逐步发展出更能发挥立法者、标准制定者和欧洲各利益相关者等主体各自优势的体制和机制。[①] 首先,为了克服旧融合模式的一些弊端,欧盟发展出欧洲标准与欧盟法律"分离式"的融合方式,提高了欧盟技术法规和技术标准的制定效率,同时提高了欧洲技术立法的效率和成效。

其次,在"分离式"融合方式的基础上欧盟建立了"双层式"的技术协调结构,其中值得关注的是,其在技术协调过程中建立并不断完善了欧盟立法机构与欧洲标准化组织之间的技术协调合作。

再次,根据"双层式"技术协调结构的程序安排建立了"循环式"技术协调模式,充分发挥欧盟立法机构、欧洲标准化组织与各成员国的能动性,同时充分尊重欧洲市民社会的自由,为欧洲市场内各利益相关者对技术规范的需求提供反

[①] Roland Wenzlhuemer, The History of Standardisation in Europe, European History Online.

馈渠道。

最后,为了保证最终欧盟法律和欧洲标准的质量,尤其是欧洲标准足以满足欧盟立法要求,为欧盟法律提供有效的技术支持,欧盟建立了更科学合理的标准化成果控制机制,分别对标准化制定过程和标准化成果进行有效控制。

由此可以说,欧盟法律与标准的融合是欧洲技术协调框架的"基石",什么样的新方法指令模式决定了什么样的欧洲技术协调结构和技术协调模式,以及技术协调过程中所建立的一系列辅助机制。

第四节 新方法指令模式的基础性分析

上述欧盟新旧融合模式的演变,可以帮助我们理解欧盟标准与法律融合模式演变的原因,旧融合模式的内容、特征及其适合的领域,新融合模式克服了旧融合模式的哪些缺陷,在新融合模式的基础上欧洲技术协调结构和技术协调模式的完善之处等重要内容。欧盟作为一个具有超国家机构特征的区域性组织,在探索高效的技术协调过程中以欧盟法律与欧洲标准之间的关系为切入点,探索出一种欧洲标准与欧盟法律有效融合的立法模式——"新方法指令"制度。此处将对新方法指令的来源及其基本内容进行基础性分析,以剖析"新方法指令"如何通过融合法律与标准的手段完善欧盟整个法治和标准化治理体系,从而既深化又灵活地推行欧盟立法政策。

一、新方法指令产生的背景

我们知道欧盟"新方法指令"这一制度来源于 1985 年《新方法决议》所规定的欧洲技术协调新方法的基本原则。此处会对《新方法决议》[1]的产生背景进行初步分析,从而为深入理解《新方法决议》的内容、欧盟运用欧洲标准与欧盟法律融合进行技术协调的方式奠定基础。在欧洲技术协调领域,无论是采用旧方法还是新方法,均是为了消除欧盟内部各成员国之间的"技术性贸易壁垒",为促进欧洲单一市场的发展而服务的。[2] 在欧洲技术协调运用旧方法和新方法之前,先是以在各成员国之间采用的"相互承认原则"作为欧洲技术协调的第

---

[1] 本书有时将《新方法决议》简称为"新方法"。

[2] Jacques Pelkmans, The New Approach to Technical Harmonization and Standardization, *Journal of Common Market Studies*, 1987(3).

一步。

因而，早在欧盟运用旧融合模式对各成员国进行技术协调之前就运用了一种"相互承认"的方法来协调技术差异。其中，欧洲法院对"Cassis de Dijon"（C—120/78）案件的判决结果表明，欧洲法院确定了在没有协调措施的情况下，欧盟法律将在多大程度上允许限制成员国之间贸易的国家立法。① 这一句话中隐含了有关欧洲技术协调方面非常丰富的信息，其一，欧盟对于产品自由流通的保障始于1958年生效的《罗马条约》第30条至第36条的规定，然而，第36条赋予了成员国"例外的权利"，由此，各成员国基于健康、安全和环境保护等正当理由对进口实行限制的规定被合理化。其二，在"例外的权利"下，就会出现很多欧洲出口商无法在欧盟（或称欧共体）内自由地进行跨国贸易的问题，也由此导致很多相关案件上诉到欧洲法院。其三，面对《罗马条约》赋予的"例外的权利"，欧洲法院在没有协调措施的情况下，会在多大程度上允许限制成员国之间贸易的国家立法，将成为欧洲技术协调的"底线"，从而对各成员国基于"例外的权利"限制贸易的行为进行规范和约束。

1. Cassis de Dijon 案件："例外的权利"的例外

在 Cassis de Dijon 案件中，②德国关于销售酒精饮料的立法规定，某些类别的酒精产品，其酒精含量最低为每升25%。这项规定禁止了法国甜酒进口商 Cassis de Dijon 在德国销售酒精含量在15%至20%的一种酒。对此，德国政府援引了人类健康和消费者保护作为其禁令的理由。而法国甜酒进口商在德国法院对德国法律提出了质疑，德国法院随后将此事提交至欧洲法院进行初步裁决。欧洲法院的观点是，德国政府所援引的理由——低酒精含量的酒精饮料比高酒精含量的酒精饮料更容易引起对酒精的耐受性，进而损害公民身体健康的观点是不能被接受的。因为事实上德国市场中的消费者可以购买到范围极广的弱度或中度的酒精产品，且其中大部分是稀释后的产品。因而，德国政府通过确定最低酒精含量来保护消费者免受酒精饮料生产商和经销商不公平做法的辩护被欧洲法院拒绝了。对此，欧洲法院强调，可以通过要求进口商在产品包装上标明原产地和酒精含量来确保保护公民和消费者身体健康这一目标的实现。最后，由于德国政府没有提供任何正当理由说明为何在法国合法生产和销售的酒精饮料不能引入德国市场，因而欧洲法院判定德国对销售酒精饮料单

---

① Alina Kaczorowska-Ireland, *European Union Law*, Fourth Edition, Routledge, 2016.

② Case 120/78 Rewe-Zentral AG v Bundesmonopolverwaltung für Branntwein (known as the Cassis de Dijon case) [1979] ECR 649.

方面要求最低酒精含量的规定构成了《欧盟运行条约》(The Treaty On The Functioning Of The European Union)第 34 条规定的"与数量限制具有同等效果的措施"(以下简称"MEQR TFEU")。

《欧盟运行条约》第 34 条:"禁止成员国之间对进口的数量实行限制和与数量限制具有同等效果的所有措施。"
TFEU Article 34:"Quantitative restrictions on imports and all measures having equivalent effect shall be prohibited between Member States."

在 Cassis de Dijon 一案中,欧洲法院就"不明显适用的限制措施"规定了若干基本原则:其一,欧洲法院确认 TFEU 第 34 条适用于阻碍欧盟内部贸易的"非歧视性国家规则"。它这么做是因为这些规则不同于适用于成员国相关产品的"原产地规则"。其二,欧洲法院引入了"相互承认原则",即推定在一个成员国合法生产或销售的产品可以在任何其他成员国无限制地出售,即使它们的生产技术或质量规格不同于进口成员国的相关规定。如果要反驳这一推定,应由进口的成员国来反驳而不是贸易商。对"相互承认原则"的实施得到了《规定关于在另一成员国合法销售的产品适用的某些国家技术规则的程序第 764/2008 号条例》的加强。因相互承认使得国家间的差异得以保留,因此,该原则被视为在内部市场保持产品和服务多样性的一种方式,而无需协调成员国的国家立法。其三,协调导致整个欧盟采用相同的规则,这样会对各成员国的国家监管自主权产生很大的干扰。对此,欧洲法院引入了"强制性要求"这一概念,现在通常被欧洲法院称为"公共利益的首要原因(或要求)"或"合法的公共利益目标",在成员国依据"例外的权利"采取措施保护其重要的公共利益时(且是必要的)仍不得违反 TFEU 第 34 条的规定。其四,在某一特定领域没有欧盟规则的情况下,如果认为有必要满足"强制性要求",那么对国内和进口产品不加歧视的国家措施是可以不受 TFEU 第 34 条约束的。对此,欧洲法院指出,不明显适用的限制措施必须具有与其所寻求实现的目标相称的效果。

因此,正如欧洲法院所指出,Cassis de Dijon 所规定的"相互承认原则"是为了弥补在任何特定领域没有欧盟协调规则的情况。当成员国的国内法在欧盟层面得到协调时,由成员国在协调领域施加的"额外要求"的合法性,要取决于"欧盟协调是否完整"。由此可知,在欧洲技术协调的大框架下,从欧洲单一市场的角度来看,欧洲技术协调可以保障欧洲市场内跨国贸易的自由流通;从各成员国的角度来看,协调的完整性不仅可以便利一国的进出口贸易,而且可以为一国的贸易避免很多来自其他成员国"额外要求"的不确定性,从而有利于欧洲市场内自由贸易的稳定性和持续高水平发展。

2. 禁止丹麦实施超出旧方法指令的要求

在1985年《新方法决议》发布前,欧盟出台的技术法规统称为"旧方法(条例、指令或决定)"。例如,1970年11月23日由欧盟理事会出台的《关于饲料添加剂的70/524/EEC指令》(以下简称"《饲料添加剂指令》")是用来协调各成员国关于饲料添加剂和标签要求方面的所有国家法律。然而,丹麦国内法要求:丹麦的动物饲料进口商在进口前须获得丹麦当局的批准,特别是,外国饲料必须遵守特定程序和标签方面的要求。欧洲法院认为,丹麦法律的这些要求超出了《饲料添加剂指令》的规定,而该指令旨在协调销售饲料的"所有"物质条件,还包括添加剂的识别及其纯度。因此,禁止成员国实施《饲料添加剂指令》本身未规定的卫生检查。

由此可知,旧方法指令的目标在于"完全"的技术协调,例如:上述《饲料添加剂指令》旨在对饲料添加剂的识别、添加剂的浓度和标签等所有物质条件在投入欧洲市场前进行完全的技术协调以保证饲料在欧洲单一市场内的自由流通。采用旧方法实施技术协调的缺陷已在上文进行了说明,除了导致技术协调进度缓慢、技术协调成果数量远未达到预期之外,"完全协调"还会使产品丧失灵活性、使制造商丧失技术创新的积极性,更现实的困难在于,"有时很难确定究竟哪些方面得到了技术协调,而哪些方面仍属于成员国的职权范围"[1]。

3. 旧方法技术协调领域的判断困难

关于旧方法技术协调内容的判断困境,此处以1987年6月18日欧盟理事会发布的《关于对牛种纯种繁殖动物的育种验收87/328/EEC指令》[2](以下简称"《87/328/EEC指令》")所引发的瑞典案件为例,瑞典当局曾对一群出售牛精液的人提起刑事诉讼,这些人从比利时公牛那里采集牛精液,用于对瑞典的奶牛进行受精。而瑞典法律禁止使用带有特定遗传缺陷品种公牛的精液,比利时公牛则被认为属于这类品种。对此,被指控的"违法者"认为,瑞典法律违反了TFEU第34条规定,而且该产品是受到欧盟法律规定的统一进口规则约束的。瑞典当局声称,其国家法律是正当的,理由是该法律保护动物健康,特别是保护

---

[1] Alina Kaczorowska-Ireland, *European Union Law*, Fourth Edition, Routledge, 2016.

[2] 由上文可知,即使在《新方法决议》发布后,欧盟仍会在某些特定领域采用旧融合方式(此处为旧方法指令)进行完全的技术协调,因此区分旧方法(旧融合方式)与新方法(新融合方式)的条件并非《新方法决议》的发布时间(1985年),而是两种融合模式具体采用的技术协调方法,具体区分方法请参见本书之前的论述。

动物免受任何可能导致动物痛苦或影响它们的行为。瑞典法院将这一问题提交到欧洲法院后,欧洲法院的观点是,《87/328/EEC 指令》已对该领域的规则进行了完全协调并考虑到了各成员国的合法利益。因此,若是想证明禁止使用来自另一成员国牛精液的国家规定具有正当性,成员国不能援引该品种带有遗传缺陷的任何论点——或者使用该牛精液会导致动物遭受痛苦或者使用该牛精液会影响它们的自然行为。这是因为在欧盟法律中,为培育纯种繁殖的牛品种及其精液的验收条件已得到完全的协调。当然,欧洲法院提出,只有当瑞典法律旨在规范授精者的资格和操作时,该法律才是合理的。这是因为 TFEU 第 34 条和《87/328/EEC 指令》均没有对成员国在精液分配和授精活动方面施加任何限制。

从这些案例可知,首先,"相互承认原则"是为了弥补在任何特定领域没有欧盟协调规则的情况,由此,在一成员国合法生产或销售的产品可以在任何其他成员国无限制地出售,此外,"在第三国生产的、已合法投放在欧共体一国市场上的产品也享受同样的原则"①。然而,相互承认原则有其自身的局限性,因这种相互承认经常需要检测和认证机构的认可并需要成员国之间达成相互承认协议,所以在各国对同一种带有危险性的产品控制危险方式各不相同的情况下则很难达成一致。② 因而,相互承认原则的局限性在于,该原则仅适用于设备和耐用消费品,不足以对健康和安全进行保障,更无法全面地解决技术性贸易壁垒所带来的一系列问题。

其次,为了克服相互承认原则的局限性,以全面地解决因技术性贸易壁垒所产生的全部问题,欧盟采用旧方法指令或者说基于欧洲旧融合方式的技术协调,来对其所覆盖的领域进行"完全协调",但是这种"完全协调"的构想遭遇了现实的阻碍,不仅协调效率和成果低下,对适用者而言,有时也难以确定哪些方面得到了技术协调,哪些方面属于成员国职权范围内的。

最后,为了弥补旧方法指令(或欧盟的其他法律形式,如条例和决定)在协调效率和协调确定性上的不足,欧盟采用了技术标准化协调的"新方法"。这一新方法来源于 1985 年《新方法决议》所规定的内容,下文将通过梳理《新方法决议》的内容为读者呈现出欧洲技术协调新方法的优势,包括它如何运用"最小协调"的方法来达到更高程度的欧洲技术协调效果。

---

① 陈淑梅:《欧洲经济一体化背景下的技术标准化》,东南大学出版社 2005 年版,第 45 页。
② "因为各成员国经常以稍有不同的方式或者以相同的方式但要求进行重复合格评定来控制该产品可能造成的危险。"参见陈淑梅:《欧洲经济一体化背景下的技术标准化》,东南大学出版社 2005 年版。

二、新方法指令运作的基本内容

从《新方法决议》[①]的整体来看,其一,该决议强调了新方法为标准(主要是欧洲标准)提供参考的重要性和必要性,同时考虑到若各成员国的国家标准有需要的话,也可以参考《新方法决议》的指导方针。其二,该决议在强调欧洲技术协调采用新方法的基础上,同时关注"合格评定政策"的重要性,并呼吁欧委会"优先"处理此事并加快所有合格评定方面的工作。其三,该决议的主要目的在于,确保产品在欧洲市场的自由流通、确保各成员国之间形成统一标准的技术协调环境,从而提高欧洲产品在欧洲单一市场和欧洲外部市场(国际市场)上新技术领域的竞争力。其四,该决议发现,虽然各成员国运用不同的方法来保护其本国公民和消费者的健康和安全,但它们所追求保护的目标在原则上是等效的,基于此,《新方法决议》提出了"欧洲标准化政策五项原则"和"欧洲技术协调新方法四项基本原则"。其五,该决议对"新方法指令"主体部分应包含的原则和主要因素列出了一个大纲,用以规范新方法指令的制定,包括使指令正当化的原则(正当理由)、指令的适用范围、指令所涵盖产品投放欧洲市场的一般条款(基本安全要求、自由流通条款、"符合性证明"手段和效果……)等内容。

(一)欧洲标准化政策五项原则

关于欧洲标准化政策的五项原则:一是,各成员国同意对其领土上适用的技术法规(包括事实上的技术法规)进行定期检查,及时撤销过时的或不必要的技术法规;二是,各成员国达成协议确保对检测结果的相互承认,并在必要时承认有关认证机构运作的统一规则;三是,各成员国同意当其主要的国家监管措施或程序可能对内部市场运行产生不利影响时,会在适当级别上及早向欧共体咨询;四是,尤其在保护健康和安全方面,扩大欧洲技术协调的实践,将界定产品技术特性的任务交给标准,最好是欧洲标准,但必要时可以是国家标准;五是,迅速加强标准化能力,尤其是欧洲技术标准化,以便既利于欧共体立法协调又能促进工业发展,尤其要加快新技术领域的标准化建设,因在特定情形下可以促进欧共体引入提升标准制定质量的新程序(例如,标准化局、特设委员会)。

---

① 本书关于欧盟"技术协调与标准新方法决议"的内容及其翻译均来自笔者参与的课题项目:由国家标准化管理委员会委托课题"国外最新标准化法翻译与统计分析"(23216237),笔者在该项目中完成翻译《技术协调与标准新方法决议》、《关于欧洲标准化的1025/2012号条例》和捷克《产品技术要求法》等多部外国标准化法。

对于欧洲标准的制定、通过交由欧洲标准化组织批准。

我们通过分析欧洲标准化政策的五项原则可以了解欧洲标准化(欧洲技术协调)的目的和要求。欧洲标准化的目的在于,通过欧洲标准化,协调各成员国的技术法规和标准,促进欧洲单一市场和工业的发展,并通过提高欧洲标准的质量来提升欧洲的整体竞争力。欧洲标准化的主要要求是,其一,欧洲标准化政策以各成员国之间的"相互承认原则"(达成相互承认协议)为基础和起点,主要指对彼此检测结果的相互承认、对统一的认证机构运作规则的承认;其二,各成员国的国家监管措施和程序均不得对欧洲内部市场的运行产生任何不利影响,若是存在这种可能性,成员国应及早与欧盟沟通咨询;其三,欧洲标准化技术协调的范围将会逐渐扩大,尤其在保护公众健康和安全方面,欧洲的技术协调有利于在保护公众利益的基础上,促进欧洲单一市场内的自由流通和工业发展,进而提高欧洲整体的竞争力。

从欧洲标准化政策的五项原则中可以看出,随着欧洲技术协调领域的不断扩大,欧盟侧重于通过迅速加强欧洲技术标准化的能力,来为欧盟技术立法的协调提供技术支撑,并通过欧洲标准支持欧盟立法政策的方式,来协调各成员国的技术差异、促进欧洲内部市场的自由流通和欧洲工业的发展。

(二)欧洲技术协调"新方法"的四项基本原则

关于欧洲技术协调"新方法"的四项基本原则:一是,立法协调仅限于根据《欧共体条约》第100条所制定的指令中规定的"基本安全要求"(或有关公共利益的其他要求),欲投放欧洲市场的产品必须符合这些要求才能在欧共体内自由流通;二是,由标准化领域的主管机构负责制定符合指令基本要求的技术规范,同时考虑当前的技术状况,用以规范产品的生产和投放市场;三是,这些技术规范并不是强制性的,应保留其自愿性标准的地位;四是,各成员国国家当局必须承认,按照协调标准生产的产品被推定为符合指令所规定的"基本要求"(这表示制造商可以选择不按照协调标准生产产品,但此时制造商必须证明其生产的产品符合指令的基本要求)。

欧洲技术协调新方法的四项基本原则其实就是新方法指令与协调标准"分离式"融合模式的基本框架:其一,欧盟立法机构制定的新方法指令仅规定"基本安全要求"来规范投放欧洲市场的产品,目的在于从欧盟层面对各成员国技术法规中等效的"基本要求"进行"完全协调";其二,欧洲标准化组织制定的协调标准负责根据欧洲技术发展的现状,为满足新方法指令的基本要求提供具体的技术规范,目的在于为欧盟立法政策提供技术支持和具体的实施路径;其三,新方法指令和协调标准的制定机构各司其职,发挥各自专长,产品只有符合新方法指令中的"强制性"要求才能进入欧洲市场,这样既有助于促进欧洲单一市场内商品的自由流通又有利于确保公众和消费者的健康安全等公共利益得到保护,同时,协调标准为新方法指令中的抽象性要求提供具体的技术规范和实施路径,从而为市场中产品的质量和法律的落地实施提供技术保障。

(三)新方法指令"协调性"的目的

《新方法决议》中对新方法指令主体部分应包含的主要因素和原则进行了要求,并指明新方法指令的主要目的聚焦在"协调性"和"一致性"上:首先,体现在保护性国家规定的一致性上,新方法指令应确保各成员国在保护公众健康、安全和环境等方面的国家规定必须得到协调,以保证商品的自由流通,并不降低各成员国现有的合理保护级别;其次,体现在规范产品范围的一致性上,新方法指令应确保其所规范的范围内行动的方式具有一致性,并避免指令再针对每一个产品进行分别协调;再次,体现在整体协调上,新方法指令应以整体协调作为一般规则,一方面,指令纲要的起草应以整体协调为目的,另一方面,应规定任何投入市场的产品只要落入指令的适用范围就必须符合该指令的要求;最后,体现在一次性解决所有问题上,通过采用一个新方法指令使规定大量产品的法规的所有问题得到一举解决成为可能,而不需要对该指令进行频繁修订和改编。

具体而言,例如,欧盟在协调保护性的国家规定上,运用新方法指令根据风险类型(安全、健康、环境保护和消费者保护等)和不同情况的需要(在家里、工作场所、道路交通条件下和休闲活动中等),在各个应用领域中进行详细说明。各成员国再根据《欧共体条约》第100条适用欧盟指令的方式来制定国家法规,用于规范适用新方法指令范围中产品的使用条件,确保新方法指令中的有关健康安全等基本要求在各成员国得到实施和协调。因此,新方法指令实现"协调性"或"一致性"目标的方式,既有一般性的"欧盟指令"的特征,根据《欧盟运行条约》第288条(原《欧共体条约》第249条)规定:"指令对于其所针对的每个成员国均具有约束力,但应由成员国当局选择实施指令的形式和方法。"因而,新方法指令中的基本安全要求可以在各成员国之间通过不同的灵活方式得到贯彻实施;又有"新方法指令"独有的特征,即指令仅从整体上协调事关公共利益的基本要求,而不再针对每一个产品分别协调;还有一系列指令体系上的特征,即新方法指令的目标虽然定位于一次性解决所有问题,但想要一个指令解决所有问题仍是不现实的,因而在由新方法指令构成的指令体系中,不排除根据产品"不同类型的风险"会出现几个指令同时适用同一产品的可能性。

(五)对协调标准质量的保障机制

首先,在标准的制定阶段,协调标准的质量是由欧委会提出的标准化"委托书"来保证的,由主管的欧洲标准化组织严格遵照欧委会标准化"委托书"中的内容要求制定协调标准,同时,在协调标准的制定过程中,还有欧委会与欧洲标准化组织签订的合作协议以及《1025/2012号条例》等欧盟法律来监督标准的制定并确保标准的质量。

其次,在标准的发布阶段,已制出的协调标准作为欧洲标准要想发生针对新方法指令基本要求的"符合性推定"效力,就必须将其参照号发布在由欧共体立法机构控制的欧共体官方公报上。由此,欧盟立法机构通过对协调标准发布刊物的控制可以确保已制出且发布在欧共体官方公报上的协调标准的质量达标,即为满足新方法指令中的基本要求提供切实的技术支持。

最后,在标准发布后的阶段,根据《新方法决议》中有关"管理标准清单"的规定:

当某一成员国或欧委会认为协调标准或标准草案并不完全满足第Ⅱ(投放市场的一般条款)和Ⅲ点(基本安全要求)的要求时,欧委会或该成员国应将其意见提交给相关委员会(《新方法决议》第X点规定)并列明理由。该委员会应将此作为紧急事项并提供其专家意见。欧委会应该根据该委员会的专家意见,通知各成员国是否有必要从第Ⅴ点第1条(a)中提及的出版物(欧共体的官方公报)中"移除"该项标准。欧委会应通知相关欧洲标准组织,如有必要,由欧委会提出一个新的或修改后的标准化"委托书"。

综上所述,除了主管的欧洲标准化组织作为协调标准的制定机构可以直接影响协调标准的质量之外,欧委会在协调标准制定前后的全过程中对标准质量的监控发挥着非常重要的作用:无论是在协调标准制定前由欧委会发布的标准化"委托书"奠定了协调标准的质量基础并可以据此监督标准的制定过程之外,还是由欧委会控制的欧共体官方公报作为协调标准的发布刊物可以因此确保协调标准切实满足新方法指令的基本安全要求,或是对于发布后的协调标准,欧委会可根据《新方法决议》的授权对不完全满足指令要求的协调标准提出"反对意见"以"移除"并纠正不适当的协调标准,在这些对协调标准的质量保障机制中,欧委会均发挥着不可替代的标准质量监管作用。这些机制使得欧委会可以一方面完成非常复杂的协调技术立法工作,另一方面又促进协调标准高质量的制定及其有效的应用。而这些都是提高欧洲产业竞争力的必要条件。

(六)对新方法指令实施的保障机制——合格评定程序

一来,作为投放欧洲市场的必要条件之一,合格评定程序是确保产品符合协调标准技术规范进而符合新方法指令立法要求的现实保障,因而,合格评定程序与其所依据的标准和技术法规密切相关。[①]《新方法决议》在关于"投放市场的一般条款"中提出,为了引进强制性规范体系来达到一致性协调,成员国可以建立一些适当的解决措施,尤其要为确保建立适当的认证基础设施提供支持。这说明,其一,欧盟通过强制性规范来达到协调一致的体系中离不开"认证"方面基础设施的建立和完善;其二,在认证基础设施的建设上,成员国具有一定的自主性,但需要为建立适当的认证基础设施服务。

二来,《新方法决议》在关于"投放市场的一般条款"中进一步指出,欧洲技术协调"新方法"的基本原则将符合性认证的方式留给企业自主选择,并由此防止成员国建立任何投放市场前的事前控制制度,但为了履行本条款规定的职责,必须允许国家当局通过抽查的方式来行使其对市场的控制。这一条款说明了符合性认证方式的"自愿性"及其对消除成员国间技术性贸易壁垒的作用:其一,欧洲技术协调"新方法"的自愿性体系中,将对欧洲标准的适用和符合性认证方式留给企业自主选择,在满足新方法指令基本要求的基础上极大地尊重企业的自主性,为保障公共利益和促进技术创新提供了既严格又灵活的技术规制环境;其二,符合性认证方式先是对商品进入欧洲市场的技术条件进行欧盟层面上的协调,再通过符合性认证方式的"自愿性"来防止成员国建立任何投放欧洲市场前的事前控制制度,"双管齐下"地消除成员国之间在认证层面上的技术性贸易壁垒;其三,为了切实保障欧洲市场中产品的安全性,欧洲层面的技术协调并不排斥各成员国国家当局通过抽查方式来行使其对市场的控制,这不仅涉及成员国市场监督上的自主性(主权方面),还涉及产品流入欧洲市场前更进一步的安全保障。

(七)新方法指令的功能定位

《新方法决议》关于"投放市场的一般条款"中规定,任何投入市场的产品必须符合指令要求并通过符合性认证(认证的方式留给企业自主选择)。随后,《新方法决议》对指令中的要求进行了说明:适用指令的所有产品必须符合有关安全要求的说明,这些安全要求是适用投放市场一般条款的必要条件。因此,《新方法决议》一方面将指令的要求定位为产品投放市场的必要条件(原文表述为"指令中的安全要求是适用投放市场一般条款的必要条件"),另一方面将指

---

① Workshop and Policy Dialogue, Standards And Conformity Assessment In Trade: Minimising Barriers And Maximising Benefits (Compilation of Submissions), Berlin, 21-22 November 2005.

令中的要求概括为"基本安全要求"。

对于新方法指令应该如何制定这些安全要求以及指令安全要求的作用，《新方法决议》的规定如下："对于产品可以投放市场之前必须满足的基本要求，应措辞相当准确，通过转化为国家法律，来建立可被强制执行的具有法律约束力的义务。考虑到满足要求的标准缺失的情况，这些基本安全要求应被制定成使认证机构通过要求便能立即证实产品的符合性。有关措辞的细节程度将取决于标的物。如果有关安全的基本要求得到遵守，则可以适用第Ⅱ点的一般条款。"因而，对于新方法指令中安全要求的制定：首先，应保证符合"基本安全要求"的产品被投入市场后不会对公众和消费者的健康安全及其他公共利益造成损害；其次，在保证"基本安全要求"功能后，还要确保指令的措辞应相当准确，这样一来可以为成员国将其转化为国家法律提供便利，二来可以为指令的实施者提出明确的规范要求，三来可以在协调标准缺失的情况下，成为认证机构证明产品符合性的依据；最后，对于指令中基本安全要求的修订，"只能通过依据《欧共体条约》第100条的规定发布新的理事会指令的方式来实现"。《欧共体条约》第100条赋予理事会颁布欧盟指令的权利，通过指令的强制力来协调对建立欧洲单一市场有直接负面影响的成员国国内法。

(八)新方法指令与协调标准的融合方式

《新方法决议》不仅在欧洲技术协调"新方法"基本原则中体现了新方法指令与协调标准的融合模式，即二者之间的"符合性推定关系"，还在规范指令的制定内容中具体阐明了新方法指令与协调标准融合的方式，即第Ⅴ点"符合性证明的手段和效果"中的规定：产品符合下列条件之一的，则成员国应推定该产品符合指令的"基本安全要求"和"投放市场的一般条款"中的要求："(a)符合欧洲标准化机构制定的协调标准，尤其是相应指令范围内的主管机构，而且这些协调标准是根据欧洲标准化机构与欧委会签订的一般指导原则制定的并将其参照号公布在了欧共体官方公报"上。

因此，《新方法决议》中关于新方法指令与协调标准融合的描述有两层含义：第一层含义是指，新方法指令与协调标准之间通过"符合性推定关系"这一联系机制发生了"欧洲技术协调"意义上的融合；第二层含义是指，判断协调标准与新方法指令在欧洲技术协调层面上发生融合的依据主要有三点，这三点也是《新方法决议》中"符合性证明的手段和效果"的重要内容，只要符合这三点依据，即可判定协调标准与新方法指令发生了"欧洲技术协调"意义上的融合，也可判定产品通过符合协调标准的途径进而符合了新方法指令的"基本安全要求"和"投放市场的一般条款"中的相应要求：第一，协调标准应由欧洲标准化组织①制定，具体而言，由相应指令范围内"主管"的欧洲标准化组织所制定；第二，在明确主管的欧洲标准化组织之后，在制定协调标准的过程中须根据该欧洲标准化组织与欧委会签订的一般指导原则（合作原则）而制定，这一点是确保协调标准中的技术规范为满足欧盟立法机构所制定的新方法指令中基本要求而服务的；第三，在明确主管的标准化组织和制定过程的要求之后，《新方法决议》还要求在协调标准制定之后，该标准的参照号必须（已经）公布在欧共体所控制的官方公报上，这一点是为欧盟立法机构控制协调标准的内容满足其制定新方法指令中的基本要求提供保障，如果欧盟立法机构认为协调标准已完全满足新方法指令中的"基本安全要求"，只要是符合协调标准的产品就可以推定其符合新方法指令的基本要求，进而投入欧洲市场，那么欧委会就会允许将相应的协调标准的参照号发布在欧共体的官方公报上。

三、新方法指令与协调标准的关系分析

此处研究新方法指令与协调标准的关系主要从二者的区别和它们之间的联系入手。首先，通过分析新方法指令与协调标准的区别，有助于我们认识在标准支持立法的融合模式中协调标准与新方法指令各自的功能以及二者融合对欧洲技术协调的重要促进作用；其次，通过分析新方法指令与协调标准的关系，有助于我们理解新方法指令模式演变的主要内容，尤其是新旧融合模式之间标准与法律关系的微妙变化；最后，通过分析新方法指令与协调标准的区别和联系，有助于我们深入了解新方法指令与协调标准融合的动因（内因和外因）。

首先，从欧洲标准与欧盟法律②之间的区别出发。在制定主体的区别上，欧洲标准是通过利益相关者之间的协作过程制定的，并由欧洲三大标准化组织批

---

① 欧洲标准化组织一般是指欧洲标准化委员会（CEN）、欧洲电工标准化委员会（CENELEC）、欧洲电信标准学会（ETSI）这三大欧洲标准化组织。

② "欧洲"和"欧盟"属于两个不同的概念，前者是个地理概念，后者是由欧洲共同体发展而来的区域性经济合作的国际组织。本书采用"欧洲标准"（European Standard）这一概念是根据欧盟条例（1025/2012号条例）所规定的定义；本书采用"欧盟法律"这一概念是根据《欧盟运行条约》所规定的定义（Legal acts of the Union）。也有学者使用"欧洲法"（European law）一词概括欧洲一体化进程中众多法律规范，本书中的"欧盟法律"仅指狭义的欧盟法，即自1993年11月1日生效的《欧盟条约》以来由欧盟机构所制定的法律规范，不包括欧盟各成员国的法律，而且本书研究欧盟法律的范围主要是指欧盟条例、指令和决定。

准和发布;欧盟法律则是由既具有一般政府间机构特征又具有超国家机构特征的欧盟立法机构(欧盟委员会、欧盟理事会、欧洲议会)制定。[①] 在制定程序的区别上,欧洲标准的制定程序相对欧盟法律而言最重要的区别在于制定过程中的广泛参与性,欧洲标准化组织具有责任和义务鼓励并促进所有利益相关者在欧洲标准化过程中的代表性和有效参与,但《1025/2012号条例》同时指出欧洲标准化组织的这种义务不需要使利益相关者行使投票权,"除非这种投票权由遵循欧洲标准化组织程序的内部规则所规定"。在实施效力的区别上,对欧洲标准的使用是自愿的;而条例、指令和决定是依法强制执行的。

协调标准和新方法指令之间的区别与欧洲标准和欧盟法律之间的区别是相似的,根据二者的差异,《新方法决议》关于欧洲技术协调基本原则的前两项原则中分别规定了协调标准与新方法指令各自所发挥的作用以及二者融合后的组织性结构:其一,在两者各自的功能上,新方法指令的作用在于"规定关于安全和其他公共利益方面的基本要求",产品只有满足指令要求才可进入欧洲市场,因此,新方法指令的功能相当于欧洲市场准入的"强制性门槛",通过规定强制性的基本安全要求设置市场准入的门槛,既有利于保障公众和消费者的健康安全及其他公共利益,又有利于在立法准入的门槛内保障内部市场的自由流通;而欧洲标准的作用则在于,为遵守新方法指令的基本要求提供具体的技术规范/遵守路径,其功能相当于帮助生产经营者跨越欧洲市场准入门槛的"自愿性途径",这样既方便生产经营者遵守/满足新方法指令的基本要求,又充分尊重了生产经营者根据自身技术发展情况选择市场准入途径的自主性,为科技的持续创新提供了自由空间。我们可以将欧洲标准理解为满足欧盟法律要求的一条可供选择的路径。

其二,在新方法指令与协调标准融合的组织性结构上,根据《新方法决议》关于欧洲技术协调第二项原则,协调标准与新方法指令融合的组织结构是起始于欧委会向欧洲标准化组织提出的标准化请求——标准化"委托书"(European Mandates),因而,有学者将欧洲标准化委托书称为"连接欧洲立法与欧洲标准的桥梁"[②]。对此,《1025/2012号条例》第10条详细规定了欧洲标准化委托书制度的内涵、基本原则和程序性要求等重要内容,具体内容将于下文关于"新方法指令的机制评价"中详细解释。因而,在标准化委托书基础上建立起新方法指令与协调标准的融合关系,在组织性结构上即表现为欧委会(欧盟立法机构)

[①] 聂爱轩:《欧洲标准与欧盟法律的融合》,载《法大研究生》2018年第2期。
[②] 刘春青、刘俊华、杨锋:《欧洲立法与欧洲标准联接的桥梁——谈欧洲"新方法"下的"委托书"制度》,载《标准科学》2012年第6期。

与欧洲标准化组织之间的密切合作关系,在欧洲技术协调上即表现为欧洲标准化组织及其制定的协调标准为欧委会的技术立法协调及其制定的新方法指令(的基本安全要求)提供具体的技术支持和自愿的市场准入路径。

其次,在新方法指令与协调标准的差别之上进一步探讨二者之间的联系,有助于我们理解新方法指令模式在演变中的主要转变之处,即新旧融合模式之间在标准与法律关系上的微妙变化。新方法指令与协调标准(新融合模式中)之间的密切联系,主要是指欧洲层面上,欧盟立法机构通过引用协调标准助其解决法律中抽象性规范所遇到的技术性难题,并且,随着欧盟立法机构与欧洲标准化组织所追求目标的相似性甚至重合,欧盟立法机构与欧洲标准化组织逐步建立起密切的合作关系,进而不断完善协调标准支持新方法指令的引用/融合模式和其他融合机制。

因此,基于上文的分析可知,新方法指令与协调标准之间除了功能上互补和组织结构上的合作关系之外,二者还存在法定的实质性联系——"符合性推定关系"。这种"符合性推定关系"首先是由 1985 年《新方法决议》在欧洲技术协调新方法基本原则中提出的,其中第三项基本原则便指出:"公共部门必须承认按照协调标准生产和提供的所有产品都被推定为符合欧盟相关立法规定的基本要求",这一规定表面上看是对欧盟范围内公共部门监管上的规范性要求,实际上也是对新方法指令与协调标准之间通过"符合性推定"机制建立起的实质性联系的表述,即符合协调标准的产品即被"推定"为符合欧盟相关立法(新方法指令)的基本要求。由此,"符合性推定关系"不仅在协调标准与新方法指令之间建立起实质性联系,而且欧洲标准与欧盟法律的融合模式(旧融合模式)也发生了极大的转变。2012 年,《关于欧洲标准化的 1025/2012 号条例》从"欧盟法律层面"上规定了新方法指令与协调标准之间在"符合性推定"上的法律关系。《1025/2012 号条例》在其引言和主体部分(第 10 条和第 15 条)指出:其一,欧洲标准在内部市场发挥着非常重要的作用,例如通过适用协调标准,可以推定产品符合相关欧盟统一立法中对此类产品的基本要求,从而使产品可以投入欧洲市场;其二,若干协调产品市场营销条件的(新方法)指令规定,欧委会可以请求欧洲标准化组织制定协调标准作为推定产品投放欧洲市场前符合指令基本要求的依据;其三,协调标准制成后,欧委会应会同欧洲标准化组织评估由欧洲标准化组织起草的标准文本与最初欧委会提出的标准化请求(即标准化"委托书")的符合程度;其四,欧洲标准化组织可获得欧盟经费资助的活动包括……"验证欧洲标准或欧洲标准化可提供使用文件的质量及其与相应欧盟立法和政策的符合程度"。

通过分析《新方法决议》与《1025/2012 号条例》的相关内容可知,在欧洲旧融合模式转变为新融合模式中,最重要的转变在于欧洲标准与欧盟法律关系的演变,尽管在新旧融合模式中欧盟技术法规都是运用标准的技术性规范为立法协调和法律的抽象性规范提供技术支持,但在两种融合模式中欧洲标准与欧盟法律之间的关系仍存在着"微妙差异":其一,体现在欧洲技术协调的方式上,在旧融合模式中,欧洲技术协调的方式采用"完全式"或称"细节式"协调,通过"技术立法"的方式将标准写入技术法规中,以同时协调各成员国的技术法规和技术标准(技术细节),这时标准与法律的关系是"完全式"融合,标准以法律附件的形式与法律相结合,并与法律共同具有强制力。然而,在新融合模式中,欧洲技术协调的方式采用"最低程度"或称"双层式"协调,新方法指令仅协调立法基本要求,对于如何满足立法要求,或者换句话说,对于如何在立法(基本要求)协调的基础上协调技术标准,新融合模式采用了标准化"委托书"制度(或称机制)来联系欧盟立法机构与欧洲标准化组织之间的工作内容并采用了"符合性推定"机制联系新方法指令的基本要求与协调标准的具体技术内容,这时标准与法律的关系是"分离式"融合,由欧洲标准化组织制定的协调标准在一系列融合机制的保障下为新方法指令的基本安全要求提供具体的技术支持。新方法指令的强制性要求可有效通过设置市场准入"门槛"来保障公共利益和自由流通,而协调标准的自愿性在为满足指令要求提供便利的具体途径时还为企业技术持续创新保留了自由的发展空间。

其二,体现在标准支持立法的专业性上,从标准与法律的制定机构出发可以清楚地观察到,旧融合模式中标准支持立法的专业性明显不如新融合模式中协调标准的专业性强,因为前者中制定标准的主体是欧盟立法机构,无论是投票表决过程的"冗长"还是立法机构与标准化组织之间在工作上的"割离",都导致旧融合模式中制出标准"落后性"(落后于经济技术发展现状和市场需求)的特征;相比之下,新融合模式中协调标准的制定主体是三大相应的欧洲标准化组织,在新方法指令范围内主管的欧洲标准化组织的专业性不言而喻,更难能可贵的是,协调标准的制定过程中糅合了欧盟立法机构的需求与欧洲标准化组织的专业性,通过标准化"委托书"制度、欧洲标准化组织适时向欧委会汇报标准制定情况、欧委会会同欧洲标准化审查标准文本与前者标准化请求的符合性等层层递进的机制,最大程度地保障了协调标准的质量、"符合性"与专业性。

综上所述,新旧融合模式在法律与标准关系上的主要"差别"在于,新融合模式通过"符合性推定"机制在协调标准与新方法指令之间所建立的标准支持立法的关系,一来提高了欧盟立法协调的效率和效果,二来提高了欧洲标准(协调标准)的质量,三来建立了"符合性"与专业性强的技术标准支持欧盟立法政策的欧盟治理框架。最后,基于新方法指令与协调标准的区别和联系,对二者发生融合的动因分析将于下文具体阐释。

四、新方法指令与协调标准融合的基础和动因

(一)欧洲标准与欧盟法律融合的互补性基础

柳经纬教授指出,标准与法律都具有规范性,但二者的规范性又存在区别,法律规定的权利义务一般较为抽象,标准则以科学和技术成果为基础而制定,这种区别使二者之间具有互补性。[①] 本书将标准与法律之间的互补性作为二者融合的内在基础,法律的抽象性在面对具体产品、服务或过程时需要依赖标准的科学性和技术性来弥补其抽象性规范的不足。

通过观察可以发现,欧盟法律的规范方式主要分为四类,以《玩具安全指令》为例:一是法律的条款直接规定了具体规则,如指令第 17 条关于"粘贴 CE 标志的规则和条件"的要求:"CE 标志应明显、清晰、不可磨灭地粘贴在玩具本体、玩具的标签或包装上",并规定了分别粘贴在这三处的条件,为如何粘贴 CE 标志提供了明确的指示;二是法律的条款之间互相补充,如指令第 4 条第 2 项规定:"制造商应按照第 21 条制定所需的技术文件",指令第 21 条则以"技术文件"为题规定了技术文件的内容、文字语言和不符合规定的后果等,为第 4 条第 2 项的规范内容提供答案;三是法律之间互相补充,如指令第 14 条规定:"当成员国或欧委会认为协调标准不能完全满足第 10 条和附件Ⅱ规定的要求时,欧委会或有关成员国应将此事提交给 98/34/EC 指令第 5 条成立的委员会",98/34/EC 指令第 5 条则规定了该委员会的组成、主席及其议事规则的制定等内容,为实施《玩具安全指令》提供途径;四是通过协调标准为满足法律抽象性的基本要求提供具体的技术规范,也就是欧洲标准与欧盟法律融合的表现形式。

在欧盟法律与欧洲标准融合领域,法律的规范内容多指上文所述三类强制性要求,例如,《玩具安全指令》附件Ⅱ"基本安全要求"中关于"物理力学性能"的要求:"玩具上易触及的绳索的设计和制造必须尽可能减少与其接触所造成的人身伤害的风险"。关于如何尽可能减少因接触绳索所造成的人身伤害的风险,是一个科学技术问题,为了有效解决诸如此类的技术难题,同时避免立法的复杂性,法律必须依赖相关具体标准的科学性和技术性。因此,对应指令的要求,欧盟的做法是由欧盟官方公报所公布的"EN 71-1:2014 玩具的安全性—第 1 部分:力学与物理性能"协调标准第 5.4 条 e)项提供技术规范:"带有自动回

[①] 柳经纬:《标准与法律的融合》,载《政法论坛》2016 年第 6 期。

收绳的玩具,这种绳子允许缩回最多 6 毫米"。符合该协调标准的玩具就表明其绳索的质量不低于指令要求的水平,进而满足指令对绳索的基本安全要求。

因此,欧盟法律的某些规范内容离不开协调标准提供具体技术规范的支持。这些法律的规范内容多体现在基本健康和安全要求、保护财产和环境要求以及如何指定公告机构等强制性要求上,而欧洲协调标准通过提供科学性和技术性规范为满足这些抽象性的要求提供具体的技术支持,弥补了欧盟法律的规范性不足。

(二)欧洲标准与欧盟法律融合的动因

首先,欧洲层面标准与法律的融合始于欧盟对各成员国之间技术法规和标准的技术协调,目的在于克服欧洲经济一体化进程中技术性贸易壁垒对建立欧洲单一市场的妨碍。这时欧盟法律与标准的融合方式为上文所述的"法律直接制定标准"模式,即欧盟通过立法全面制定有关产品的详细性能指标和规格,以实现"最大限度"的协调。① 例如,《制定与动物源性食品卫生相关的特定卫生规则的 853/2004 号条例》附件Ⅲ第 9 部分规定,食品经营者必须启动程序确保鲜牛奶符合以下标准:"30 摄氏度时每毫升细菌总数≤100000,每毫升体细胞数≤400000"。这时标准作为法律的一部分具有强制性,但因为此类标准并非由欧洲三大标准化组织制定通过,因此不属于欧洲标准的范畴。目前这种欧盟法律与标准的融合方式主要出现在自愿性标准面对可能对公共健康和环境产生危险的产品领域时无法切实保障公共利益的情况。

其次,关于欧洲标准与欧盟法律融合的外部原因,有学者解释了标准与法律融合的外因在于:标准和法律各自规范的领域出现了扩张和交错的现象,促进了这些领域里标准与法律的融合。这一外因同样可以解释上述"法律直接引用标准"的融合方式。在欧洲层面,欧洲标准与欧盟法律融合的外因则更具有"主动性",表现为欧盟立法机构和欧洲标准化组织会努力实现相似甚至是共同的目标,即发展单一市场、提高竞争力、促进全球贸易、改善公民福利和保护环境。由此演变出欧盟立法机构与欧洲标准化组织合作并通过委托制定协调标准来支持欧盟立法的现象,并建立了"委托书"(Mandates)制度,该制度产生于《新方法决议》并被《1025/2012 号条例》所完善,有学者将该制度称为"连接欧洲立法与欧洲标准的桥梁"。简而言之,欧盟委托书制度就是欧委会和欧洲自由贸易联盟请求欧洲标准化组织制定和通过欧洲标准以支持欧洲立法和政策的

---

① 陈淑梅:《欧洲经济一体化背景下的技术标准化》,东南大学出版社 2005 年版,第 40~41 页。

机制。例如,《关于向欧洲标准化组织提出有关船用设备的标准化请求以支持船用设备 2014/90/EU 指令的欧委会实施决定》(委托书)在介绍《关于船用设备的 2014/90/EU 指令》之后,说明了需要制定"直径大于 53 毫米的消防栓标准"及"公共广播和一般应急报警系统标准"的原因,以及制定欧洲标准的请求支持指令的意图,并对标准化组织建立和变更工作方案、汇报工作和是否接受委托书等工作程序进行了规定。

目前,所有欧洲标准中约有 20% 是根据欧委会向欧洲标准化组织提出的标准化请求制定的,它们能帮助企业确保其产品或服务符合欧盟立法中的基本要求。根据《1025/2012 号条例》,这种在欧委会提出请求的基础上由欧洲标准化组织制定和通过的标准就是协调标准,而协调标准支持欧盟立法的融合方式就是上文所述"标准间接支持法律"的模式,这种融合方式所涉领域十分广泛,包括化学制品、建筑产品、消费者和工人保护、能源效率、电气和电子工程、医疗工程、机械工程和运输工具、测量技术、合格评定和管理系统、服务以及可持续发展等领域。

最后,新方法指令制度中法律与标准的关系一直是国内外学者所关注的问题,欧洲市场主体通过适用协调标准便能从协调标准与新方法指令的"符合性推定关系"中受益,从而符合新方法指令的要求而可以进入欧洲单一市场并在其中自由流通其产品或服务。欧委会与欧洲标准化组织的合作体现了新融合模式的"能动性"[1],通过不同手段的结合,面面俱到地指导各成员国技术法规和技术标准的制定,并在"高度"协调各成员国技术差异的基础上确保欧洲内部市场中产品和服务的自由流通。欧洲标准化体系的积极融入还体现了新融合模式的"回应性"。新方法指令模式的一个重要贡献在于,保留了欧洲标准的"自愿性",为欧洲内部市场留有宝贵的"自由空间",这说明在欧洲技术标准化的过程中仍需给予"市民社会"充分的尊重,因此,新方法指令仅制定"基本要求"对欧洲市场主体的行为进行"欧洲底线之上"的指导,但是在满足立法要求的途径上给予行为者选择自由权,同样尊重市场和社会自我管理的自生自发力量。

---

[1] 此处关于欧洲新融合模式"能动性"和"回应性"角色的论述,参考美国学者米尔伊安·R.达玛什卡关于"回应型"和"能动型"两种类型国家的思考和论述,转引自[美]米尔伊安·R.达玛什卡:《司法和国家权力的多种面孔》,郑戈译,中国政法大学出版社 2015 年版。

第三章

新方法指令模型的效果评价及融合模型构建

关于欧盟标准与法律融合更确切的说法是指,协调标准与新方法指令的融合。本章首先以玩具安全协调标准与《玩具安全指令》的融合为例,阐释新方法指令模式的具体运作及新融合模式的效果;再对新方法指令模式的体制和机制的效果进行评价;最后,基于对新方法指令模型[1]的效果评价,构建出标准与法律融合的一般模型。其中,对新方法指令模式的效果评价主要采用与旧融合模式的效果进行对比性分析的方法;对新方法指令模式的机制效果进行评价,采用对多种"融合机制"分类探讨的方法,本章将欧盟融合机制具体分为"公平机制"、"效率机制"和"规制治理机制"三类;最后,基于对新方法指令模式、融合体制和融合机制的效果评价,构建出标准与法律融合的一般性模型。对此,本章先是探讨标准与法律融合模型对法治的意义,一方面标准为法律要求和立法目的的落实提供具体的技术路径,起到延伸法律规范的作用,另一方面,标准化治理体系为法治发展融入多元化、合作式社会治理体系,为法制建设奠定了良好的民主和公民守法基础;再是提出在标准与法律融合模型的构建中,一要根据融合体制的特殊性设计适当的融合模式,以融合法律体系和标准化体系各自的优势,二要建立建设与融合体制和融合模式相协调的融合机制,主要应考虑立法机构与标准化组织之间的合作机制、确保标准和法律实施的保障机制(如合格评定程序)、提高法律协调和标准协调的效率机制,以及发挥多元主体力量和运用多元化工具的规制治理机制等。

---

[1] 文中由于阐述欧洲标准与欧盟法律的关系,或者协调标准与新方法指令的关系,有时会将新方法指令模式称作"欧盟标准与法律融合模式"或"欧盟融合模式",有时将"新方法指令模型"称作"欧盟标准与法律融合模型"或"欧盟融合模型"。

第一节　新方法指令模式的效果评价

一、新方法指令的文本分析

此处关于"新方法指令模式"的说法其实是指自《新方法决议》以来,基于欧洲技术协调"新方法"产生的欧洲标准与欧盟法律之间新的融合模式,由于在新融合模式中,欧盟法律多表现为"新方法指令"的形式,因而,此处对欧洲新融合模式的表述又称为"新方法指令模式"。在分析"新方法指令模式"的整体效果之前,本书先以欧盟的《玩具安全指令》为例,通过分析新方法指令的文本内容我们可以发现,协调标准与新方法指令的融合体现在指令的不同法律条款中,除此之外,在新方法指令中还有很多辅助协调标准与指令融合的机制以加强二者融合后各自的实施效果。

(一)玩具安全"协调标准"与《玩具安全指令》的融合

此处以欧盟《2009 年 6 月 18 日通过的欧洲议会和欧盟理事会关于玩具安全的 2009/48/EC 号指令》(以下简称"《玩具安全指令》")为例来解释实践中协调标准与新方法指令融合的现象。首先,《玩具安全指令》在其附件Ⅱ"特殊安全要求"中对儿童玩具的"机械和物理性能"提出了安全性要求:"玩具及其零件不得存在窒息的风险"。[①]《玩具安全指令》这一安全性要求主要针对现实中小朋友在戴玩具面罩玩耍时,如果玩具面罩的通风性不好,时间一长很可能会造成儿童窒息的风险。对于这一安全隐患,欧委会于 2015 年 6 月 12 日在欧盟官方公报上发布了一项针对玩具面罩或头盔的玩具安全标准(EN 71-1:2014),对玩具面罩或头盔的设计和制造进行具体规范。例如,EN 71-1:2014 标准在其第一部分"机械和物理性能"中要求:"完全罩住头部并由不透水材料制成的面罩和头盔,应具备相距至少 150 mm 的两个或以上开口或单个'通风区域',使得总通风面积不小于 1300 mm^2"。

针对玩具面罩所具有的安全隐患,《玩具安全指令》和玩具安全欧洲标准(EN 71-1:2014)分别规定了立法上的"基本安全要求"和技术上的"具体指标"。

[①] "DIRECTIVE 2009/48/EC OF THE EUROPEAN PARLIAMENT AND OF THE COUNCIL of 18 June 2009 on the safety of toys" ANNEX Ⅱ "Particular Safety Requirements": "Toys and their parts must not present a risk of strangulation."

那么,《玩具安全指令》是如何引用这项欧洲标准的呢?首先,根据《玩具安全指令》第 13 条关于"符合性推定"的规定:"符合协调标准或其部分的玩具,且标准的参照号已公布在欧盟官方公报上,应推定该玩具符合标准或其部分所涵盖的本指令第 10 条和附件 Ⅱ 中所规定的要求。"因而,该条款通过"符合性推定机制"在《玩具安全指令》与"协调标准"间建立了"间接引用"的联系,虽然协调标准以清单的形式发布在欧盟官方公报上,与《玩具安全指令》在形式上分离,但符合协调标准或其部分的玩具就被《玩具安全指令》"推定"为符合该指令相应的基本要求。

其次,根据欧盟官方公报的记录,"欧委会在《玩具安全指令》实施框架内的'通讯'"[1](根据欧盟协调立法的要求公布协调标准的标题和参照号)将上述玩具安全欧洲标准(EN 71-1:2014)的标题和参照号均公布在欧盟官方公报上,由此,EN 71-1:2014 成为《玩具安全指令》的协调标准,与《玩具安全指令》相应的基本要求之间产生"符合性推定关系",或称为"间接引用关系"。

最后,结合《玩具安全指令》第 13 条和欧委会相关"通讯"(Commission Communication)在欧盟官方公报上发布的协调标准可知,协调标准的标题与新方法指令附件 Ⅱ 中的基本要求是对应的(如"机械和物理性能"上的对应关系),这样便于生产经营者在参照和实施标准的同时满足指令的相应要求。例如,如果玩具面罩的设计和制造符合 EN 71-1:2014 协调标准关于"通风"方面的技术规范,则推定该玩具面罩满足《玩具安全指令》对其"不得存在窒息风险"的安全性要求。

(二)《玩具安全指令》中的"符合性推定"关系

总结"新方法指令模式"的特点,离不开"符合性推定"机制在新方法指令与协调标准之间建立的"间接引用"关系,这也是二者融合的主要表现形式。实际上,作为新方法指令与协调标准之间联系的"桥梁","符合性推定关系"(或称"符合性推定机制")不仅体现在新方法指令某一条款中,比如《玩具安全指令》第 13 条,而是涉及《玩具安全指令》"基本要求"中的方方面面。此处同样以《玩具安全指令》为例,首先,该指令第 13 条通过"符合性推定"机制在玩具安全协调标准与该指令第 10 条"基本安全要求"和指令附件 Ⅱ "特殊安全要求"之间

---

[1] "Commission communication in the framework of the implementation of Directive 2009/48/EC of the European Parliament and of the Council of 18 June 2009 on the safety of toys (Publication of titles and references of harmonised standards under Union harmonisation legislation)" (OJ C 196,12.6.2015),网址:https://eur-lex.europa.eu/legal-content/EN/TXT/? uri=uriserv:OJ.C_.2015.196.01.0001.01.ENG,访问时间:2023 年 1 月 20 日。

建立了"符合性推定关系"。其一，根据《玩具安全指令》第 10 条第 1 款的规定："成员国应采取一切措施确保投放市场的玩具符合本指令中的基本安全要求，包括本条第二款规定的'一般性安全要求'和本指令附件Ⅱ所规定的'特殊安全要求'。"由此可知，《玩具安全指令》的"基本安全要求"包括指令本体规定的"一般性安全要求"及其附件中的"特殊安全要求"。

关于"一般性安全要求"的表述，例如："玩具及其所含有的化学物质，在按照预期或以可预见的方式使用时，不得危害使用方或第三方的安全或健康，同时要考虑到儿童的行为影响"，或者"加贴在玩具上的标签和使用说明，应引起使用者及其监督者注意使用玩具所涉及的固有危害和风险，并注明避免此类危害和风险的方法"等属于《玩具安全指令》的"一般性安全要求"，其主要功能在于对玩具本身固有的危害、玩具中的化学物质、玩具可能存在的风险隐患以及使用玩具的儿童情况（年龄范围）等控制和说明。

关于"特殊安全要求"的表述，例如：《玩具安全指令》附件Ⅱ根据玩具的物理和机械性能、可燃性、电性能及卫生和放射性等方面所作的具体规定，如"玩具不得成为儿童环境中的危险易燃元素……如果玩具的材料直接暴露在火焰、火花或其他潜在火源中时，它们不会燃烧"或者"玩具不得使用超过 24 伏直流电（DC）或等效交流电（AC）电压的额定电压供电，且其可触及的部件也不得超过 24 伏直流电或等效交流电压"等规定则属于指令附件Ⅱ中所列的"特殊安全要求"，其功能在于，一来"细化"新方法指令的基本安全要求，二来为协调标准"满足"新方法指令的安全性要求奠定准确的解释说明基础，三来根据现实情况更切实地保障公众利益。

因此，协调标准与具备不同功能的指令要求发生融合会产生不同的融合成果和效果，比如，协调标准与新方法指令的"一般性安全要求"融合侧重于：一来保护使用方和第三方免受玩具及其所含化学物质所带来的损害，二来确保 36 个月以下的儿童或其他特定年龄组儿童在使用玩具时的安全性，三来保证玩具上的标签和使用说明足以对其使用者及其监督者起到警示作用；再如，协调标准与新方法指令的"特殊安全要求"融合则侧重于根据玩具的不同性能从细节入手为玩具使用者提供方方面面的保护。

其次，除了《玩具安全指令》第 13 条规定了协调标准与新方法指令之间"实质上"的符合性推定关系之外，该指令第 16 条还规定了玩具与新方法指令之间"形式上"的符合性推定关系——表现为"CE 标志的粘贴"，该条第 3 款指出："各成员国应推定带有 CE 标志的玩具符合本指令的要求。"虽然协调标准与新方法指令之间具有"实质上"的符合性推定关系，但协调标准本身保留了自愿性的属性，因而《玩具安全指令》第 13 条建立的"形式上"的符合性推定关系具有两种到达"途径":第一种是通过协调标准与新方法指令之间"实质上"的符合性推定关系来达到玩具与指令之间"形式上"的符合性推定,即通过适用协调标准来满足指令的基本要求,进而进入欧洲市场;第二种途径是采用协调标准之外的标准证明及其认证方法。

最后,在"实质上"的符合性推定关系中,协调标准除了与新方法指令的"基本安全要求"存在联系外,还与指令中有关"认证机构"的要求之间存在符合性推定关系。而"认证机构"的作用则在于连接"实质上"与"形式上"的符合性推定关系。具体而言,其一,根据《玩具安全指令》第16条第1款规定:"市场上销售的玩具均应带有CE标志";进而,该指令第17条第2款要求:"玩具在投放市场之前,应附上CE标志";因而,CE标志作为标志与法律的符合性推定关系在"形式上"的证明,只要玩具上附有CE标志就表明该玩具实质上符合了《玩具安全指令》的基本安全要求。其二,根据《玩具安全指令》第18条和第19条的规定,生产商在将玩具投放市场前应对玩具进行"安全评估"并适用"合格评定程序",具体而言,"制造商应在玩具被投放市场前对玩具可能存在的化学、物理、机械、电气、易燃性,以及卫生和放射性危害进行分析,并评估潜在的危险",进而"适用第19条第2款和第3款提及的合格评定程序来证明玩具符合本指令的基本安全要求"。

因而,玩具在投入市场前要想加贴CE标志从"形式上"证明其"符合性"(指符合协调标准进而符合指令要求)须适用"合格评定程序"评定玩具符合协调标准(已在OJEU上公布参照号)的技术规范,进而确保玩具符合指令的基本安全要求。由此可知,合格评定程序可以用来保证制造商履行法律义务(《玩具安全指令》包含的明确义务),从而确保玩具的安全。具体而言,合格评定程序会对玩具可能存在的各种危害进行分析并对接触这些危害的可能性进行评估,同时评估制造商在化学品方面的义务,即评估玩具中存在禁止性或限制性物质的可能性,而制造商有义务将此安全性评估保留在技术文件中,以便市场监督机构有效地执行其监管任务。在遵守协调标准的情况下,且该协调标准的参照号已公布在OJEU上并涵盖了玩具方面的所有安全要求,那么,基于制造商自身对合格评定的责任所进行的内部生产控制已被证明是充分适当的;如果不存在上述协调标准,则应将玩具提交给第三方验证,在这种情况下即为EC型式检验(《玩具安全指令》第20条);如果一个或多个协调标准在欧盟官方公报中公布却受到限制,或者制造商并未完全或仅部分地适用协调标准的话,则同样适用EC型式检验;如果制造商认为玩具的性质、设计、构造或用途需要第三方验证,则其也应将玩具提交给EC型式检验。

其三,由上可知,"合格评定程序"充当着连接"实质上"与"形式上"符合性推定关系的"桥梁"。对于这一程序的重要作用,《玩具安全指令》给予规范上的重视,同样运用协调标准与指令融合的手段对实施合格评定的"认证机构"进行了法律与标准上的规范和要求,这便是此处提及的在"认证机构"上存在的协调标准与新方法指令间的"符合性推定关系"。《玩具安全指令》第 27 条与第 13 条的标题一致,均采用"符合性推定"(Presumption of Conformity)用以表明本条款的内容通过协调标准与新方法指令的"符合性推定关系"来达到对本条款适用对象的立法规范。该指令第 27 条对"认证机构"(或称"合格评定机构")提出了规范性要求:"如果合格评定机构证明其符合相关协调标准或其部分规定的标准,且标准的参照号已公布在欧盟官方公报上,则应推定该机构符合本指令第二十六条由协调标准所涵盖的基本要求。"这便是围绕"认证机构"的规范所产生的协调标准与新方法指令之间的"符合性推定关系"。

综上所述,对于"新方法指令模式"中"符合性推定关系"(机制)的理解,首先,"符合性推定关系"有"实质上"与"形式上"之分。"实质上"的符合性推定关系是指协调标准与新方法指令之间的符合性推定关系,属于"新方法指令模式"中标准与法律关系的核心内容;"形式上"的符合性推定关系则是指产品(或服务)间新方法指令基本要求之间的符合性推定关系,这种符合性推定关系同样重要,它通过"CE 标志"在新方法指令的基本安全要求与投放市场的产品(或服务)间建立符合性联系,在现实中起到促进欧洲内部市场的自由流通和保障公众利益的重要作用。其次,"实质上"的符合性推定关系还可进一步分为协调标准与指令的"基本安全要求"之间的融合,以及协调标准与指令有关"认证机构要求"之间的融合。最后,此处对新方法指令中"符合性推定关系"的分析,仅从指令要求、协调标准、合格评定程序和机构、CE 标志这四者之间的关系出发,但是在"符合性推定关系"中的另一种联系即欧盟立法机构与欧洲标准化组织之间的合作关系也是值得关注且并不应忽视的。

(三)《玩具安全指令》中"基本安全要求"的分析

从上文对"实质上"符合性推定关系的分析得知,新方法指令中的"基本安全要求"通过"CE 标志"与"合格评定程序"对欧洲市场内的自由流通和公众利益发挥"门槛"和保障的重要作用。因而,此处对《玩具安全指令》中"基本安全要求"进行梳理分析,可以帮助我们理解新方法指令中的"基本安全要求"是如何发挥上述作用的,且如何保障其持续有效地发挥上述重要作用的。

此处《玩具安全指令》的全称为《2009 年 6 月 18 日欧洲议会和欧盟理事会关于玩具安全的 2009/48/EC 号指令》(以下简称"《玩具安全 2009/48/EC 号指令》"或"新指令"),以便与《1988 年 5 月 3 日欧盟理事会关于协调成员国玩具安全法律的88/378/EEC号指令》(以下简称《玩具安全88/378/EEC号指令》或"旧指令")相区分。《玩具安全2009/48/EC号指令》在引言中说明了《玩具安全88/378/EEC号指令》的制定背景和目的,即《玩具安全88/378/EEC号指令》是在建立欧洲内部市场的背景下通过的,以协调成员国之间"整体的玩具安全水平",并消除成员国之间对于玩具的贸易壁垒。紧接着,引言中进一步指出《玩具安全88/378/EEC号指令》的性质属于"新方法指令",因为其是基于《新方法决议》的技术协调基本原则而制定的,所以该指令在欧洲技术协调中仅列出了有关玩具的"基本安全要求",包括玩具的物理和机械性能、可燃性、化学性质、电性能以及卫生和放射性方面的特定安全要求;关于满足立法要求的具体技术细节(指协调标准)则交由CEN和CENELEC欧洲标准化组织根据《关于在技术标准、法规、信息社会服务规则领域提供信息的程序第98/34/EC号指令》制定协调标准;由此,如果玩具符合协调标准所设定的技术规范,且该协调标准的参照号已公布在欧盟官方公报上,则推定该玩具符合《玩具安全88/378/EEC号指令》中的基本安全要求。

关于《玩具安全2009/48/EC号指令》与《玩具安全88/378/EEC号指令》的关系可以解释为,前者首先肯定了后者基于《新方法决议》基本原则所采取的技术协调模式(主要指"新方法指令模式")在玩具行业中运行良好,"应予以保持"和发展。其次,《玩具安全2009/48/EC号指令》在第55条有关"废除指令"中指出:除了第2条第1款和附件Ⅱ的第3部分之外,《玩具安全88/378/EEC号指令》自2011年7月20日起废除,而其中第2条第1款和附件Ⅱ的第3部分则自2013年7月20日起废除,对于已废除指令的引用应视为对本指令(《玩具安全2009/48/EC号指令》)的引用。因此,两个新方法指令之间的关系存在新旧之分,新指令还废除了旧指令。不过旧指令中的内容对于我们研究"新方法指令模式"仍有值得借鉴之处,例如:旧指令的制定背景和目的在于,协调成员国之间整体的玩具安全水平,并消除成员国之间对于玩具的贸易壁垒。这说明新方法指令的"基本安全要求"通过强制力的形式为欧洲市场设置了统一的安全"门槛",一来协调了各成员国间在安全要求上的技术法规,二来有利于消除技术差异带来的技术性贸易壁垒,三来为欧洲公民的健康安全和其他公众利益设置了统一的"底线"予以保障,四来"门槛"的主要功能并不在于"阻挡"而在于促进"流通",即跨过这一门槛的商品或服务可以在欧洲市场内不受限制地自由流通。

新方法指令的基本安全要求除了在"宏观上"有利于欧洲技术协调、欧洲内部市场的发展和公共利益的保障之外,从"微观上"观察《玩具安全2009/48/EC号指令》与其所规范的玩具之间的关系,新方法指令的"基本安全要求"还可以帮助生产经营者在提供安全的产品或服务的基础上提升自身的竞争力和品牌效应,同时,也有利于欧洲市场的消费者安心地购买商品或服务,进而促进欧洲贸易和经济的发展。此外,《玩具安全指令》要求投入欧洲共同市场上的玩具应当遵守"欧盟法律的相关规定",包括上文所述的基本安全要求、安全评估要求和加贴 CE 标志等规定,而这些要求均与产品的安全性息息相关,生产经营者根据其在供应链中的角色去符合指令的相关要求并为其所生产经营的"玩具的合规性"负责,这种强制性的基本要求还可以确保欧洲市场内的公平竞争和贸易健康有序地发展。

当然,新方法指令中的"基本安全要求"并非是极具抽象性或一成不变的。第一,新方法指令中的"基本安全要求"须根据技术发展情况不断更新,以便符合技术进步和市场的现实需求。例如,《玩具安全 2009/48/EC 号指令》中指出旧指令应当更新某些"基本安全要求"以考虑自该指令通过以来的技术发展情况。比如,在电气性能领域,由于技术的发展允许技术指标可以超过旧指令在玩具上设定的 24 伏极限,同时还能保证相关玩具的安全使用。

第二,在更新"过时的"基本安全要求之外,新方法指令中还须采用"新的基本安全要求",从而为公众和消费者提供更高水平的保护。例如,《玩具安全 2009/48/EC 号指令》指出,必须采用"新的基本安全要求"使儿童免受玩具中化学物质所引起损害的风险,为其提供高水平的保护。对此新指令提出,尤其是在制定和更新玩具中有关化学物质的规定上,应与欧盟一般化学物质立法的规定相符,特别是《欧洲议会和欧盟理事会第 1907/2006(EC)号条例》(关于化学品注册、评估、授权和限制(REACH),建立欧洲化学品管理局)的相关规定。

第三,在更新过时的要求和制定新要求之外,新方法指令的基本安全要求还应为制定"更严格全面"的协调标准奠定"更高的门槛",也就是说,由于协调标准的主要目的之一在于满足新方法指令的"基本要求",因此,作为制定协调标准"委托书"的依据及协调标准"服务的对象",新方法指令在需要"更严格全面"的协调标准时就须同样制定更高(保护)水平的"基本安全要求",并确保这些基本要求的措辞具有相当的准确性。例如,为了保护儿童免受发声玩具引起听力受损的风险,就应当制定更严格、全面的协调标准,以限制玩具发出的脉冲噪音和连续噪音的最大值,也因此,就有必要由新方法指令对这些玩具的声音提出更高(保护)水平的基本安全要求,并随着技术进步不断更新这些要求。

经过上述分析,此处主要回答本部分开头对新方法指令中"基本安全要求"的功能及其自身"可持续性"发挥作用方面的问题。首先,"基本安全要求"作为新方法指令中的重要内容,同时也是协调标准提供技术支持的对象,其在功能上所发挥的作用可以概括为协调工具、准入门槛和底线保障:"协调工具"是指,新方法指令的"基本安全要求"通过欧盟指令的强制力来协调欧洲市场的整体安全水平和各成员国之间的技术差异,这种宏观高效的协调性可以使得欧洲市场的消费者放心购买内部市场的产品和服务,从而促进欧洲市场贸易和经济的高速发展;"准入门槛"是指,新方法指令的"基本安全要求"虽然对进入欧洲市场的商品和服务提出安全性要求进而设置了市场准入的门槛,然而,这种统一的门槛协调了成员国间的技术差异,进而消除了其相互间的技术性贸易壁垒,因而,商品和服务通过这一门槛进入欧洲内部市场后可以无限制地(跨国)自由流通;"底线保障"在这里具有"双重"含义,既是指新方法指令的"基本安全要求"可以保障公众和消费者的健康安全并对动植物、环境和其他公共利益起到保障作用,又是指"基本安全要求"通过为公众和消费者提供安全性的商品和服务的同时,也逆向地保障了生产经营者的利益,为生产经营者提升品牌效应和企业竞争力提供了质量上的保障。

此外,为了保证"基本安全要求"能够持续性地发挥其上述功能,新方法指令同样对"基本安全要求"本身提出了规范性要求,即随着技术的发展及时"更新"过时的要求、为了更高水平的保护采用"新"要求、为制定更严格全面的协调标准制定"更高"的安全性要求。这三种措施可以保证基本安全要求持续有效地发挥"协调、自由又具有保障性的门槛"功能。

二、新方法指令的适用范围探究

在分析"新方法指令(融合)模式"的效果之前,本书需要先对新方法指令的文本内容及其类型进行一定的梳理研究。通过对新方法指令的文本分析,我们了解到:一是新方法指令与协调标准在现实中融合的真实情况如何,尤其是协调标准所支持指令中的基本安全要求所发挥的重要功能有哪些;二是新方法指令如何有效地保证其中基本安全要求的持续性作用;三是协调标准与新方法指令融合的手段就是通过"符合性推定机制",表现为协调标准与新方法指令中的立法要求之间的"符合性推定关系",其中的立法要求既包括上述"基本安全要求"也包括其他方面的要求,如对认证机构的立法要求,此外,"符合性推定关系"具有实质与形式之分,二者通过合格评定(程序和机构)联系起来,共同实现新方法指令的立法目的和欧盟的政策需求。通过对新方法指令适用领域的分析,我们可以了解新方法指令模式可适用的领域和范围,进而了解新融合模式可以在哪些领域发挥其重要作用。

(一)根据协调标准的制定领域探究

我们先从欧盟官方公报上公布的协调标准的范围入手,由于协调标准是由欧委会向欧洲公认的标准化组织提出标准化请求（或称"委托书"）才制定的，且协调标准的目的在于为新方法指令中的基本要求提供技术支持，最后只有在欧盟立法机构控制的欧盟官方公报上公布协调标准才产生"符合性推定"的效力。因此，通过梳理协调标准的制定领域和范围，可以帮助我们逆向了解到新方法指令模式的适用领域或范围。欧委会对协调标准在欧盟官方公报上公布的参照号和标准名称进行了系统整理并发布在其官方网站上，[①]此处可以借助欧委会官网的系统对协调标准的制定领域进行梳理总结。

1. 网站的可访问性领域

公共部门机构已越来越依赖互联网为公众提供至关重要的各类信息和服务。因而，在欧洲协调的框架内，应减少网站设计和开发行业在内部市场运营中遭受的壁垒，同时，降低公共部门机构和其他主体在采购与网站可访问性相关的产品和服务上的成本。欧盟《关于公共部门机构的网站和移动应用程序可访问性的 2016/2102 号指令》[②]（OJ L 327 of 2 December 2016）（以下简称"《2016/2102 号指令》"）中的"可访问性"应被理解为在设计、建造、维护、更新网站和移动应用程序时应遵循的原则和技术，以便用户特别是残疾人士更容易访问它们。因而，该指令的目标旨在，一来确保公共部门机构的"网站和移动应用程序"（以下统称为"网站"）在共同的可访问性要求上更易于访问；二来基于共同要求在欧盟层面上协调各成员国的国家措施，可以结束欧洲内部市场的分裂；三来为网站和程序开发人员减少不确定性，并促进该行业的互操作性；四来使用技术中立的可访问性要求不会妨碍创新，甚至可能会刺激创新。

欧盟官方公报上公布了关于公共部门机构网站可访问性的协调标准的参照号（References of Harmonised Standard），具体程序是由欧委会发布文件公布在 OJEU 上。此处的协调标准来源于《2018 年 12 月 20 日欧委会关于为支持 2016/2102 号指令而制定公共部门机构网站和移动应用程序协调标准的 2018/2048 号执行决定》[③]（Commission Implementing Decision）（以下简称"《欧委会

---

① 《协调标准》，网址：http://ec.europa.eu/growth/single-market/european-standards/harmonised-standards_en，访问时间：2023 年 2 月 20 日。

② Directive (EU) 2016/2102 of the European Parliament and of the Council of 26 October 2016 on the accessibility of the websites and mobile applications of public sector bodies, OJ L 327, 2.12.2016.

③ Commission Implementing Decision (eu) 2018/2048 of 20 December 2018 on the harmonized standard for websites and mobile applications drafted in support of Directive (EU) 2016/2102 of the European Parliament and of the Council,《欧委会 2018/2048 号决定》，网址：https://eur-lex.europa.eu/legal-content/EN/TXT/PDF/? uri = uriserv: OJ.L_.2018.327.01.0084.01.ENG，访问时间：2023 年 2 月 20 日。

2018/2048号决定》")。《欧委会 2018/2048 号决定》:(1)先是表明发布在 OJEU 上的协调标准与《2016/2102 号指令》之间的"符合性推定关系":"根据《2016/2102 号指令》第 6(1)条规定,网站和移动应用程序的内容如果符合协调标准,且标准的参照号已公布在 OJEU 上的,就推定该内容符合《2016/2102 号指令》第 4 条关于可访问性要求的规定"。(2)再说明欧委会的标准化请求(或称"标准化委托书")与具体协调标准之间的联系:"通过实施《C(2017)2585 号决定》,欧委会向 CEN、CENELEC 和 ETSI 三个欧洲标准化组织提出了根据'EN 301 549 V1.1.2 (2015-04)'这项欧洲标准来起草协调标准的标准化请求,并包括支持实施《2016/2102 号指令》第 4 条所需的任何必要条款。而 EN 301 549 V1.1.2（2015-04）标准是欧委会标准化委托书（Commission Standardisation Mandate 376)请求的结果,并已包含一些与网站和移动应用程序相关的规定"。(3)指出根据《C(2017)2585 号决定》由欧洲三大标准化组织依据欧委会委托书制成的协调标准为"EN 301 549 V2.1.2 (2018-08)"标准,该标准中还包含了一个表格,其中标准的相关规定便回应了《2016/2102 号指令》第四条的可访问性要求。(4)记录了欧委会还与欧洲三大标准化组织一起评估了协调标准"EN 301 549 V2.1.2 (2018-08)"中的相关规定是否符合《C(2017) 2585 号决定》中的相应要求。(5)评估后确定了协调标准"EN 301 549 V2.1.2 (2018-08)"中的相关规定满足了其所欲涵盖的《C(2017)2585 号决定》附件Ⅱ中的要求,因此,认为适宜在欧盟官方公报中公布这项协调标准的参照号。(6)指出协调标准发生效力的时间和效力的内容:"自协调标准的参照号公布在欧盟官方公报之日起,只要与协调标准相符即推定满足欧盟协调立法中相应的基本要求。"

《欧委会 2018/2048 号决定》第 1 条指出:"为支持《2016/2102 号指令》而起草的网站和移动应用程序协调标准的参照号,现发布在欧盟官方公报上",并在指令附件中列出了有关该协调标准基本信息的表格,如图 9 所示,其中包括了该协调标准的名称和参照号等基本信息。由此可知,"新方法指令模式"在协调标准制定过程中,需要借助欧委会标准化"委托书"作为沟通的桥梁来最终实现协调标准与新方法指令的融合。现实情况是,协调标准的制成实际上是标准化"委托书"的结果,由欧洲标准化组织根据欧委会提出的委托书的内容来起草协调标准,制成后再由欧委会会同欧洲标准化组织共同评估协调标准与委托书内容的"符合性",如果评估结果是肯定的,则可以将该协调标准发布在欧盟官方公报上,由此,协调标准根据委托书的内容满足了新方法指令的基本要求,并与新方法指令(的基本要求)发生"融合"。

2. 化学制品领域

上文的梳理帮助我们了解了现实中新方法指令与协调标准融合的过程和

具体情况。下文将简述新方法指令模式在其他领域的状况。在化学制品领域发布新方法指令与对应的协调标准主要集中在民用爆炸物和烟火制品领域。欧盟分别于 2013 年和 2014 年发布了《关于协调有关烟火制品在市场中销售成员国法律的 2013/29/EU 号指令》[①]（OJ L 178，2013 年 6 月 28 日）（以下简称"《烟火制品指令》"）和《关于协调有关民用爆炸物在市场中销售和监督成员国法律的 2014/28/EU 号指令》（OJ L 96，2014 年 3 月 29 日）（以下简称"《民用爆炸物指令》"）。其中，《烟火制品指令》旨在制定实现烟火制品在内部市场自由流通的规则，同时确保对人类健康和公共安全的高度保护、确保对消费者保护和安全，并考虑与环境保护相关的方面。《民用爆炸物指令》旨在确保民用爆炸物在内部市场的自由流通，同时确保公共安全并促进经济运营者、市场监督机构和最终用户之间的信息沟通。

对应《烟火制品指令》，欧委会在欧盟官方公报上发布了《在实施烟火制品指令框架内的通讯》（Commission Communication），用以公布烟火制品协调标准的参照号和标题，如图 3-1 所示。对应《民用爆炸物指令》，欧委会在欧盟官方公

Commission communication in the framework of the implementation of Directive 2013/29/EU of the European Parliament and of the Council on the harmonisation of the laws of the Member States relating to the making available on the market of pyrotechnic articles

(Publication of titles and references of harmonised standards under Union harmonisation legislation)

(Text with EEA relevance)

(2017/C 149/01)

ESO ([1])	Reference and title of the standard (and reference document)	First publication OJ	Reference of superseded standard	Date of cessation of presumption of conformity of superseded standard Note 1
(1)	(2)	(3)	(4)	(5)
CEN	EN ISO 14451-1:2013 Pyrotechnic articles — Pyrotechnic articles for vehicles — Part 1: Terminology (ISO 14451-1:2013)	This is the first publication		
CEN	EN ISO 14451-2:2013 Pyrotechnic articles — Pyrotechnic articles for vehicles — Part 2: Test methods (ISO 14451-2:2013)	This is the first publication		

图 3-1　欧盟官方公报上公布的烟火制品协调标准[②]

[①] Directive 2013/29/EU of the European Parliament and of the Council of 12 June 2013 on the harmonization of the laws of the Member States relating to the making available on the market of pyrotechnic articles (recast), OJ L 178, 28.6.2013.

[②] 《烟火制品协调标准》，网址：https://eur-lex. europa. eu/legal-content/EN/TXT/PDF/? uri=uriserv:OJ.C_.2017.149.01.0001.01.ENG，访问时间：2023 年 2 月 21 日。

报上发布了《在实施民用爆炸物指令框架内的通讯》①用以公布民用爆炸物协调标准的参照号和标题,如图 3-2 所示。可以看出,欧委会在欧盟官方公报上公布协调标准的方式,有时会以欧委会执行决定的形式呈现,有时会以欧委会通讯(Commission Communication)的方式公布。

Commission communication in the framework of the implementation of Directive 2014/28/EU of the European Parliament and of the Council on the harmonisation of the laws of the Member States relating to the making available on the market and supervision of explosives for civil uses

(Publication of titles and references of harmonised standards under Union harmonisation legislation)

(Text with EEA relevance)

(2017/C 118/02)

ESO (^{1})	Reference and title of the standard (and reference document)	First publication OJ	Reference of superseded standard	Date of cessation of presumption of conformity of superseded standard Note 1
(1)	(2)	(3)	(4)	(5)
CEN	EN 13630-1:2003 Explosives for civil uses — Detonating cords and safety fuses — Part 1: Requirements	This is the first publication		
CEN	EN 13630-2:2002 Explosives for civil uses — Detonating cords and safety fuses — Part 2: Determination of thermal stability of detonating cords and safety fuses	This is the first publication		

图 3-2 欧盟官方公报上公布的民用爆炸物协调标准②

3. 电气和电子工程领域

在电气和电子工程领域,(1)2014 年《关于协调有关电磁兼容性成员国法律的 2004/30/EU 号指令》③(以下简称"《电磁兼容性指令》")与《在实施电磁兼容

---

① Commission communication in the framework of the implementation of Directive 2013/29/EU of the European Parliament and of the Council on the harmonization of the laws of the Member States relating to the making available on the market of pyrotechnic articles (Publication of titles and references of harmonized standards under Union harmonization legislation)(2017/C 149/01).

② 《民用爆炸物协调标准》,网址:https://eur-lex.europa.eu/legal-content/EN/TXT/PDF/? uri=CELEX:52017XC0412(05)&from=EN,访问时间:2023 年 2 月 21 日。

③ Directive 2014/30/EU of the European Parliament and of the Council of 26 February 2014 on the harmonization of the laws of the Member States relating to electromagnetic compatibility (recast),OJ L 96,29.3.2014.

性指令框架内的通讯》①在 OJEU 上公布的协调标准发生融合；(2)2014 年《关于协调有关用于潜在爆炸性环境的设备和保护系统成员国法律的 2014/34/EU 号指令》②与《在实施关于协调成员国有关用于潜在爆炸性环境的设备和保护系统法律的 94/9/EC 号指令框架内的通讯》③(2016/C 126/01)在 OJEU 上公布的协调标准发生融合；(3)2014 年《关于协调有关在市场上销售设计用于特定电压限制的电气设备成员国法律的 2014/35/EU 号指令》(以下简称"《电气设备指令》")与《在实施电气设备指令框架内的通讯》在 OJEU 上公布的协调标准发生融合；(4)2014 年《关于协调有关无线电设备在市场中销售成员国法律的 2014/53/EU 号指令》(以下简称"《无线电设备指令》")与《在实施无线电设备指令框架内的通讯》在 OJEU 上公布的协调标准发生融合；(5)2011 年《关于限制在电气和电子设备中使用某些有害物质的 2011/65/EU 号指令》(以下简称"《限制电气设备中有害物质指令》")与《在实施限制电气设备中有害物质指令框架内的通讯》(OJ C 363 of 23/11/2012)在 OJEU 上公布的协调标准发生融合。

4. 其他适用新方法指令的领域

除了上述领域之外，在消费者与劳工保护领域、医疗工程领域、测量技术领域、机械工程和运输工具领域、服务领域和可持续发展(如《关于包装和包装废物的 94/62/EC 号指令》)等领域中均存在新方法指令与协调标准融合的现象。例如，在消费者与劳工保护领域，发布协调标准所支持的新方法指令就有 2001 年《关于一般产品安全的 2001/95/EC 号指令》(以下简称"《产品安全指令》")和 2009 年《玩具安全指令》。与这些指令对应的协调标准则分别载于《在实施产品安全指令框架内的通讯》和《在实施玩具安全指令框架内的通讯》并被发布在 OJEU 上。

---

① Commission communication in the framework of the implementation of Directive 2014/30/EU of the European Parliament and of the Council of 26 February 2014 on the harmonization of the laws of the Member States relating to electromagnetic compatibility (recast) - OJ C 246 of 13/07/2018.

② Directive 2014/34/EU of the European Parliament and of the Council of 26 February 2014 on the harmonization of the laws of the Member States relating to equipment and protective systems intended for use in potentially explosive atmospheres (recast), OJ L 96, 29.3.2014.

③ Commission communication in the framework of the implementation of Directive 2014/34/EU of the European Parliament and of the Council of 26 February 2014 on the harmonization of the laws of the Member States relating to equipment and protective systems intended for use in potentially explosive atmospheres (recast)-OJ C 371 of 12/10/2018.

此外，在机械工程和运输工具领域，还存在由协调标准所支持的新方法指令被欧盟其他形式的法律所废除并替代的情况。例如，于2016年发布的《关于索道设施并废除2000/9/EC号指令的第2016/424号条例》[1]（以下简称"《索道设施条例》"）废除了2000年发布的《关于用于载客的索道设施2000/9/EC号指令》，同时，欧委会在欧盟官方公报上发布了新的通讯——《在实施索道设施条例并废除2000/9/EC号指令框架内的通讯》[2]，用于补充更新支持《索道设施条例》的协调标准，如图3-3所示。

This is the first list of references of harmonised standards published in the *Official Journal of the European Union* under Regulation (EU) 2016/424 (¹).

ESO (¹)	Reference and title of the standard (and reference document)	Date of start of presumption of conformity Note 0	Reference of superseded standard	Date of cessation of presumption of conformity of superseded standard Note 1
(1)	(2)	(3)	(4)	(5)
CEN	EN 1709:2004 Safety requirements for cableway installations designed to carry persons - Precommissioning inspection, maintenance, operational inspection and checks	21.4.2018		
CEN	EN 1908:2015 Safety requirements of cableway installations designed to carry persons - Tensioning devices	21.4.2018		
CEN	EN 1909:2017 Safety requirements for cableway installations designed to carry persons - Recovery and evacuation	21.4.2018		
CEN	EN 12385-8:2002 Steel wire ropes - Safety - Part 8: Stranded hauling and carrying-hauling ropes for cableway installations designed to carry persons	21.4.2018		

图3-3 支持《索道设施条例》的协调标准摘录[3]

---

[1] Regulation (EU) 2016/424 of the European Parliament and of the Council of 9 March 2016 on cableway installations and repealing Directive 2000/9/EC, OJ L 81, 31.3.2016.

[2] Commission Communication in the framework of the implementation of Regulation (EU) 2016/424 of the European Parliament and of the Council of 9 March 2016 on cableway installations and repealing Directive 2000/9/EC-OJ C 114 of 28 March 2018.

[3] 《实施化妆品条例框架内的通讯》，网址：https://eur-lex.europa.eu/legal-content/EN/TXT/PDF/? uri=uriserv:OJ.C_.2018.114.01.0007.01.ENG，访问时间：2023年2月22日。

5. 适用其他欧盟法律与协调标准融合的领域

上述领域的梳理主要集中于新方法指令与协调标准的融合。其实由上文可知,在其他形式的欧盟法律中,同样存在协调标准为法律提供技术支持的现象,即协调标准与欧盟其他法律(形式)发生了融合,比如欧盟条例或欧盟决定。例如,2009 年《关于化妆品的 1223/2009 号条例》①(以下简称"《化妆品条例》")第 12 条在"取样和分析"中规定,首先,化妆品的取样和分析应以可靠和可重复的方式进行;其次,在没有任何可适用的共同体法律的情况下,如果取样和分析的方法符合相关"协调标准",且该标准的参照号已公布在欧盟官方公报上,则应"推定"所使用方法的可靠性和可重复性。随后,欧委会于 2011 年通过《实施化妆品条例框架内的通讯》②在欧盟官方公报上发布了新的协调标准,如图 3-4 所示。该欧委会通讯指出,其一,图 3-4 所示的协调标准是首次发布在欧盟官方公报上;其二,在规定的时间,被取代的旧标准不再为相应指令的基本要求提供"符合性推定(支持)"。

Commission communication in the framework of the implementation of Regulation (EC) No 1223/2009 of the European Parliament and of the Council on cosmetic products

(Text with EEA relevance)

(Publication of titles and references of harmonised standards)

(2011/C 123/04)

ESO (¹)	Reference and title of the harmonised standard (and reference document)	First publication OJ	Reference of superseded standard	Date of cessation of presumption of conformity of superseded standard Note 1
CEN	EN ISO 22716:2007 Cosmetics — Good Manufacturing Practices (GMP) — Guidelines on Good Manufacturing Practices (ISO 22716:2007)	This is the first publication	—	

图 3-4 支持《化妆品条例》的新协调标准摘录

再如,《关于产品销售的共同框架的 768/2008/EC 号决定》(以下简称"《产品销售共同框架的决定》")第 R18 条规定了协调标准与本决定第 R17 条中有关公告机构基本要求间的符合性推定关系:"如果合格评定机构证明其符合欧盟官方公报中相关协调标准或其部分,则应推定该合格评定机构符合第 R17 条就

---

① Regulation (EC) No 1223/2009 of the European Parliament and of the Council of 30 November 2009 on cosmetic products, OJ L 342, 22.12.2009.

② "Commission communication in the framework of the implementation of Regulation (EC) No 1223/2009 of the European Parliament and of the Council of 30 November 2009 on cosmetic products"(OJ C 123, 21/04/2011),网址:https://eur-lex.europa.eu/LexUriServ/LexUriServ.do?uri=OJ:C:2011:123:0003:0004:EN:PDF,访问时间:2023 年 2 月 22 日。

适用的协调标准所覆盖的要求"。

由上文可知,在欧盟层面,存在多种形式的欧盟法律与协调标准融合的情形。通过1985年《新方法决议》可知,欧洲技术协调的"新方法"首先采用的是欧盟指令(即新方法指令)与协调标准相融合的方式来对各成员国的技术差异进行协调。后来,欧盟根据技术协调的进展情况和欧盟法律各自的特征,逐渐在欧洲技术协调新方法领域引入其他类型的欧盟法律,如上文例举的欧盟条例(Regulation)和欧盟决定(Decision)。例如,在人身保护设备领域,欧盟发布了《2016/425号条例》以废除并取代之前的指令(法律形式的转变),其出发点在于,一来由于人身保护设备领域对公众和消费者健康安全具有重要影响,欧盟希望在保护范围、基本健康和安全要求以及合格评定程序的要求上,对所有成员国进行完全协调;二来,为了保证对该领域在法律要求上进行完全的技术协调,不会存在各成员国执行欧盟法律的差异性、不会给成员国转化欧盟法律运用不同方式留下空间,欧盟转而采用条例的形式,为每个成员国规定了明确具体的协调立法要求。

再如,上文提及的《产品销售共同框架的决定》为同一领域基于新方法原则的立法提供了共同原则和参考条款。该决定第1条指出,其一,投入欧洲市场的产品应遵守"所有须适用的法律"(此处为产品的法律要求);其二,在将产品投入欧洲市场时,生产经营者应就其各自在供应链中的位置确保其产品符合所有须适用的法律(此处为生产经营者有关产品的法律义务);其三,生产经营者应确保其提供的有关产品的所有信息是准确、完整并符合所有须适用的欧盟法律规则(此处为生产经营者在提供产品信息上的法律义务)。例如,《玩具安全指令》中便提出本指令与《产品销售共同框架的决定》保持一致的重要性和相应要求。其中,《玩具安全指令》指出,为了确保与其他部门产品立法的"一致性",将本指令的某些条款与《产品销售共同框架的决定》保持一致是适当的,因为部门的特殊性并不需要不同的解决方案;因此,某些定义、经济运营者(或称"生产经营者")的一般性义务、符合性推定、对协调标准提出正式反对意见、CE标志规则、对合格评定机构和公告程序的要求,以及有关处理存在风险产品的程序规定应与《产品销售共同框架的决定》保持一致。

综上所述,首先,新方法指令在由新方法指令领域扩展到欧盟条例和决定领域(其他法律形式)的过程中,既有欧洲技术协调进展中解决各成员国执行欧盟法律存在差异性的考量,也有不同种类的欧盟立法之间保持一致性的要求。

其次,无论欧洲技术协调的手段采用协调标准与哪种欧盟法律融合的方式,"质量"是各类欧盟法律中各项基本要求的重要组成部分,投放欧洲市场的产品或服务的质量不能低于这些要求的"水平",而符合协调标准的产品或服务就表明其质量满足相应的立法要求,否则根据欧盟法律,不符合要求的低质量产品或服务禁止进入欧洲市场。

最后,除了质量因素之外,"欧洲技术协调效果"同样是欧盟法律与协调标准融合的重要考虑因素之一,通过上文的分析可知,其一,从成员国的角度出发,由于对欧盟指令的实施是由各成员国当局选择实施的形式和方法,因而给成员国转化新方法指令运用不同方式留下空间,这样会不可避免地导致各成员国执行新方法指令和欧洲技术协调成果的差异性,对此,欧盟超出《新方法决议》给出的欧盟指令的范畴,通过引入欧盟条例来解决成员国转化实施欧盟法差异性进而导致欧洲技术协调成果差异性的问题;其二,从欧盟法律体系的角度出发,由于存在欧洲技术协调采用不同类型的欧盟法律与协调标准相融合的方式,因而必须新方法指令领域内不同类型的欧盟法律之间,以及各项欧盟立法之间在规范同一领域和对象上的一致性。由此,出现了根据同一产品"不同类型的风险"会出现几个指令甚至几个不同类型的欧盟立法同时适用同一产品的现象。

此处对协调标准的范围及其所支持的新方法指令的类型进行归类总结,如表 3-1 所示,由此可以归纳出新方法指令的适用领域和范围。

表 3-1 协调标准及其所支持的新方法指令类型总结[①]

协调标准和新方法指令的领域	新方法指令的名称	序号
网站的可访问性领域	公共部门机构网站和移动应用程序可访问性的 2016/2102 号指令	1
化学制品领域	协调有关烟火制品市场销售成员国法律的 2013/29/EU 号指令	2
化学制品领域	协调有关民用爆炸物市场销售和监督成员国法律的 2014/28/EU 号指令	3
消费者与劳工保护领域	一般产品安全的 2001/95/EC 号指令	4
消费者与劳工保护领域	玩具安全指令	5
能源效率领域	建立制定能源相关产品生态设计要求框架的 2009/125/EC 号指令	6

---

① 《Harmonised Standards》,网址:http://ec.europa.eu/growth/single-market/european-standards/harmonised-standards_en,访问时间:2023 年 2 月 23 日。

续表

协调标准和新方法指令的领域	新方法指令的名称	序号
电气和电子工程领域	协调有关电磁兼容性成员国法律的 2004/108/EC 号指令	7
	协调有关用于潜在爆炸性环境的设备和保护系统成员国法律的 2014/34/EU 号指令	8
	协调有关设计用于特定电压限制的电气设备市场销售成员国法律的 2014/35/EU 号指令	9
	协调有关无线电设备市场销售成员国法律的 2014/53/EU 号指令	10
	限制在电气和电子设备中使用某些有害物质的 2011/65/EU 号指令	11
医疗工程领域	协调有关有源植入式医疗器械成员国法律的 90/385/EEC 号指令	12
	体外诊断医疗器械的 98/79/EC 号指令	13
	医疗器械的 93/42/EEC 号指令	14
测量技术领域	协调有关测量仪器市场销售成员国法律的 2014/32/EU 号指令	15
	协调有关非自动衡器市场销售成员国法律的 2014/31/EU 号指令	16
机械工程和运输工具领域	协调有关用于潜在爆炸性环境的设备和保护系统成员国法律的 2014/34/EU 号指令	17
	建立欧共体行动框架以实现农药可持续利用的 2009/128/EC 号指令	18
	协调有关电梯和电梯安全部件成员国法律的 2014/33/EU 号指令	19
	机械和修订 95/16/EC 号指令的 2006/42/EC 号指令	20
	协调有关压力设备市场销售成员国法律的 2014/68/EU 号指令	21
	欧共体内铁路系统互操作性的 2008/57/EC 号指令	22
	游艇和个人船只的 2013/53/EU 号指令	23
	协调有关简单压力容器市场销售成员国法律的 2014/29/EU 号指令	24

续表

协调标准和新方法指令的领域	新方法指令的名称	序号
服务领域	发展欧共体邮政服务内部市场和提高服务质量共同规则的 97/67/EC 号指令	25
可持续发展领域	包装和包装废物的 94/62/EC 号指令	26

(二)根据欧盟标准化法的适用范围探究

根据《1025/2012 号条例》的内容,标准化的主要目的在于"定义当前或未来的产品、生产过程或服务可能遵守的自愿性技术规范或质量规范。标准化可以覆盖各种问题,例如,在有必要与其他产品或系统保持兼容性和互操作性的产品或服务市场领域,针对特定产品或技术规范的不同等级或尺寸的标准化。"结合该条例第 2 条有关"产品的特性"和"服务的特性"的定义如下:

  产品的特性,包括质量水平、性能、兼容性、环保、健康、安全或尺寸,以及适用于产品的其他要求,包括销售产品的名称、术语、符号、检验和检验方法、包装、标志或标签,还有合格评定程序。
  服务的特性,包括质量水平、性能、兼容性、环保、健康或安全,以及适用于服务供应商的要求,包括 2006/123/EC 号指令第 22 条第 1 款至第 3 款规定的向客户提供信息的要求。

综上所述,上文根据协调标准制定领域总结出的新方法指令的适用范围毕竟有限,而根据《1025/2012 号条例》的规定,欧盟立法机构基于对欧洲技术协调的考量,可以请求欧洲标准化组织在产品和服务方面均可制定协调标准。因此,结合欧盟标准化法的规定和协调标准对新方法指令提供技术支持的功能可以推断,新方法指令的适用范围更广,只要是基于产品和服务对欧洲技术协调的需要,均可以对制定新方法指令提出相应的立法要求。

三、"新方法指令模式"的整体效果评价

对新方法指令模式的效果评价,本书主要从以下几方面出发:一是,与欧洲技术协调旧方法相比,"新方法指令模式"作为欧洲技术协调的新方法,其协调效率和效果如何;二是,与其他类型的欧盟法律相比,新方法指令作为融合模式的其中"一方",它的融合效果具有何种独特性;三是,以上述新方法指令的文本

分析和适用领域探究为基础，从新方法指令的立法目的出发，探讨新方法指令模式在协调各成员国间技术差异、促进欧洲市场的自由流通、保护公众和消费者等公共利益、为欧盟立法政策提供技术支持等方面的效果如何。

(一)欧洲技术协调更高效

此处关于"新方法指令模式"效果的探讨，主要是通过与欧洲技术协调旧方法(以下简称"旧方法")相比得出的结论。上文已分析了旧方法不仅导致欧洲层面技术协调进度缓慢，技术协调成果的数量也远未达到预期，此外，旧方法的"完全协调"还会使产品丧失灵活性、制造商丧失技术创新的积极性。旧方法在技术协调效率上的低下主要归因于三点：一是技术标准的特殊性，二是协调方法的特殊性，三是欧洲技术协调体制的特殊性。首先，上述第一点与第二点可以结合分析。关于第一点，标准的特殊性在于：其一，它以科学技术为基础；其二，为了在一定范围内获得最佳秩序，标准的制定过程体现了"协商一致性"的特征。由此导致标准在内容上具有快速更新、在制定过程中需要"全局协调"的特征。

而第二点"协调方法的特殊性"在于，欧洲技术协调的旧方法采用"技术立法"的方式，即在欧盟立法中写入技术标准的内容以同时协调各成员国的技术法规和技术标准。根据上文分析，旧方法的优势在于，对法律和标准的适用者而言具有实施上的便利性；对消费者和大众而言，能够切实保障消费者权益和公共利益。然而，在此处关于欧洲技术协调在效果和成果上的探讨上，旧方法就明显处于劣势地位。结合技术协调的特殊性来看，由于在内容上具有快速更新、在制定过程中需"全局协调"的特性，在通过"技术立法"将标准写入欧盟法律时，标准需快速更新的内容与法律的"稳定性"之间、标准制定过程的"协商一致性"与立法的"民主代表性"之间便不可避免地产生一定的冲突，而协调这种冲突就需要花费大量的时间和精力，由此便出现了欧洲技术协调旧方法在协调效率上的"低下"、在协调成果上的"远不如预期"的局面。

相比之下，欧洲技术协调的新方法运用"新方法指令模式"的手段，可以有效避免旧方法中标准与法律在融合上的"冲突"，即采用新方法指令与协调标准"分离式"的融合模式。一方面，新方法指令与协调标准在形式上分离，二者的制定主体根据各自的专业性(欧盟立法机构与欧洲三大标准化组织)同样是分离的。这种"分离式"的融合有助于保证协调标准在内容上可跟随技术发展不断地更新调节，与此同时，新方法指令(立法)的稳定性和权威性也不会随标准的更新遭到破坏。另一方面，二者在内容上却是"融合"的，即协调标准通过"符合性推定机制"为新方法指令提供技术支持以及"符合性推定"式的满足(新方法指令)模式——符合协调标准的技术规范即被推定为满足新方法指令相应的基本要求。由此可知,新方法指令模式在技术协调上高效的原因在于,通过转变欧洲标准与欧盟法律融合的方式,即由标准被写入法律的"合并式"融合模式转变为上述"分离式"融合模式,从而"协调"了欧洲标准与欧盟法律在内容和制定过程上的"冲突",进而提高了欧洲技术协调的效率,快速增加了欧洲技术协调的成果。

关于旧方法协调效率低下的第三点原因,是欧洲技术协调体制的特殊性。上文图 2-2 和图 2-3 向我们展示了新方法指令体制下欧盟与成员国的关系图、标准与法律的关系图,从这些图示可知,当旧方法下的"合并式"融合模式遭遇欧洲"两层式"的融合体制时,其所面临的冲突会更加凸显和复杂,因为,此时除了要调和欧盟层面法律与标准的"冲突"之外,还要调和欧盟与各成员国之间在法律转化和标准协调上的"两层关系"。由此会发现,欧洲"分离式"融合模式即"新方法指令模式"通过新方法指令与协调标准之间在形式上分离、在实质内容上融合的方式是多么清晰明确,由此导致欧盟法律体系发展与欧洲标准化体系建设也各自独立又相互支持。

此处通过比较欧洲技术协调旧方法与新方法在标准与法律融合方式上的不同,得出现实中"新方法指令模式"的技术协调更高效的结论。此处分析的路径是通过研究旧方法的劣势及其形成原因、继而分析新方法对旧方法的克服之处,最终得出新方法协调效率更高的研究结论。此处分析的内容主要基于标准与法律在内容上和制定程序上的区别,进而观察到二者在融合中出现内容上和制定过程中的"冲突",而旧方法中二者的"融合方式"不仅没有避免这种冲突,反而加剧了"冲突",导致协调效率的低下。对此,新方法"反其道而行"的融合模式通过形式上分离、实质上以"符合性推定"实现融合的方式既避开了标准与法律的上述冲突,又有效发挥了二者各自的专业性,进而形成优势上的互补。最终,新方法指令高效地协调了各成员国的技术法规和立法要求,与之融合的协调标准则高效地协调了各成员国的技术标准,并为新方法指令的落地实施提供了技术路径上的支持。

(二)灵活性的标准化治理模式

1. 标准化治理灵活性的原因

"新方法指令模式"的灵活性主要来源于:一是指令与协调标准间的"融合方式"即"分离式"融合,二是"新方法指令"本身的特殊性。首先,"分离式"融合的优势不仅来源于法律与标准形式上的分离,更源自这种融合模式下法律与标准均保持了各自的属性和专业性:新方法指令的立法要求保有了强制性、稳定性和权威性的重要特征,这有利于"完全协调"各成员国技术法规中的立法要求、为保护公众和消费者等公共利益提供法律保障、为欧洲内部市场的自由流通提供法律支持,并为生产经营者的市场行为提供可预见的规范;与此同时,协调标准的技术规范保有了自愿性的本质属性,这既有利于在不对法律"伤筋动骨"修订的情况下及时更新技术标准的内容,又有利于生产经营者根据自身技术发展情况自主选择满足立法要求的技术路径。

其次,"新方法指令"自身的特殊性可以被拆分为"新方法"的特殊性与"指令"的特殊性:其一是"指令"的特殊性,由于欧盟指令虽对其针对的每个成员国都有约束力,但对指令实施的形式和方法是由成员国当局根据自身情况选择的,因而,采用指令对各成员国进行技术协调既有利于贯彻欧盟强制性的立法要求,又有利于各成员国根据自身的技术法规体系选择适当的转化国内法的方式;其二是"新方法"的特殊性,它一方面基于各成员国在保护本国公民和消费者健康安全上的等效原则,对健康保护和安全等方面的立法要求进行"完全协调",另一方面,通过自愿性协调标准对满足立法要求的方式进行"最低协调"。

2. 标准化治理灵活性的优势

从主体的角度分析,"新方法指令模式"的灵活性,对欧盟而言,便于其通过强制性的新方法指令对确定投放欧洲市场的产品和服务所须满足的基本安全要求进行立法协调;对成员国而言,便于各国根据欧盟指令的内容选择最适合自己的转化国内法的形式和方法;对生产经营者而言,便于其根据自身情况自愿选择最适当的满足欧盟立法要求的技术路径;对欧洲标准化组织而言,便于其根据指令内容和委托书要求为满足新方法指令中的基本要求制定协调标准,从而为欧盟法律要求提供具体的实施路径和质量保证。

从技术协调的效果分析,"新方法指令模式"的另一种称谓也可以被解释为法律"间接引用"标准的融合方式,因此,相比于"直接引用"模式中的"注明日期"引用,需要立法跟随标准的更新及时修订,重经复杂耗时的立法程序不说,还会破坏法律的稳定性和权威性;相比于"直接引用"模式中"未注明日期"引用给立法带来选择技术解决方案的不确定性,欧洲"间接引用"的融合模式一方面保证了立法和标准各自在维持稳定性和技术进步性上的"独立",另一方面,在协调各成员国技术差异性的同时,对各国技术法规体系(转化指令形式和方法上的自由)和企业为满足立法要求而进行技术路径的选择(协调标准的自愿性)给予了足够的尊重。

从规制者与被规制者的角度分析,首先,对于"规制"的理解,根据科林·斯科特教授的观点,规制的核心含义在于:"指导或调整行为活动,以实现既定的公共政策目标";根据马英娟教授的观点,"规制以解决市场失灵、维持市场经济秩序为目的,基于规则对市场主体的经济活动,以及伴随其经济活动产生的社会问题,进行干预和控制"。因而,本书在欧洲技术协调的背景下将规制的目的总结为,维持市场经济秩序和实现既定的公共政策目标。其次,对于"新方法指令模式"中"规制"的理解,规制者(公共机构)通过结合强制抽象的法律要求与自愿具体的技术标准,为欧洲市场主体规定了"灵活"的约束规则,其中,立法要求设定了最低的市场准入门槛,协调标准则为市场主体提供了自愿遵循法律的路径。这种规制治理模式的优势在于,一来抽象性的立法要求节约了规制者的立法成本;二来具体的技术标准有效地规范了市场行为,提供了确切的指导;三来自愿的协调标准为市场主体在满足法律要求的路径上提供了选择的自由,这样有利于在欧洲市场中形成良好的守法氛围、灵活的守法途径,并在符合成本有效性的基础上实现欧盟的立法政策。①

(三)标准为法律促进市场流通和保护公益提供技术支持

根据《1025/2012号条例》的总结,欧洲标准通过促进商品和服务的自由流通、网络的互联互通以及技术开发和创新,来提升欧洲企业的竞争力,特别是增强欧洲产业在全球的竞争力。这是由标准带来的积极经济效应,如通过标准可以促进欧洲内部市场经济的相互渗透、鼓励开发新产品或市场、改善供应条件,由此来增加竞争力和降低销售成本,从而使得整个经济体和消费者从中受益,具体包括确保信息的获得、互操作性和兼容性,提高产品质量和消费者安全性。② 那么,协调标准在现实中如何具体地实现欧洲市场内部的自由流通、公众和消费者安全性的提升,就是下文将要研究和解决的问题。

1. 标准成为落实法律要求的有效手段

于连超学者认为,标准支持法律实施并不是委托立法,也不意味着立法权的转移或下放,而是法律实施的一种技术手段。③ 柳经纬教授进一步指出,通过援引标准延伸了法律对具有技术性行为的规范作用。因此,立法引用标准的优势主要有二:一是立法者不必自己寻找技术难题的解决方案,可以依靠标准制定者的技术专长既解决技术问题又节省立法成本和公共资金;二是由于标准的制定以协商一致为基础,因而,引用被广泛接受的标准可以提高法律的适用性和认可度,便于法律得到广泛而高效的实施。

---

① [英]科林·斯科特:《规制、治理与法律:前沿问题研究》,安永康译,清华大学出版社2018年版,第13页。

② 《1025/2012号条例》引言第(3)点。

③ 于连超:《标准支撑法律实施:比较分析与政策建议》,载《求是学刊》2017年第4期。

欧盟新方法指令的出台主要在于为市场流通和公共利益保护提供法律保障。协调标准作为支持新方法指令的技术手段，其一，为指令要求的落地实施提供了技术解决路径；其二，为新方法指令的遵守和实施提供广泛接受的基础（协调标准的"协商一致性"）。为了保证和提高欧洲标准作为欧盟立法政策支持工具的有效性，《1025/2012号条例》一方面要求欧洲标准化建设要确定为所有参与者之间形成共识提供灵活透明的平台，另一方面要求欧委会与欧洲标准化组织之间建立良好的合作关系，同时为欧洲市场的生产经营者和消费者提供必要的信息，及时满足技术发展和市场需求。

2. 融合机制助力融合模式发挥效力

我们了解到，欧洲技术标准化和《新方法决议》的出台均发生在建立和深化欧洲单一市场的背景下。因而，新方法指令的颁布均以促进其所规范领域的产品或服务在欧洲市场的自由流通为主要目的。由上文可知，"新方法指令模式"中的"一方"是新方法指令，其"新方法"的内涵集中在指令的立法协调仅对产品（或服务）投入欧洲市场提出基本要求上的规范，而确切的技术标准则由欧委会委托给欧洲标准化组织制定融合模式中的"另一方"即协调标准，在欧委会评估确认后将协调标准的参照号公布在欧盟官方公报上时，在协调标准与相应新方法指令基本要求之间的"符合性推定"联系便产生了。[①]

对生产经营者而言，选择适用协调标准是其满足立法要求最便捷和主要的方式。根据上文指令的内容可知，为了证明产品符合新方法指令的要求，生产经营者须在其产品上加贴CE标志。在这个基础上，对不具风险性的产品，生产经营者只需在产品上加贴CE标志即可投入市场，而不需在这之前由第三方对产品实施相应的认证/控制；对于高风险类别的产品，生产经营者则不能独自加贴CE标志，而须由"通告机构"对产品实施合格评定程序来验证其是否符合协调标准。这里的"公告机构"就是指认证机构，使用"公告"一词是因为对各国实施认证的机构而言，应由其所在成员国告知欧委会它的存在，才能被认为有资格执行指令要求的合格评定程序。上文曾分析了CE标志与合格评定程序作为联系新融合模式中"形式上"与"实质上"符合性推定关系的机制，其实二者就是促进欧洲新融合模式发挥效力的"融合机制"。

对于新方法指令机制的重要性，《新方法决议》一开始就提出，"新方法必须附有合格评定政策，呼吁欧委会优先处理此事并加快所有这方面的工作"，这说

[①] Paul Verbruggen & Barend van Leeuwen, The Liability of Notified Bodies under the EU's New Approach: The Implications of the PIP Breast Implants Case (C-219/15), Tiburg University, 2017(3).

明；一来，CE标志与合格评定是"新方法指令模式"不可或缺的重要机制，作为联系"形式上"与"实质上"符合性推定关系的环节，CE标志与合格评定是落实"新方法指令模式"现实作用的可靠保证；二来，除了使"新方法指令模式"正常运作之外，CE标志与合格评定通过证明产品符合协调标准进而证明其满足新方法指令的基本要求，便于实现新方法指令的立法目的，即促进欧洲市场自由流通并确保产品的安全性以免损害公众或消费者的健康安全。

第二节　新方法指令模式中体制和机制的效果评价

欧盟作为一个超国家的存在，其有关标准与法律融合的内在运作和具体作用与其他国家会有所不同。例如：欧盟所关注的标准与法律融合的效果，不仅在于标准支持法律层面上对法律要求的落实和技术标准的实施，更在于欧洲技术协调效果，及二者融合对欧洲市场自由流通的促进作用等。因此，欧盟法律与欧洲标准融合（尤指"新方法指令融合"）的特殊性不仅体现在融合模式上，还体现在新方法指令的体制上、新方法指令的机制上以及新方法指令的效果上。下文将对新方法指令的体制和机制进行效果上的评价，以供读者进一步了解新方法指令的独特性及其对欧盟在协调治理上的重要贡献和价值。

一、"新方法指令模式"体制的效果评价

我们注意区分此处对新方法指令体制的效果评价与下文有关新方法指令机制的区别："新方法指令体制"的侧重点如上文所述主要在于，新方法指令中欧盟与成员国的关系、立法机构与标准化组织间的关系以及法律与标准的关系。其中，后两类关系不仅存在于欧盟、成员国各自所在的"横向"层面，还存在于欧盟与成员国之间的"纵向"层面，如图2-4和图2-5所示；相较于新方法指令体制所关注的三类关系，"新方法指令机制"表现为助力新方法指令发挥应有或更大效力的各项制度安排，这些制度的设计和运行既与新方法指令紧密相连，又独立于新方法指令本身成为欧洲治理体系在制度上的重要组成部分。例如，欧盟的CE标志、合格评定程序、（针对协调标准的）正式反对意见等制度或机制上的安排。

因而，关于新方法指令体制与融合机制区别的探讨，可以使我们了解到二者所关注的角度存在根本不同，这也导致二者所发挥的作用各有侧重。首先，新方法指令体制在本书研究环境下可以被概括为欧洲技术协调范围内有关纵

向与横向的关系,在这两类关系的内部还可以细致地分为超国家主体与国家之间、不同机构之间,以及不同规范性文件之间的关系。其次,新方法指令机制在本书研究环境下可以被理解为助力新方法指令模式发挥效用的一系列制度安排。最后,在区分新方法指令体制与融合机制的基础上,本书还要分丝析缕二者之间的联系,在"新方法指令特殊性"的章节中,本书已阐述了新方法指令在背景和体制上的特殊性和基本情况,因而,在新方法指令的背景下,哪些融合机制是由融合体制所决定的,新方法指令体制与机制相结合的效果如何,欧洲哪些融合机制可被移植到其他不同融合(法律与标准关系)体制的国家或地区都将是本书在此处要考虑和探究的问题。

因而,下文先是从新方法指令体制的演变历程出发,分析欧盟新旧融合体制在效果上的差异,以便读者对新方法指令模式与融合体制的关系有一个清晰的认知框架;其次,从新方法指令体制中的横向关系与纵向关系出发,针对不同维度分析新融合体制的独特性及其优势所在,为研究欧洲新融合体制与新方法指令机制之间的紧密联系(尤指二者之间的协调性)奠定基础;最后,研究的视角从新方法指令体制的内部转向外部,探讨该体制在全球背景下的特殊性及其对其他国家或地区在法律与标准融合体制建设上的借鉴价值,从而为探讨新方法指令体制下多种融合机制移植到其他国家/地区的可能性奠定基础。

首先,关于欧洲新旧融合体制在内涵和效果上的差异。新方法指令体制随着欧盟技术标准化方式的逐步完善发生过演变,因而,对欧洲新旧融合体制的理解须与欧洲新旧融合模式相结合。有关欧洲新旧融合体制的差异最直观的展示便是图3-5的"整体与部分"的关系。如图3-5所示,该图整体所展示的是欧洲新融合模式时期的新方法指令体制,而在欧盟技术标准化"旧方法"阶段,即欧洲旧融合模式时期的融合体制便如图3-5左半部分所示。图3-5中的虚线分成左右两半部分,结合欧洲新旧融合体制来考虑,图3-5的左半部分与右半部分是可以呈现分离状态的,如果只有图3-5的左半部分,便表示此时图示所表示的是欧洲旧融合体制,即融合体制中的法律协调体系与标准协调体系处于分离状态,而此时的欧洲旧融合模式中,欧盟立法机构的技术协调也是与欧洲标准化组织的标准化活动存在割裂状态的;如果图3-5的左右两半部分同时存在,没有被割裂的话,则表示此时图示所展示的是欧洲新融合体制,即在欧洲技术标准化"新方法"阶段,新方法指令体制中的法律协调体系不仅与标准协调体系有机融合,而且两个协调体系之间还形成了可顺可逆的循环体系,如图3-5所示,法律既为标准制定的质量设置门槛(对标准质量把关),标准也为法律的落地实施提供技术支持。

在上文和图例解释的基础上,我们可以概括出新方法指令体制与融合模式

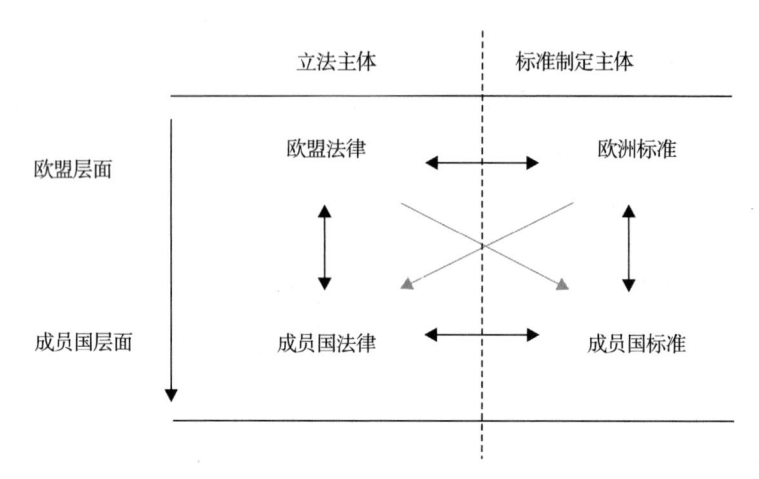

图 3-5 欧洲新旧融合体制图示

之间的关系,即二者是彼此的"镜子",二者互为反映对方的关系。具体而言,欧洲技术协调方法、欧洲技术协调结构、新方法指令模式与新方法指令体制之间是一脉相承的:采用旧的技术协调方法,就是利用欧洲旧融合模式作为技术协调的手段,由欧盟法律机构以"技术立法"的方式对各成员国的技术差异进行协调,而欧洲"合并式"的融合模式意味着标准被写入法律以达到"同步协调"的效果,但这种"单一式"的协调结构伴随着"由上至下"的协调模式反而既拖慢协调效率又不利于欧洲层面的技术协调及时掌握市场需求和技术发展情况;相反,如果采用新的技术协调方法,则是利用欧洲新融合模式作为技术协调手段,这时欧洲"分离式"的融合模式意味着由欧洲标准化组织制定的协调标准为欧盟法律机构制定的新方法指令提供技术支持的方式对各成员国技术差异进行协调,这种"双层式"的协调结构看似多了标准化协调体系这一环节,实际上反而极大地提高了整体协调效率,由于形式上的"分离"使得法律协调基本要求的"稳定性"与标准协调技术细节的"高效性"达成一致并有机结合,同时伴随"由上至下"和"由下至上"相结合的协调模式,使得欧盟立法政策和欧洲市场需求得到"上传下达"。

总而言之,新融合体制中的"有机循环系统"意味着:"分离式"融合模式导致的欧洲技术协调的高效率,"双层式"技术协调结构体现的标准支持立法体系,"循环式"技术协调模式带来的"上传下达"的技术协调效果。这是从新方法指令体制演变(新旧融合体制比较)的角度分析新融合体制的技术协调效果。

其次,关于欧洲新融合体制两种维度(横向关系与纵向关系)的独特性和优势。此处从新方法指令体制中的"横向关系"与"纵向关系"出发,通过不同维度分析新融合体制的独特性及其优势,而且通过多重角度(横向、纵向和循环关系)可以发掘出新方法指令体制中不同协调体系所适用的融合机制及其共同对欧盟多层治理的完善。从横向关系来看,其一,在欧盟和成员国层面均形成了标准为法律提供技术支持、法律对标准化进行管理和协调的良好互动关系,这为欧盟在欧洲范围内运用法律与标准融合实施技术协调和多层治理奠定了机构合作和规范性文件协调方面的基础;其二,法律与标准融合除了在共同目标上达成了一致,对二者各自的完善也有好处,在欧洲新融合模式中,协调标准在满足新方法指令基本要求的同时也是对标准自身质量的提高和把控,新方法指令基于协调标准提供的技术支持,可以更简洁地制定和协调立法要求,此外,欧盟技术立法协调从旧方法时期"技术细节"上的协调转为新方法时期"基本要求"上的协调,有利于各成员国之间在实质性问题上高效率地达成一致。

从纵向关系来看,其一,根据两部条约和《1025/2012号条例》的规定,欧盟与成员国之间,在法律上形成由国际条约逐渐发展为成员国国内法规范的法律协调体系,在标准上形成由欧洲标准"自动转化"为成员国国家标准的标准协调体系,这为欧洲法律一体化和欧洲技术标准化的深入发展分别奠定了体系内的协调性基础,同时,结合横向关系和纵向关系来看,也为欧洲法律体系和欧洲标准化体系之间的相互协调奠定了基础;其二,《1025/2012号条例》通过立法建立了一系列促进新方法指令效果的新方法指令机制,包括欧洲标准的"自动转化"机制、不同机构(包括纵向与横向关系中)间的定期交流机制、"停顿"机制和撤销机制等,分别为促进纵向关系上标准的协调、机构的交流、消除标准上的相互矛盾提供了机制上的辅助性协调措施。

从横向与纵向相结合的循环关系来看,其一,通过有机结合法律协调体系与标准协调体系,欧洲新融合体制为欧洲公民社会通过标准化途径参与欧盟立法决策提供了机会和渠道,这样通过结合直接民主与间接民主,有助于强化欧盟立法政策的合法性,进而优化欧盟多层治理体系;其二,标准化协调体系的加入为欧盟立法政策带来了欧洲公民社会的合法性支持,从而减轻了来自成员国对欧盟的压力,进一步提升了欧盟治理的效率;其三,公民社会力量的注入,不仅利于保障欧盟立法决策的民主性与权力分配的平衡性,而且有助于欧盟一体化程度的加深及其对内凝聚力的提升,进而提高欧盟整体对外处理国际事务的能力和国际竞争力;其四,法律协调体系与标准协调体系的有机融合更有效地克服了旧融合体制在技术协调专业上的不足,标准协调体系通过欧洲标准化组织和标准制定程序为欧洲技术协调带来了宝贵及时的专家意见、重要的市场参与和技术发展的信息反馈。

最后,关于欧洲新融合体制在全球背景下的特殊性及其可借鉴的价值。图

5已经清晰地向我们展示了新方法指令体制（在全球范围内）的特殊性。抛开欧盟作为超国家机构的特殊性不谈,欧洲新融合体制在纵向关系上类似于"中央与地方之间"在法律和标准化体系上的协调关系（包括协调结构特征、协调模式和协调机制等内容）,以及该体制在横向关系上根据自身需要运用标准支持立法进行立法要求和技术规范的"双协调"均是世界上其他国家/地区值得借鉴的经验。尤其是欧洲新融合体制在协调法律的实质性问题、在融合中兼顾法律稳定性与标准与时俱进性、完善多层治理模式和一致提升对外贸易优势等方面所做的重要贡献值得他国/地区学习借鉴。

二、"新方法指令模式"机制的效果评价

在新方法指令体制不断完善的过程中,新方法指令机制也在逐步建设和优化,并与欧盟法律、欧洲标准及二者的融合模式之间形成一套紧密相连、相互协调的"新方法指令治理"体系。本书主要从微观角度出发,研究不同新方法指令机制在内涵、运作和效果上各自的独特性;同时还会从宏观角度探讨欧洲各类融合机制对新方法指令与协调标准融合所起的助力作用,进而分析相互协调的融合模式与融合机制对欧盟治理体系优化、治理能力完善的贡献。

一方面,从宏观角度理解"新方法指令模式",它不仅是欧盟在欧洲范围内进行技术协调的手段,更是一套以欧盟法治和欧洲标准化治理为根基的涉及各领域法律法规、体制机制和技术标准相互协调的"欧洲制度框架"（相对于"国家制度"而言）的体现。在这一制度框架中,"新方法指令"（鉴于本书研究范围,对欧盟法律的研究以新方法指令为主,当然还存在欧盟条例和决定等其他重要的法律形式）作为欧盟法治的载体,既有利于协调欧盟与成员国的关系、规范欧盟机构的权力运行,又发挥着保障欧洲公民根本利益的作用;同时,该制度框架以标准化作为欧洲治理体系和治理能力建设中制度上的补充和治理手段上的"延伸",充分运用标准的科学性、技术性、经验性和协商一致性等特征,确保欧洲治理方式科学合理、民主正当、与时俱进、及时满足市场和社会需求。

因而,从宏观角度看,"新方法指令模式"在制度框架上结合了法治与标准化治理的双重优势,有利于欧盟治理过程中既加强指令的实施效果,又借助标准化治理的灵活性和协调性特点;既从守法角度增强欧洲公民的规则意识,又能提升欧洲内部市场的自由流通、保障欧洲公众和消费者的根本利益。从这一角度看,新方法指令模式是一种治理手段兼顾灵活与稳定性、通过强调过程参与提升治理的正当性、促进欧洲单一市场发展的公私合作治理模式。而作为辅助"新方法指令模式"发挥效用的手段,各类融合机制较为集中地发挥着特定功

能,这些功能主要包括:助力欧洲标准为欧盟立法政策提供更有效的技术支撑、提升欧盟法律和欧洲标准融合后的实施效果、提升欧洲法治和标准化治理的正当性与科学合理性。

另一方面,从微观角度理解"新方法指令模式"中各类机制的内涵、运作方式和实施效果。其一,欧盟标准化法建立了多种有效的"融合机制",它们在协调法律和技术差异的过程中增强了标准支持法律政策落地实施的效果,兼顾了欧洲治理对稳定性和灵活性的需求,整体提升了欧洲治理的综合能力。其二,下文对欧洲多种"融合机制"的分析将主要分为三类,前两类是相对应的"公平机制"与"效率机制",第三类是"规制治理机制"。其中,有关公平与效率的探讨,二者并非是一种"此消彼长"或对立的关系,在公平公正的背后同样有效率上的权衡,是对整体社会长远发展效率上的考量,因而公平与效率在整体社会的环境下是"一体"的关系。[1] 这也是本书尝试探讨这两类融合机制的出发点,在新方法指令的公平机制背后同样存在效率上的考量,反之亦然。而关于"规制治理机制"的分析,则主要从新方法指令中治理主体的视角出发,探讨欧盟立法机构与欧洲标准化组织之间、各成员国与欧委会之间的互动模式,以揭示它们之间如何通过有效合作实现了规范性成果上标准支持立法政策落地实施、高效协调了成员国间的技术法规和技术标准。

(一)"公平"机制的效果评价

1. 广泛参与机制:保障标准的"协商一致"和"透明度"

此处的"广泛参与机制"是指欧盟立法保证欧洲标准的制定是利益相关方广泛和有效参与的成果。欧盟立法结合了成立资格、义务设定和基本原则等方法,鼓励和要求欧洲标准化组织确保利益相关方广泛而有效地参与欧洲标准化活动,从而确保欧洲标准的协商一致性,进而便于协调标准及其所支持的新方法指令和欧盟政策的高效实施及贯彻。《1025/2012号条例》第1条指出,本条例规范的主要对象之一是"确定了资助欧洲标准化和参与欧洲标准化的利益相关者的规则"。[2] 其中,对参与欧洲标准化的利益相关者进行资助的规则属于"广泛参与机制"的一种有效激励手段。

首先,对于新方法指令中"广泛参与机制"的理解,可以将其看作是确保协调标准"协商一致性"的保障机制。根据《1025/2012号条例》,一来,欧洲标准化

---

[1] 薛兆丰:《薛兆丰的经济学讲义》,中信出版社2018年版,第7~10页。

[2] Regulation (EU) No 1025/2012 of the European Parliament and of the Council of 25 October 2012 on European standardization Official Journal L 316,14/11/2012.

是基于国家代表(CEN 与 CENELEC)和直接参与(ETSI),由利益相关方为了自身利益而组织的活动;二来,欧洲标准化以世界贸易组织(WTO)在标准化领域公认的原则为基础,即连贯性、透明、公开、协商一致、自愿适用、不受特殊利益集团影响和效率原则("基本原则");三来,根据基本原则,重要的一点是所有利益相关方,包括公共部门和中小型企业(中小企业)均适当地参与国家和欧洲标准化进程,而且,国家标准化机构和欧洲标准化组织均有义务鼓励和推动所有利益相关者的代表性和有效参与标准化活动。因而,在新方法指令中建立"广泛参与机制"既有利于协调各利益相关方的需求,又有助于实现有关透明、公开和协商一致等标准化领域公认的基本原则,以顺利持续地开展标准化活动,为促进贸易发展提供便利。

对此,《1025/2012 号条例》第Ⅱ章关于"透明度和利益相关者的参与"对"广泛参与机制"的内涵及其运作进行了规定:该条例先解释了"参与欧洲标准化的利益相关者"主要包括中小企业、消费者组织、环境与社会利益相关方在内的所有利益相关者,再针对其中两类主体的参与活动规定了具体的激励性条款:一是针对"中小企业参与标准化",该条例为国家标准化机构鼓励和促进中小企业参与标准化例举了多种方式,从而提高其在标准化体系中的参与水平,比如国家立项支持、立法赋予相应权利、国家财政支持和技术支持等,并明确要求国家标准化机构向欧洲标准化组织报告其上述激励措施;二是针对"公共机构参与欧洲标准化",该条例规定成员国应适时鼓励公共机构积极参与制修订协调标准的国家标准化活动。[①]

此处主要对"广泛参与机制"与协调标准"协商一致性"的关系进行论述:其一,《1025/2012 号条例》通过建立"广泛参与机制"为各利益相关方参与标准制定和其他标准化活动提供了平台和保障,进而为协调各利益相关方的需求并达成一致意见奠定了良好的法律机制基础;其二,"广泛参与机制"的作用不仅在于协调各利益相关方的需求和利益,还为制定标准过程的正当性提供了合法性保障,即尽可能多地为各方表达意见并考量各方意见提供了有效渠道;其三,"广泛参与机制"除了协调各方利益和保障程序正当性的功能之外,还有助于确保标准化成果(此处指"协调标准")在内容上的"协商一致性"。这种协商一致性并非凭空产生的,通过《1025/2012 号条例》建立的"广泛参与机制",各标准化机构为利益相关方参与不同层面(成员国国内、欧洲和国际层面)的标准化活动提供了有效渠道,使其在参与过程中可以表达自身需求和意见,标准化机构在

---

① Regulation (EU) No 1025/2012 of the European Parliament and of the Council of 25 October 2012 on European standardization Official Journal L 316, 14/11/2012.

协调这些利益和考量采纳这些意见的过程中形成最终的标准化成果,如协调标准或其他各类技术规范性文件。因此,"广泛参与机制"通过协调利益相关方的不同利益需求、考量采纳其认为最适当的意见等方式来保障制定出的协调标准的"协商一致性",进而提高协调标准在市场中的认可度和实施效力,同时确保其所支持的欧盟立法政策得到落实和有效执行。

其次,"广泛参与机制"也是保障欧洲标准化"透明度"的有效机制。《1025/2012号条例》第Ⅱ章"透明度和利益相关者的参与"对欧洲标准化工作的透明度提出规范性要求并对利益相关者的参与进行了鼓励。其一,该条例将"透明度"方面的要求主要分为两类:一是(欧洲/国家)标准化机构年度工作计划的透明度,具体包括计划内容的构成、计划的可获得性、对其他机构通报计划,以及成员国国家标准化机构的计划不得与欧洲标准化组织的计划相矛盾等要求;二是标准的透明度,主要指欧洲标准化组织和国家标准化机构在标准制定过程中的透明度,具体包括标准草案的获得、对标准草案的意见和答复、必要的咨询程序等要求。[1] 由此可见,"广泛参与机制"与"透明度"原则之间的关系主要在于"标准的透明度",即不同层面的标准化活动均要保证标准制定过程的透明度。因而,"广泛参与机制"既是实现"透明度"的保障机制,"透明度"原则的要求也是"广泛参与机制"应达到的效果。二者结合既有利于欧洲和各成员国标准化工作的顺利开展,又能确保标准化过程的合法性、标准化成果既具科学性又有效地满足了公众需求。

通过上文分析"广泛参与机制"对标准的"协商一致性"和标准化"透明度"的重要作用,既有助于我们理解"广泛参与机制"的内涵及其运作方式,又可以帮助我们认识"广泛参与机制"在效果上的体现。此外,从本书探讨新方法指令中的"广泛参与机制"与《1025/2012号条例》中规定的"协商一致"和"透明度"原则这三者之间的关系可知,一来,在新方法指令中,融合机制的作用不仅在于促进新方法指令模式发挥应有效果,而且对于欧洲标准化原则的贯彻都是一脉相承的关系;二来,可以看出,在《1025/2012号条例》中,欧洲标准化基本原则不仅是对欧洲标准化工作的要求,而且在新方法指令背景下也是对欧盟法律落地实施的保障。由此可知,新方法指令机制与欧洲标准化原则之间是存在"手段与目的"的关系的。而在欧洲整个融合体系的构建中,新方法指令、标准化基本原则、各类融合机制与欧洲新融合模式的效果密切相连,其中既存在手段与目的的关系,又有催化剂的作用。

---

[1] Regulation (EU) No 1025/2012 of the European Parliament and of the Council of 25 October 2012 on European standardization Official Journal L 316,14/11/2012.

总之,欧洲新方法指令模式有效融合了欧盟法律体系与欧洲标准化体系,并通过建立不同的融合机制密切联系了这两类体系,其途径之一便是运用融合机制落实标准化基本原则以有效发挥欧洲标准化的效用,从而使协调标准及其所支持的新方法指令在相互协调中发挥各自的优势,进而为高效发挥新方法指令模式的实施效果贡献合力。

最后,我们再重新审视《1025/2012号条例》的框架和内容便能发现,该条例不仅是一部规范欧洲标准化的欧盟立法,还是一套"确立欧洲标准化组织、国家标准化机构、成员国和欧委会之间合作的规则",更是一部"确立了支持欧盟立法政策的有关产品和服务的欧洲标准的制定规则"。因而,欧盟的标准化法制建设经验值得我们借鉴和学习:一是重视标准对立法政策的技术支持作用,并从立法上承认和保障这一角色和重要地位;二是细致地规范了支持立法政策的标准的制定规则,以确保标准制定过程及成果符合立法要求和目的、满足公众利益需求等;三是通过确立标准化机构与立法机构之间的合作关系和规范性规则,为标准支持立法政策提供机构上联系的基础和现实保障;四是在确立标准化基本原则的基础上,辅以标准与法律融合的机制建设,一方面确保标准化原则得到落实,另一方面注重机制建设对法律体系与标准化体系之间的协调作用。

2. 公开机制:保障相关信息的"可获得性"和获取渠道的"适当性"

在新方法指令的背景下和欧洲标准化体系中理解"公开机制",一是离不开欧洲标准化"透明度"原则,《1025/2012号条例》指出:欧洲标准化的基本原则包括公开原则和透明度原则,说明这两项原则之间是有区别的但又存在联系,该条例第3条和第4条关于标准化机构工作计划和标准"透明度"的规定,均提到欧洲标准化组织和国家标准化机构应将标准化工作计划和不同标准向公众公开,因此"公开"原则首先强调受众主体是"社会公众";二是公开原则强调一种"可获得性",既包括标准等相关技术资料的可获得性又包括可获得的途径,即标准化成果和渠道均要可获得和适当;三是根据《1025/2012号条例》,公开原则涉及标准化活动的全过程,该条例第15条规定了"欧盟对欧洲标准化组织资助"的条款,其中一项要求:

> 欧洲标准化组织可获得欧盟经费资助的活动包括……与欧洲标准化相关的预备或辅助工作,比如研究、合作(包括国际合作)、研讨会、对比分析、科研、实验及合格评定等工作,以确保在不影响基本原则尤其是不影响对所有利益相关方公开、质量、透明和协商一致的情况下,缩短欧洲标准的

制修订周期。[1]

这说明,除了对标准化工作计划和标准进行公开之外,经欧盟经费资助的与欧洲标准化相关的预备和辅助工作也须向所有利益相关方公开;四是根据《1025/2012 号条例》附件Ⅱ关于"识别 ICT 技术规范的要求"中对"公开"内涵的解释,可以看出欧盟重视标准和其他技术规范制定过程的"公开性",不仅如此,欧洲标准和其他技术规范的制定基础须是在市场中或受这些标准或技术规范影响的市场中所有利益相关方公开决策之上制定的。因而,综上分析,欧洲标准化的"公开性"原则强调了:一是欧洲标准化全过程的公开,包括标准制修订过程以及受欧盟经费资助的与欧洲标准化相关的预备或辅助等工作;二是与欧洲标准化相关文件的公开,包括欧洲标准、标准化工作计划和其他技术规范等重要技术资料;三是公开获取上述信息的途径和渠道具有适当性和可获得性;四是公开的受众主体是社会公众,并注重标准和其他技术规范的制定以市场中或受其影响的所有利益相关方的公开决策为基础。

在分析欧洲标准化"公开性"原则的内涵及其运作的过程中,我们了解到了新方法指令中"公开机制"所起到的效果:首先,"公开机制"对"广泛参与机制"以及"协商一致"和"透明度"原则具有基础性意义,或可以将公开机制称为上述机制和标准化原则的预先条件,因为具有"公开"的对象和渠道,才会有所有利益相关方"参与"的可能,才会保障"透明度"并导致最终标准化成果的"协商一致";其次,"公开机制"除了预先性和基础性功能之外,同时体现了新方法指令中各类机制和各项标准化原则之间的密切联系和协调性。

3. 更正机制:持续把控标准的质量

此处的"更正机制"是指对"协调标准"的更正,更正的理由和程序依据《1025/2012 号条例》的明文规定,更正的效果主要在于对协调标准质量的把控,使其始终符合新方法指令的基本要求和立法目的。

首先,对协调标准的更正/修订是一个重要的"质量把控"机制。虽然这种"更正机制"具有一定的滞后性,但对保证协调标准的持续性发展具有不可替代的作用。根据《1025/2012 号条例》[2](第 2 条)的定义可知:其一,"标准"是"一

---

[1] Regulation (EU) No 1025/2012 of the European Parliament and of the Council of 25 October 2012 on European standardization Official Journal L 316, 14/11/2012.

[2] 本书关于《欧洲标准化的 1025/2012 号条例》的内容及其翻译均来自作者参与的课题项目:由国家标准化管理委员会委托课题"国外最新标准化法翻译与统计分析"(23216237),作者在该项目中完成翻译《技术协调与标准新方法决议》、《关于欧洲标准化的 1025/2012 号条例》和捷克《产品技术要求法》等多部外国标准化法律成果。

种技术规范,由公认的标准化机构批准,为重复或连续使用,且对标准的适用不具有强制性",因而,标准的技术性内容既利于对产品或服务进行科学规范,又利于促进市场内产品之间的兼容性;其二,"欧洲标准"是指"由欧洲标准化组织批准的标准",这里的"欧洲标准化组织"(CEN、CENELEC 和 ETSI)便是制定和批准欧洲标准的公认机构,欧洲标准化组织不仅有义务鼓励和促进广泛的代表性和有效参与以确保欧洲标准的"协商一致性"(标准质量的重要评价因素之一),还需要在某些领域与欧盟法律机构有效合作,以确保欧洲标准在某些领域能够为欧盟立法和政策提供有效支持(欧洲标准质量的衡量因素之一);其三,"协调标准"是指"为了应用欧盟统一立法,在欧委会提出请求的基础上批准的欧洲标准",因而,协调标准的主要目的在于为欧盟立法和政策提供技术支持,对此,《1025/2012 号条例》指出,为了避免事后对协调标准提出"反对意见"和进行修改,欧盟政府当局参与标准制定过程显得尤为重要。①

由上述逐层分析可知,协调标准是一种自愿性的、为重复或连续使用、为欧盟法和政策提供具体支持,由欧洲标准化组织制定和批准的一种技术规范。由于协调标准在科学规范、提高兼容性、促进市场流通和支持欧盟立法政策等方面发挥着重要作用,对协调标准的质量进行把控就显得尤为重要。

其次,关于协调标准更正机制的内涵及其运作方式。根据《1025/2012 号条例》第 11 条的规定,对协调标准的更正被欧盟立法称为"对协调标准的正式反对意见"(Formal Objections to Harmonised Standards),其内涵和具体运行方式是指:

1. 当某一成员国或欧洲议会认为一项协调标准并不完全满足它致力于覆盖的要求并且这些要求被载于欧盟相关的统一立法中时,则他们应将这一情况通知欧委会并附上详细的解释,欧委会则应在咨询由相应欧盟统一立法设立的委员会之后,如果该委员会存在的话,或者以其他形式咨询行业专家后,做出下列决定:(a)在欧盟官方公报上出版、不出版或者有限制地出版相关协调标准的参照号;(b)在欧盟官方公报上保留、有限制地保留或者从欧盟官方公报上撤销相关协调标准的参照号。2. 欧委会应在其网站上公布受到第 1 点中决定影响的相关协调标准的信息。3. 欧委会应将第 1 点所提到的决定通知相关欧洲标准化组织,如果有必要,请求对相关协调标准进行修订。

因而,更正协调标准的理由主要是因为某一协调标准无法满足其致力于覆盖的相关新方法指令(或其他欧盟法律)的基本要求。除了《1025/2012 号条例》

---

① Regulation (EU) No 1025/2012 of the European Parliament and of the Council of 25 October 2012 on European standardization Official Journal L 316,14/11/2012.

对协调标准的更正机制进行解释和规定外,很多协调产品销售条件的新方法指令中同样规定了对协调标准提出"正式反对意见"的内容。根据《新方法决议》、《1025/2012号条例》和新方法指令的相关规定,有权提出正式反对意见的主体包括成员国、欧洲议会和欧委会,并须附上详细的理由和解释;对于反对意见的接收主体则是欧委会,欧委会也无法单独做出相应的决定,而是需要咨询相应的专家委员会或行业专家之后才能做出是否在OJEU上公布或撤销相关协调标准等决定。

最后,关于更正机制的效果,我们可以将其理解为标准质量的把控机制。在新方法指令模式中,协调标准起着支持新方法指令基本要求的作用,因而,协调标准的"质量"既包括标准本身的技术性内容,又包括标准满足指令要求的程度。如果一项技术内容科学合理的协调标准能够完全满足它致力于覆盖的指令要求,那它就是一项高质量的协调标准;反之,即使一项协调标准的技术内容先进,但无法完全满足它所要覆盖的指令要求的话,那么这项协调标准在质量上仍是存在瑕疵的。一项协调标准的质量存在瑕疵,尤其是它无法满足所致力于覆盖的指令要求时,便可以运用更正机制对相应的协调标准实施有限制的出版、有限制的保留或撤销等措施。结合《1025/2012号条例》所规定的结果,更正机制对协调标准质量的把控,主要是通过撤销、修订或更换等措施以确保协调标准中的具体规范能够完全满足新方法指令的抽象性要求,从而为新方法指令的落地实施提供技术支持和实施路径。

值得注意的是,《1025/2012号条例》是一部旨在确立欧盟立法机构与欧洲标准化组织之间合作规则、确立支持欧盟立法政策的欧洲标准制定规则的欧盟标准化法。因而,此处对标准更正机制的探讨是在新方法指令的语境下进行的,即特指对"协调标准"的更正和修订。除此之外,欧洲标准化组织还存在维护欧洲标准质量的一系列更正措施和机制,例如,对欧洲标准的复审(Review)机制、修订(Amendments/Revisions)机制和更改(Corrigenda/)机制等。[①]

综上所述,公正机制背后对效率的考量体现在了各机制的内涵及其效果之中。首先,"广泛参与机制"有利于实现"协商一致"和"透明度"这两项标准化原则,从公正角度看,该机制有利于最大化地协调各利益相关方的利益需求;从效率角度看,"协商一致"后的协调标准因更易得到广泛认可和高效实施,可以进一步促进新方法指令的落实并实现其立法目的,尤其是在促进欧洲市场内部自由流通上的立法目标。

---

① 《维护欧洲标准质量的更正机制》,网址:https://boss.cen.eu/maintenance/Amndt/Pages/default.aspx,访问时间:2023年5月13日。

其次,"公开机制"强调对欧洲标准化全过程、欧洲标准化有关文件和获取上述相关信息途径的公开和"可获得性"。从公正角度看,该机制有助于标准的制定以市场中或受其影响所有利益相关方的公开决策为基础,从而实现标准化促进最佳共同效益的目标;从效率角度看,一方面,该机制通过尽量防止未来发生矛盾和反对意见来提高标准化效率,一是通过标准化过程的公开来防止未来出现矛盾而降低标准化效率,二是通过标准制定程序的公开来防止未来出现过多反对意见而耗费(更正标准的)时间,另一方面,该机制带来的标准化"透明度"一是有利于市场中所有利益相关方获得标准的相关信息,二是利于促进各方基于自身利益考量积极参与标准化活动和运用标准化成果,进而从实施标准的角度推动标准化在促进社会化大生产和市场经济发展方面的重要作用。

最后,"更正机制"作为一种质量把控机制,它所强调的是对"协调标准"的质量进行控制。从公正角度看,该机制一来可以确保标准的技术内容具有科学合理性,二来可以确保协调标准满足其所要覆盖的指令中有关保障公共利益的基本要求;从效率角度看,虽然更正机制从字面来看具有一定的滞后性,但鉴于协调标准是"为重复或连续使用"并"为欧盟立法和政策提供具体支持"的一种技术规范,在其批准公布后,随着经济社会发展和科技进步等需求的变化及时更新协调标准的技术内容,可保证协调标准"持续性地"为欧盟立法、政策提供技术支持,进而逐步实现立法目的和政策目标。

(二)"效率"机制的效果评价

上文对公平机制的评价,主要是基于广泛参与机制、公开机制和更正机制这三类公平机制的内涵和运作方式,对其各自的实施效果尤其是公正性效果及其背后符合效率的实施效果进行评价。我们通过观察这三类公平机制的内涵和效果可以发现它们共同具备的三个特征:其一,这三类公平机制均从标准化体系入手,通过提高标准化效率来支持立法要求和落实立法目的;其二,三类公平机制提高标准化效率的方法以预防(矛盾冲突)为主、更正为辅,一是尽可能避免在标准化过程中产生矛盾和冲突,二是尽可能避免未来对已制定的协调标准提出反对意见的可能,三是在出现反对意见时通过更正机制及时调整协调标准的内容以符合科技发展、市场需求并达到协调目的,为欧洲技术协调和标准化的顺利开展奠定先进内容和辅助机制上的基础;其三,通过这三类符合效率的公平机制,欧盟广泛地促进了各利益相关方积极参与和运用标准化,以最大程度发挥标准化在扩大社会化大生产、提高产品和服务质量、保障人身健康安全和促进贸易交流等方面的积极效用。

通过总结上述公平机制的效果可以发现,其符合效率的部分多存在于标准化领域。对此,下文将介绍新方法指令机制的另一种类型——"效率机制",以补充新方法指令机制在新方法指令领域(立法部分)及协调标准支持新方法指令领域(标准支持立法部分)符合效率的内涵和效果。

1. 符合性推定机制:标准为法律提供"支持"的桥梁

首先,上文已对"符合性推定"的相关内容作过基础分析:其一,在对"符合性推定"进行定义的基础上,总结了符合性推定适用的法律领域为新方法指令、欧盟条例和欧盟决定,适用的对象基本为三类,一是产品和服务(的标准与法律要求),二是国家认证机构(的标准与法律要求),三是公告机构(的标准与法律要求);其二,符合性推定是协调标准与新方法指令发生融合的核心内容和主要表现,协调标准只有将其参照号发布在 OJEU 上才发挥效力,此处的效力即指发挥"符合性推定"的效力;其三,符合性推定作为连接协调标准与新方法指令的"桥梁",也是使得标准与指令形式上分离、实质上融合的重要机制,由此新方法指令引用协调标准的方式被 ISO 归类为"间接引用"模式;其四,符合性推定在联系标准与法律的基础上,还赋予协调标准"事实上的强制力",进而使得协调标准承载"正当目标"(保护公共利益)的能力得到了大幅提升。关于"符合性推定关系"的内涵及其具体运作,上文在《人身保护设备指令》、《玩具安全指令》、《产品认证和监督条例》和《产品销售共同框架决定》中均进行过详述,并将符合性推定关系分为实质上与形式上(CE 标志的粘贴)两种。

此外,根据《1025/2012 号条例》,符合性推定是一项由欧盟法律专门规定和保障的法定机制。[①] 在内涵和具体运行上,欧洲标准(协调标准)在内部市场中发挥着非常重要的"促进流通+统一门槛"的作用,通过对协调标准的使用,可以"推定"产品符合欧盟相关的统一立法(新方法指令)对此类产品的基本要求,因而,符合性推定的作用在于,一方面,通过协调标准特定的具体规范为进入欧洲内部市场的产品或服务设定统一门槛,既协调进入内部市场的要求又为保证欧洲市场中产品和服务的"基本质量"设定"最低门槛";另一方面,通过为抽象性立法要求提供具体的技术规范来实际协调和统一市场流通要求,从而打破内部市场中各成员国之间技术性贸易壁垒,使得在一国自由流通的产品或服务可以自由地在欧盟其他任一成员国内流通和销售。因此,符合性推定机制的具体运作方式,是在自愿性的技术标准(协调标准)与强制性的法律(新方法指令)要求之间建立适用上的推定符合关系,即只要符合协调标准的技术规范(或部分)

---

① Regulation (EU) No 1025/2012 of the European Parliament and of the Council of 25 October 2012 on European standardization Official Journal L 316,14/11/2012.

就推定该产品/服务满足相应的新方法指令（或其他欧盟法律）①的基本要求（或部分）。

其次，在总结符合性推定的基础分析上，本书根据符合性推定机制的特征将其归为效率机制，其效率性主要体现在三个方面：一是协调欧盟技术法规和标准的效率上，"符合性推定"机制就是在标准与法律形式分离的基础上建立二者融合的实质联系，因而，通过形式上的分离，使得欧盟技术法规（新方法指令）和协调标准的协调体系相互独立，冗长的协调立法过程不会拖慢协调标准的制定过程，对标准制定的探讨和频繁更新也不会影响协调法律的制定进程及其稳定性、权威性的要求，这样极大地提高了欧盟对法律和标准的协调效率；二是在有效发挥欧盟技术法规和标准的优势上，符合性推定机制先是令欧盟技术法规体系和欧洲标准体系在相互独立的基础上，提高各自的协调效率，再通过符合性推定在法律与标准之间建立实质联系，有效融合协调后的两个规范性体系，以便发挥法律提供基本保障和标准提供技术路径的优势；三是在提高欧盟法律和标准的实施效果上，符合性推定机制不仅提高了欧盟技术法规和标准的协调效率，有效发挥了二者的优势，更是从标准与法律的联系和标准的实施入手进而提高新方法指令的实施效果，具体而言，协调标准作为产品/服务进入欧洲市场的便捷、有效途径，多数时会成为生产经营者的首选，这在提高标准实施效果的同时，也提高了其所支持的指令的实施效果。

这些效率性体现也是本书将符合性推定归为效率机制的主要原因：一是从欧盟法律的角度看，立法仅需协调基本要求而不涉及具体的技术细节，极大地提高了欧盟法律协调的效率，通过与自愿性、及时更新的欧洲标准融合，欧盟法律中的基本要求也间接得到了落实，提高了欧盟法律的实施效果；二是从欧洲标准的角度看，对技术标准的协调不再如旧方法将标准纳入欧盟法律中，也就不会因在立法程序中反复探讨技术细节而拖慢标准协调的效率，又由于跟新方法指令的符合性推定关系，使得即使是自愿性的协调标准也基本上成为产品/服务进入内部市场的首选，又提高了协调标准的实施效果；三是从法律与标准共同实施的角度看，一方面，表1所示，参照号发布在 OJEU 上的协调标准产生了符合性推定效力，对照发布文件的名称和标准名称使用标准就满足了相应指令中的基本要求，另一方面，根据相应指令的基本要求去查找实施该指令框架

---

① 在"符合性推定"基础上建立的新方法指令模式，其适用的法律包括新方法指令、欧盟条例和欧盟决定，由于本书研究范围集中在新方法指令上，因此本书研究欧洲新融合模式的范围仅集中在协调标准对新方法指令提供技术支持的范围，而较少考虑协调标准与其他欧盟法律形式之间的关系。

下的协调标准,同样便于既实施指令又实施标准。

最后,关于符合性推定机制发挥效率的领域。相比于公平机制主要从标准化领域入手,来提高欧洲新融合模式的公平公正及其背后的效率,由于符合性推定的内涵、运作和功能本身便涉及欧盟法律与欧洲标准两个体系,因而,该机制发挥效率的领域,或者说提高效率所着手的部分主要在于"标准支持法律部分",此处若说协调标准和新方法指令领域显得不够精确,从符合性推定自身的功能出发,将该机制提高效率的切入点看作"标准支持法律领域"更为适当:一来,符合性推定机制有效地将落实法律要求和立法目的交给更灵活的标准化手段,自此,以科学实践经验为基础的标准化可以随着市场需求及时更新,持续性地满足法律要求及其对公共利益的保障目的,可以说,符合性推定机制通过建立"桥梁"或联系,让新方法指令有关效率方面搭上了欧洲标准化效率性较高的"顺风车";二来,除了搭上"顺风车"之外,符合性推定机制还有效地减轻了新方法指令的立法"负担",符合协调标准的产品/服务可以推定符合新方法指令中相应的基本要求,对此,指令仅需要界定基本要求,即可通过标准具体的技术规范达到对市场规制、对利益保护、对技术法规和标准协调等重要的立法目标;三来,符合性推定机制同样有效地规划了欧洲标准化组织的标准制定,根据新方法指令的基本要求,协调标准的制定不仅更具针对性和效率性,而且在满足立法要求的基础上为有效保护公共利益提供了质量上的技术保障。

2. 立法跟进机制:适应最新需求和简化标准化管理

(1)关于标准化法律框架的完善。《关于欧洲标准化的1025/2012号条例》,是于2013年1月1日由欧洲议会和欧盟理事会批准的欧盟立法,旨在完善欧洲标准化的法律框架。在《1025/2012号条例》通过前,欧洲标准化由三部欧盟法律组成的法律框架来管理,分别是1998年《关于在技术标准、法规、信息社会服务规则领域提供信息的程序的98/34/EC号指令》(3OJ L 204)(以下简称"《98/34/EC号指令》")、2006年《关于资助欧洲标准化的1673/2006/EC号决定》(4OJ L 315)(以下简称"《1673/2006/EC号决定》")和1986年《关于在信息技术及电信领域标准化的87/95/EEC号决定》(以下简称"《87/95/EEC号决定》")。对此,《1025/2012号条例》表示,因上述法律框架已无法适应欧洲标准化近几十年的发展,该条例修订了《98/34/EC号指令》并废除了《1673/2006/EC号决定》和《87/95/EEC号决定》,既对欧洲标准化立法框架进行了简化、调整,又注入了新内容,以便适应欧洲最新发展需求并应对欧洲标准化未来的挑战:一方面,由于《98/34/EC号指令》仅适用于产品标准,而不包含服务标准,《1025/2012号条例》通过修订《98/34/EC号指令》,适应了欧洲经济社会发展对提高服务质量、保障服务安全的新需求;另一方面,为了便于管理和简化程序,

《1025/2012号条例》吸收了《1673/2006/EC号决定》和《87/95/EEC号决定》中有关欧盟为欧洲标准化提供资金、信息技术和电信领域标准化的一系列规则，同时废除了这两部决定。①

(2)关于标准化立法制度的更新。除了简化、调整管理欧洲标准化的法律框架，欧盟还对框架中的具体法律制度进行了更新和补充。首先是扩大了欧洲标准化立法范围，从产品标准扩大到服务标准。一来，2006年《关于内部市场服务的2006/123/EC号指令》确立了推动服务提供商开业自由、促进服务自由流通、保证服务高品质的一般规定，并要求各成员国与欧委会合作，鼓励制定自愿性欧洲标准，以促进不同成员国提供商的服务、接受方获得的信息和服务质量之间的兼容性，这是欧洲经济社会和标准化工作发展对欧洲标准范围提出的新需求；二来，在实际的欧洲内部市场中对服务和商品的划分已变得并不重要，且产品标准和服务标准之间经常不易区分，许多产品标准中包含了服务的成分，同样地，许多服务标准中也经常部分地与产品标准相关。根据欧洲发展的新需求和欧洲标准化实践，《1025/2012号条例》一方面将立法范围扩大到服务标准，另一方面对产品标准与服务标准也未做明显区分，简化了欧洲标准体系，适应了欧洲经济社会和标准化工作发展中的新情况。

其次，对欧洲标准化可提供使用文件(非正式标准)进行了立法规范。《1025/2012号条例》对"欧洲标准化可提供使用文件"(European standardisation deliverable)的制定规则进行了规定，并将其与欧洲标准同样定位成支持欧盟立法和政策的标准化手段。一来，《1025/2012号条例》对欧洲标准化可提供使用文件进行了定义，即"由欧洲标准化组织批准、为重复或连续使用且对其适用不具有强制性的非欧洲标准的任何其他技术规范"，以同欧洲标准区分开来。二来，《1025/2012号条例》对准欧洲标准的相关法律要求，对欧洲标准化可提供使用的文件提出了同样的立法要求和规范，例如，该条例对欧洲标准化可提供使用文件的标准化工作和内容提出了透明度要求(第3条和第4条)、广泛参与机制相关要求(第5条)、标准化文件制定过程(第10条)中与欧洲标准相关法律要求一致的立法要求等。由于欧洲标准化可提供使用文件的功能与欧洲标准的功能相一致，即二者均是支持欧盟立法政策的重要技术手段，因而，《1025/2012号条例》通过在立法中将欧洲标准化可提供使用文件与欧洲标准并列的方法，对二者规定了一致的规范性要求，例如，该条例第10条第1款规定：

---

① Regulation (EU) No 1025/2012 of the European Parliament and of the Council of 25 October 2012 on European standardization Official Journal L 316, 14/11/2012.

欧委会可以在条约规定的权限范围内,请求一个或多个欧洲标准化组织在确定的期限内起草一项欧洲标准或欧洲标准化可提供使用文件。欧洲标准和欧洲标准化可提供使用文件应以市场为导向,兼顾欧委会请求中明确提出的和基于共识的公共利益和政策目标。①

立法跟进机制的内涵既包括管理欧洲标准化的法律框架的调整完善,又包括具体法律制度的持续性更新。该机制发挥效率的领域集中在欧盟法律规范欧洲标准化部分。该机制在效率上的体现,一是简化的法律框架便于欧盟更高效地管理欧洲标准化工作,整合完善的制度体系利于欧洲标准为支持欧盟立法政策及时提供所需的服务;二是不断更新的法律制度可以及时满足欧洲经济社会发展对欧洲标准化工作的需要,并根据标准化实践情况进一步完善欧洲标准化法律规范体系,促进欧洲标准化健康有序发展。

3. 财政支持和报告机制:确保欧洲标准化的效率及其功能

本书将欧盟为欧洲标准化提供财政支持的机制纳入效率机制的分类主要基于以下几点考虑:一是通过设立资助规则,可以有效确保欧洲标准的制修订为支持欧盟立法政策而服务;二是简便的资助程序有利于在保护欧盟财政利益的基础上,根据不同类型的标准化活动提供不同的资助安排,确保财政资源有效利用、促进欧洲各利益方积极参与欧洲标准化。

关于欧洲标准化的财政支持机制(以下简称"资助机制")的内涵、运作和效果。其一,关于资助机制的目的,《1025/2012号条例》指出,《1673/2006/EC号决定》设立的有关欧盟为欧洲标准化提供资金的规则,是为了确保欧洲标准和其他欧洲标准化可提供使用文件的制修订是为支持欧盟目标、立法和政策而服务的。为了便于管理和简化预算,本条例适宜吸收该决定中相关规定并尽可能采用最简便的程序。此外,欧洲标准化的资助机制还有助于增强欧洲标准化体系的凝聚力,使得中小企业和消费者在理解和适用欧洲标准的过程中充分受益,并保证欧洲标准为所有欧盟市场参与者提供公平、透明的获得途径等。

其二,关于资助机制的基本内容,首先,因欧洲标准化对欧盟立法政策的广泛支持、多种标准化活动的存在,有必要制定不同的资助安排;其次,资助的范围包括:一是制修订有关产品和服务的欧洲标准和欧洲标准化可提供使用文件,并支持将其翻译成各种欧盟官方语言以促进企业的使用;二是覆盖与制修订上述文件相关的预备或辅助活动,尤其是对研究、编写初步立法文件和实验

---

① Regulation (EU) No 1025/2012 of the European Parliament and of the Council of 25 October 2012 on European standardization Official Journal L 316, 14/11/2012.

室测试等工作必要的活动;三是在欧洲和国际层面推进标准化的项目等。

其三,关于资助机制的立法规定,《1025/2012号条例》第Ⅴ章专门"对欧洲标准化的资助"进行了规定,其中包括具有被资助资格的标准化活动、欧盟提供资助的方式、对资助的管理以及如何保护欧盟财务利益这四项规定。[①]

资助机制发挥效率,由于多为欧盟对欧洲标准化提供财政支持,因而主要集中在欧洲标准化领域,且发生在标准制修订的准备阶段和过程中,当然,根据《1025/2012号条例》第15条规定的享有资助资格的标准化活动,对于欧洲标准或欧洲标准化可提供使用文件质量及其与欧盟立法政策符合度的验证活动同样有资格获得欧盟资助,这不仅有利于保障欧洲标准及其他相关文件的质量及其重要功能,更反映了资助机制发挥效率的作用贯穿了欧洲标准化从始至终的活动。

(三)"规制治理"机制的效果评价

1."规制治理"机制的内涵和特点

首先,关于"规制治理"的内涵。其一,《布莱克法律词典》将"规制"(Regulation)定义为"运用规则或限制的控制行为或控制过程";[②]科林·斯科特教授认为,规制是指"公共机构对那些社会群体重视的活动所进行的持续集中的控制";马英娟教授认为,"规制以解决市场失灵、维持市场经济秩序为目的,基于规则对市场主体的经济活动,以及伴随其经济活动产生的社会问题,进行干预和控制"。其二,"治理"的主体不同于"规制"的主体限于国家公共机构,"治理"强调多元主体(包括国家与非国家主体)的合作与参与,通过不同主体来共享、动员和聚合分散的资源,协调利益和行动,来实现行政任务。[③] 其三,"规制治理"的内涵,由上文可知,结合了"规制"与"治理"的优势和特点,一是强调规制治理主体的多元性,调动起私人资源,对政府规制形成有益补充,改进政府规制的能力;二是强调规制治理工具的多元性,由此建立起更公平高效、更具参与性的治理体系;三是强调规制与治理过程中的民主正当性。[④]

其次,关于欧洲"规制治理机制"的内涵。本书对新方法指令模式中机制的

[①] Regulation (EU) No 1025/2012 of the European Parliament and of the Council of 25 October 2012 on European standardization Official Journal L 316, 14/11/2012.

[②] Bryan A. Garner, *Black's Law Dictionary*, Thomson West, p.1398.

[③] [英]科林·斯科特:《规制、治理与法律:前沿问题研究》,安永康译,清华大学出版社2018年版,第6页。

[④] [英]科林·斯科特:《规制、治理与法律:前沿问题研究》,清华大学出版社2018年版,第6~7页。

分析,除了基于公平与效率的主要特征将不同机制划分为公平机制与效率机制两类外,还单独列出"规制治理机制"一类。该机制侧重于从新方法指令中(各类)主体的视角分析它们之间的合作模式,进而探究其在工作成果上的联系,以及这些合作模式和成果联系如何实现使欧洲标准更好地支持欧盟立法政策的实施、如何更高效地协调成员国间的技术法规和技术标准、如何促进产品和服务更快进入欧洲市场并自由流通等目标。因此,基于图2-2所示新方法指令体制中不同层面各类主体之间的关系,本书从规制治理主体的视角出发,将欧洲规制治理机制进一步分为三部分进行分解性分析:机构间的合作机制、成员国的转化机制和专家委员会的咨询机制。其中,"机构间的合作机制"主要从横向视角出发,研究新方法指令模式中欧盟立法机构与欧洲标准化组织之间的合作关系;"成员国的转化机制"则从纵向视角出发,研究各成员国如何通过转化适用新方法指令和协调标准以实现各国间技术法规和技术标准的协调一致;"专家委员会的咨询机制"同样是一个重要的主体机制,它在新方法指令中协助欧委会工作、协同欧洲利益相关者工作中发挥着重要作用。

最后,关于"规制治理机制"的特点。其一,从微观角度观察规制治理机制,对应其下细分的三类机制部分,我们可将该机制的特点总结为公私合作、双层治理和专业性辅助三方面特征。其二,从宏观角度观察规制治理机制,其融合了"规制治理"(以下简称"规治")本身的特征和欧洲规制机制的独特性,包括规治主体的多元性、规治工具的多元性、规治的层次性以及规治过程中强化的民主正当性。

具体而言,规治机制的多元性特征,一方面来自于多元化的规治主体,这些规治主体根据工作内容可分为立法主体和标准制定主体,根据主体所在层面可分为欧盟层面的主体和成员国层面的主体,根据权力和利益可分为公共机构和私人组织;另一方面,则来自多元化的规治工具,一来"规制"与"治理"的合并,不仅含有限制性和控制性工具,还含有协调性工具;二来多元化主体的参与,意味着"公私合作"不仅便于双方共享资源、协调利益,更利于改进政府的规制能力,使其更好地完成行政任务、有效解决市场和社会中的问题。

规治的层次性特征,主要体现在成员国与欧盟之间、各成员国之间、成员国与其国家公共部门之间以及成员国与其国内各利益相关方之间"层层递进"的"通知义务"和"鼓励措施"上:一是各成员国国家标准化机构有义务向欧洲标准化组织发送年度报告,其中涉及欧洲标准化和国家标准化共同关注的重要内容;二是各成员国国家标准化机构之间应互相交流有关标准化的成功经验和先进的机制、方法,如《1025/2012号条例》第6条第2款规定:"国家标准化机构之间应互相交流旨在增强中小企业参与标准化活动及提高和促进中小企业使用标准的最佳做法";三是各成员国鼓励国家公共部门积极参与国家标准化活动,如《1025/2012 号条例》第 7 条规定,各成员国在适当情况下鼓励市场监管机构参与国家标准化活动;四是国家标准化机构对其国内各利益相关方提供各项鼓励措施和相关辅助机制,如《1025/2012 号条例》第 6 条规定,国家标准化机构为中小企业参与标准化活动提供免费机会或特别优惠等鼓励措施。①

规治过程中强化的民主正当性,主要来源于公私合作。欧洲标准化体系鼓励和促进包括中小企业和民间团体等各利益相关方参与欧洲标准化活动,再通过欧洲标准为欧盟法律提供支持的"桥梁"便于欧盟立法决策考虑欧洲市场和欧洲市民社会的需求。

下文将具体分析欧洲"规治"机制中细分的三类机制在内涵、运作和效果上各自的独特性以及相互之间的协调性,从而深入理解欧洲规治机制如何改进欧盟的规治能力,使其得以与时俱进地满足欧洲市场和欧洲市民社会的需求,进而引导规范其行为,促进欧洲单一市场深化发展和实现欧盟立法目标。

2. "规治"机构间的合作机制

新方法指令中的"合作机制"侧重于不同主体之间必要的信息交流、对技术规范性文件的质量把控等方面。"机制"本身便带有"体系"和"方法"之意,②为便于理解新方法指令中机构间的"合作机制",本书将对合作机制进一步细分为委托机制、信息共享机制和监督机制三个组成部分来探讨。这种整体与部分的分析方法不仅有助于我们理解合作机制的体系性构成,而且有助于我们更为直观地把握合作机制的运作方式和效果。值得注意的是,机构间的"合作机制"对应了规治机制中"公私合作"的特点,因而,在分析和理解新方法指令背景下合作机制的基础上,提炼出公私主体间合作的规律性要点和一般性程序对其他国家运用标准与法律融合方法进行规治具有直接的现实意义和借鉴价值。

首先,委托机制主要表现为《1025/2012 号条例》第 10 条规定的欧委会"对欧洲标准化组织的标准化请求",有学者将这种标准化请求称为"委托书"③(Mandate)制度。具体而言,为了便于有效实施新方法指令中的基本要求、寻找具体可靠的指令实施路径,欧委会可以(有权)请求欧洲标准化组织起草协调标

---

① Regulation (EU) No 1025/2012 of the European Parliament and of the Council of 25 October 2012 on European standardization Official Journal L 316,14/11/2012.
② 《牛津高阶英汉双解词典》,商务印书馆和牛津大学出版社 2010 年版,第 1252 页。
③ 刘春青、刘俊华、杨锋:《欧洲立法与欧洲标准联接的桥梁——谈欧洲"新方法"下的"委托书"制度》,载《标准科学》2012 年第 6 期。

准，并在委托书中明确提出基于公共利益和政策目标的相关要求，以便标准的具体技术内容承载立法目标；接着，根据《1025/2012号条例》的规定，欧洲标准化组织在接到此类委托请求的一个月内应表明其是否接受，如果接受，则要定期向欧委会通报标准制定的进展情况，并由欧委会对标准文本与标准化请求内容的符合程度进行评估，如果评估结果是肯定的，则由欧委会将该协调标准的参照号发布在欧盟官方公报（OJEU）上。自此，发布在OJEU上的协调标准与其对应的新方法指令之间便产生了"符合性推定"效力。[①]

通过分析《1025/2012号条例》第10条可知，委托机制并非一个单向的、由欧委会向欧洲标准化组织提出请求的机制，更多表现为双向的"请求＋回应"机制，即欧委会基于需求和授权范围向欧洲标准化组织提出标准化请求，后者有权决定是否接受这项委托请求，如果接受，则不仅需要向欧委会通报标准制定的进展情况，还需要接受欧委会对其所制定的标准与标准化请求符合度的审查评估。这一"请求＋回应"机制的效果主要体现在机构合作的成果上，根据标准化请求内容制定又得到欧委会评估的协调标准可以更有效、更充分地为新方法指令（的基本要求）提供支持。

其次，根据《1025/2012号条例》第10条规定，合作机制下的信息共享机制主要包含三部分内容：一是制备标准化委托书阶段的信息共享，二是欧委会对欧洲标准化组织的信息共享，三是欧洲标准化组织对欧委会的信息共享。具体而言，其一，制备标准化委托书阶段的信息共享是指，欧委会在提出标准化请求之前，应根据《1025/2012号条例》要求，咨询欧洲标准化组织、根据该条例接受欧盟资助的欧洲利益相关方组织、由相应欧盟法设立的委员会或相关部门专家之后，再做出是否制定标准化委托书的决定。《1025/2012号条例》对这一阶段信息共享的要求体现了，一来，保证欧委会的标准化请求考虑市场和社会主体的需求，进而保证这两者在标准制定中的作用和影响；二来，保证标准化委托书和据此制定的协调标准较为全面地符合市场需求、公共利益和政策目标；三来，在标准化委托书和协调标准制定前，通过信息共享机制引入公私主体的合作，确保公私力量在这两项成果制定中的作用。

其二，欧委会对欧洲标准化组织的信息共享集中体现在欧委会的标准化请求中，根据《1025/2012号条例》第2条的定义，"协调标准"是为了适用欧盟统一立法，基于欧委会请求而通过的欧洲标准。因而，欧委会向欧洲标准化组织提

[①] Regulation (EU) No 1025/2012 of the European Parliament and of the Council of 25 October 2012 on European standardization Official Journal L 316, 14/11/2012.

出的标准化委托书中应明确对协调标准的需求,以保证据此制定的协调标准作为满足指令基本要求的依据的质量。另外,《1025/2012号条例》还指出,欧委会在制备标准化委托书过程中,应确保欧洲标准化组织、欧委会和依据本条例获得欧盟资助的欧洲利益相关方组织之间高水平的合作,以便分析拟议主题的市场相关性和立法者的政策目标。[①] 这一确保"高水平合作"的要求不仅有利于保证委托书和协调标准在满足市场需求和政策目标上的质量,而且通过强调过程参与和有效合作反映了协调标准高度"协商一致性"的特征。欧委会对欧洲标准化组织的信息共享主要集中在两方面的要求:一是要求欧委会的标准化委托书应明确对协调标准的一系列需求,以便确保协调标准的质量,尤其是作为满足指令基本要求的依据的合格性;二是要求标准化委托书的内容反映了三方高水平的合作,即三方协商一致的成果,以便于协调标准今后在欧盟范围内协调各成员国之间的技术法规和技术标准。

其三,欧洲标准化组织对欧委会的信息共享,主要发生在其接受欧委会委托书后的阶段,集中体现在欧洲标准化组织的标准化工作上。根据《1025/2012号条例》第10条第5款规定,欧洲标准化组织一是应向欧委会通报标准制定工作的进展,二是应提交其制定的协调标准文本,并与欧委会共同评估该标准与最初委托请求内容的符合程度。欧洲标准化组织对欧委会的信息共享,同样属于机构间合作机制中监督机制的组成部分。

最后,监督机制侧重欧委会对欧洲标准化组织标准化工作的监督审查,因而,监督内容主要是欧洲标准化组织对欧委会信息共享的内容,具体包括标准化请求下协调标准的制定工作(进展情况)、协调标准对应指令要求的覆盖程度/符合程度这两项重要内容,前者关注协调标准的制定过程,后者重视协调标准的制定成果。监督机制的重要意义在于,通过监督检验欧委会与欧洲标准化组织的合作成果,提高二者合作的有效性并保证协调标准的质量,从而提升新方法指令模型中标准支持法律的一系列效果。

3. 成员国的转化机制

在规治机制中,合作机制呈现了"公私合作"的特点,成员国的转化机制则体现了"双层治理"的特征,而这一特征主要由新方法指令体制决定。图5有助于我们直观了解新方法指令体制中欧盟与成员国之间的双层关系。因而,本书计划结合"双层治理"的特征分析转化机制的内涵、运作方式和效果,并同步挖

---

① Regulation (EU) No 1025/2012 of the European Parliament and of the Council of 25 October 2012 on European standardization Official Journal L 316, 14/11/2012.

掘欧盟与成员国之间在法律体系和标准化体系中双层关系的具体运作形式。具体而言,关于转化机制的探讨将围绕欧盟与成员国之间的双层关系展开,并进一步分为"静态关系"与"动态关系"两部分,以便理解在新方法指令的特殊体制下,转化机制所涉法律体系和标准化体系的各自运作过程,以及二者融合情况下转化机制的灵活性运作。关于"静态关系"中转化机制的探讨可以总结为两类规范体系的转化模式:一是欧盟法律与各成员国内国法之间的转化,二是欧洲标准与各成员国国内标准之间的转化;关于"动态关系"中转化机制的探讨可以总结为"定期信息交流—停顿原则—转化"三个主要步骤。

首先,从静态关系的视角来理解新方法指令的转化机制,一方面涉及新方法指令在成员国的转化,另一方面涉及欧洲标准(协调标准)在成员国的转化,对这两类转化的理解离不开对欧盟法律的"优先效力"和欧洲标准的"优先性"的认识。具体而言,一方面,在欧盟法与成员国法的双层关系中,指令作为欧盟法律体系的一部分对成员国具有优先于成员国国内法适用的效力(优先效力),即"当成员国的国内法与欧盟法发生冲突时,成员国必须停止适用于欧盟法相抵触的国内立法,而优先适用欧盟法"。欧盟法的优先效力,不仅能够有效保证欧盟一体化进程的深化和欧盟的超国家本质,更是对新方法指令的转化机制具有"保驾护航"的重要价值。由于指令不似条例直接适用于所有成员国,而是需要"成员国在特定期限内以国内法的形式制定一些实施措施来落实指令的要求",[①]即转化适用。因而,只强调目的(落实指令要求)而不限制实施形式和方法的指令,在成员国转化适用的过程中需要"优先效力"以确保指令的目的得到真正落实,成员国切实履行转化指令的义务。

另一方面,在欧洲标准与成员国国家标准的双层关系中,欧洲标准(协调标准)相对于成员国国家标准同样具有"优先性",即当成员国的国家标准与欧洲标准发生冲突时,成员国必须撤销与欧洲标准相抵触的国家标准,优先在国家层面适用欧洲标准。具体而言,其一,关于欧洲标准化体系中的"双层关系",欧洲标准化体系由欧洲三大标准化组织构成,具体则以国家标准化机构为主体,例如,CEN(European Committee for Standardization,欧洲标准化委员会)的成员主要由欧盟成员国的国家标准化机构组成,且每个国家只有一个成员。因此,在欧洲标准化体系中,国家标准化机构作为所有利益相关方的"一站式服务"机构,通过欧洲标准化组织(如CEN)进入欧洲标准化体系,以协调各成员国

---

① 张彤:《欧盟法概论》,中国人民大学出版社2011年版,第99页。

间的技术差异。① 其二,关于欧洲标准的"优先性",根据《CEN-CENELEC 内部规定》的要求,欧盟成员国(也是欧洲标准化组织的国家成员)有义务将欧洲标准作为国家标准实施,并须撤销任何与欧洲标准相冲突的国家标准。② 欧洲标准化体系的"优先性"与欧盟法律体系的"优先效力"均存在相似的考量——基于欧盟的特殊性质(超国家本质),最大化欧洲标准对各成员国国家标准的协调性,最大化欧盟法在成员国的合法性和效力,从而深化欧洲的融合和一体化进程。

其次,从动态关系的视角来观察新方法指令的转化机制,一方面,相比于静态视角侧重双层关系中的"纵向"转化,动态视角的转化则离不开"横向"合作机制,尤其是欧盟层面上立法机构与标准化组织之间的合作机制,具体包括委托机制、信息共享机制和监督机制;在成员国层面,立法机构与标准化机构间的合作视各国具体国情而定,在动态视角的转化中侧重纵向转化,即欧盟层面对各成员国技术法规(通过新方法指令)和技术标准(通过欧洲标准)的协调。正是动态视角的转化机制既重视"横向"合作又重视"纵向"转化,使得欧盟的"双层治理"发挥了应有效果(循环性治理效果)。具体而言,一来欧盟层面的"合作机制"既便于新方法指令仅规定投放欧洲市场的产品/服务必须满足的"基本要求",进而"完全"协调了各成员国间的立法要求,又便于欧洲标准为生产经营者提供满足新方法指令要求的便捷技术方案,进而有效地协调了各成员国间的技术标准和技术差异。

另一方面,动态视角下的转化过程更便于我们比较欧盟新旧融合模式在转化机制上的差别和差距所在。新旧模式在转化方式上的主要差别,如图 2-2 所示,新模式比旧模式多了标准制定主体和标准上的转化(即图 2-2 右半部分)。因而,新旧模式在转化效果上的主要差距在于,新融合模式因存在独立标准转化机制,便于既完全协调成员国间的立法要求,又灵活地协调了技术解决方案(标准);而旧融合模式因指令与标准的混合,导致制备工作耗时较长,严重拖慢了技术法规和标准的转化及协调效率。

通过欧盟与成员国之间静态、动态关系两个视角来观察新方法指令的转化机制,有助于深入理解该转化机制所处欧盟背景的特殊性——基于双层关系的双层治理,以及新融合模式相比旧融合模式在转化方式上的演变及其优势。首先,静态视角中分析了新方法指令的"优先效力"和欧洲标准的"优先性"如何确

---

① "Standardization system in Europe", https://standards.cen.eu/,访问时间:2023 年 7 月 8 日。

② 《CEN-CENELEC Internal Regulations Part 1: Organization and structure》(July 2018)。

保双层治理的有效性,保证成员国落实新方法指令的目的和欧洲标准的内容。其次,动态视角中一是分析了如何结合"横向"合作机制与"纵向"转化机制实现双层治理的"循环性治理"效果;二是分析了新融合模式中独立的标准体系赋予了转化机制的灵活性,加快了成员国间技术壁垒的消除、促进了商品和服务的自由流通、加强了欧洲单一市场。最后,值得注意的是,作为规治机制的组成部分,合作机制与转化机制之间同样存在着密切联系,正是这种内部联系使得规治机制能更好的运行,从而助力欧洲新融合模式更好地发挥效果。

4. 专家委员会的咨询机制

根据《1025/2012 号条例》的规定,首先,欧委会必须由一个委员会协助其处理有关执行本条例的所有事项(第 22 条),并应适当地尊重部门专家的意见;其次,该委员会还应与欧洲标准化组织、依本条例获得欧盟资助的欧洲利益相关者组织协同工作;最后,《1025/2012 号条例》还规定了委员会对欧委会咨询有关"正式反对意见"的处理,并应遵循相应的咨询程序。

此处将《1025/2012 号条例》中"委员会"的作用定位为"咨询"机制是因为:其一,《1025/2012 号条例》第 11 条在表述时将"委员会"与"行业专家"并列,并强调欧委会在对针对协调标准的正式反对意见作出相应的决定前应"咨询"上述两个主体之一;其二,《1025/2012 号条例》第 22 条和第 23 条分别将该委员会的职责定义为"协助"欧委会的工作和"协同"欧洲标准化组织及欧洲利益相关方的工作。[①]

根据《1025/2012 号条例》中的相关规定可知,新方法指令领域的专家委员会机制,一来,既可为欧委会提供专业上的咨询也可以为欧洲标准化组织和其他受欧盟资助的利益相关方组织提供协助,这代表专家委员会机制在法律和标准化方面都具有专业性;二来,专家委员会的协助和咨询功能也体现了一定的客观性,这有助于在新方法指令环境下,分别为欧委会和欧洲标准化组织的相关决定和活动提供较为中立的意见,以便二者在共同目标下更高效地合作和完成技术协调、促进欧洲单一市场发展等重大任务和目标。

---

① Regulation (EU) No 1025/2012 of the European Parliament and of the Council of 25 October 2012 on European standardization Official Journal L 316,14/11/2012.

第三节 标准与法律融合模型的构建

一、标准与法律融合模型对于法治的意义

标准与法律融合对于法治的意义,从实现法治化路径的视角来看更具有实践意义,"因为标准是法律得以真正实现的规范性支撑,是法治理念得以真正落实的技术手段"。[①] 因此,标准、法律与法治这三者之间既各自独立又相互联系:首先,标准相对于法律而言,一方面,通过在法律中引用标准,可以为抽象性的法律要求提供具体的技术路径,标准起着"延伸法律规范"的作用,另一方面,标准化治理已成为一种社会治理方式,其中内含的合作式社会治理、多元化的规则表现形式[②]、制定主体的多元性、基于共识的标准制定过程及其治理模式中的社会自治机制、市场机制和协商机制等内涵均体现了软法制度的特征及其理念,而软法与硬法之间的共通性和差异性使得具体内容不同的规范性文件之间存在互相转化、优势互补的联系。[③] 其次,标准与法律融合相对于法治而言,前两者融合的成果可被纳入法制化建设中,并作为静态的制度建设为法治化的激活提供良好的制度基础和有效的制度架构。[④] 最后,有学者将标准、法律与法治三者的关系放入"治理现代化"的总框架下进行探讨,并提出治理过程现代化的关键是制度化和法治化,其中,制度是国家治理现代化的平台,法治则是国家治理现代化的重要途径。[⑤] 因而,标准与法律融合可以一方面为法律的抽象性规范提供具体的解决方案,另一方面可以促进科学合理的标准得到高效实施;既

[①] 李晓林:《法律与标准关系简析》,载《标准科学》2009年第11期。

[②] "多样化的规则表现形式"是指:从软法存在形式的多元性角度出发,标准的表现形式同样多元化,例如,标准可以是国家强制性的技术法规、行业协会制定的技术规范或者企业制定的技术要求等。此处参见林良亮:《标准与软法的契合——论标准作为软法的表现形式》,载《沈阳大学学报》2010年第6期。

[③] 林良亮:《标准与软法的契合——论标准作为软法的表现形式》,载《沈阳大学学报》2010年第6期;罗豪才:《公域之治中的软法》,载《中国检察官》2006年第2期。

[④] 应松年:《加快法治建设 促进国家治理体系和治理能力现代化》,载《中国法学》2014年第6期。

[⑤] 蔡文成:《改革发展与国家治理体系现代化的建构》,载《行政论坛》2014年第4期。

优化了治理现代化①的制度平台,又使得法治理念得到真正落实。这些主要源自标准与法律的融合令治理现代化的法治化途径有了更科学合理的法制依据和实践基础。

欧洲标准与欧盟法律的融合,不仅是两类规范性文件"互帮互助"的模式,更是一个完整的融合模型,其中涉及法律与标准这两类规范性文件之间的"融合"、立法者和标准制定者之间主体"合作"的体制,以及这种"公私合作"体制机制与所涉法律体系、标准化体系和经济体制之间的相互作用关系,还有为促进标准与法律融合模式更好地发挥效用的多种机制建设等。

(一)新方法指令模式对法治的意义

不同于世界上多数国家法律引用标准的形式,欧盟法律主要以"间接引用"欧洲标准为主。这种"间接引用"或称"新方法指令模式"概括地表现为欧盟立法机构制定的法律和欧洲标准化组织制定的标准在"形式上分离"的方式,但在实质上通过法律与标准之间的"符合性推定"关系发生融合。这种融合模式或称引用方式为法治发展带来的优势既来自于标准与法律"形式上的分离",又来自于该融合方式中内含的"双层协调"动态结构以及"循环式"。

1."分离"的融合形式便于理解与适用法律和标准

形式上分离的法律与标准在各自功能上界定明确,法律仅规定有关安全和公共利益等重大方面的基本要求,标准负责为满足法律基本要求提供具体的技术规范:一方面为遵守、实施和执行法律者提供遵循上的便利,另一方面有利于落实法律要求及其背后的目标。以上述欧盟的《人身保护设备指令》为例,该指令的附件中详细列出了人身保护设备必须满足的基本要求,其中涉及人体工程学、无害性、人身保护设备的舒适度和效率、保护级别和类别的设计原则,以及制造商应提供的信息等其他附加要求,②无论从立法者的压力还是立法技术来讲,这些基本要求本身已非常详细,目的在于从立法角度尽最大力量为消费者和用户提供高水平的保护。然而,对于法律的适用者而言,这些"详细"的法律要求仍不够"具体",也没有统一的尺度来衡量是否符合法律要求。

在这种情况下,法律通过引用标准,便可以为法律适用者满足立法要求提

---

① 本书探讨欧洲标准与欧盟法律的融合,因此关于两者融合对于法治的意义并不局限在国家治理现代化的范围内,而是从欧盟的视角出发,探讨标准与法律的融合对区域(治理现代化)法治的意义。

② Council Directive 89/686/EEC of 21 December 1989 on the approximation of the laws of the Member States relating to personal protective equipment,Official Journal L 399,30/12/1989.

供具体的技术路径。例如,发布在 OJEU 上的 EN 13594:2015 协调标准对用于摩托车道路使用的防护手套进行了技术规范,符合该标准中有关用户的尺寸、人体工程学、无害性、机械性能、冲击保护和信息等方面要求,便可推定生产销售的防护手套符合《人身保护设备指令》中有关对消费者和用户人身安全保护等方面的"基本要求",同时,"符合性"产品也可以进入欧洲市场自由流通。

在"符合性推定"关系中形式分离的法律,一方面可以使其适用者了解立法的基本要求和目标,而无需在法律中制定具体技术细节来增加法律实施者在理解和适用上的难度,另一方面可以通过范围较广的立法要求为权利人提供更大程度的保护和救济。而被法律"间接引用"的标准可以随着社会发展和科技进步不断更新,在不影响法律的稳定性的基础上紧贴社会和市场的现实需求。因而,新方法指令模式对法治建设的一个重要贡献便在于其"间接引用"方式及其不断积累的实践经验。

2. 在"双层协调"中加强机构间的合作和监督

新方法指令模式中法律与标准之间的"分离"形式突出了立法主体与标准制定主体的"双层协调"结构。此处的"双层协调":一方面从"双层"来看,既减轻了欧洲原先采用"技术立法"旧模式时立法机构的沉重负担,又融合了立法主体和标准制定主体各自的专业特征;另一方面从"协调"来看,既协调了各成员国技术法规中的立法要求,又协调了各成员国在技术标准层面的具体技术差异。

这种"双层协调"的融合模式在法治背景下更具优势。首先,立法机构与标准化组织间的合作加强,标准成为支持立法政策的技术工具后,需要立法机构不断加强与标准化组织间的合作,以确保标准的制定满足法律要求和立法目标,这样不仅能确保标准的质量,在标准为法律提供技术路径、助力法律落地实施的过程中,也间接提高了法律的质量,进而提升法治的质量。

其次,立法机构对标准化组织工作的监督加强,由上文可知,"双层协调"内含"合作"和"监督"之意,在新方法指令中,协调标准的产生来自于欧委会的标准化请求("委托书"),标准制定过程中须接受欧委会的审查,被认可后标准的参照号也由欧委会发布在欧盟官方公报上,这种基于合作和监督的"双层协调"的融合模式还可以基于标准化体系内在的市场机制及时反馈给立法机构,使得法治更符合社会和市场的现实需求。

最后,有效融合法律体系和标准化体系的"动态"优势,相比于上文标准与法律"分离"形式中立法成果与标准化成果之间"静态"优势的结合,"双层协调"结构更体现了可规范性文件制定主体之间的良性互动,这种互动不仅最终会表现在规范性成果在融合方面的支持,还可以使得立法机构与标准化机构在动态的合作与监督过程中互相吸收对方值得学习和借鉴的工作模式及理念,从而为法治的良好运行既奠定制度基础又奠定机构及其运行方面的基础。

融合形式分离直接体现了"双层协调"的两方制定主体上,立法机构与标准化组织不但通过合作与监督来确保标准满足法律要求,进而提升法治的质量,还可以在动态互动中互相学习借鉴不同体系的工作模式和理念。例如,立法机构在维护法律的稳定性、保护公民合法权益上的努力,以及标准化组织在制定标准中强调"协商一致"和"公开透明"的原则,均为对方机构的工作及其规范性成果带来了有益的借鉴。

3. "循环式"协调模式增强立法决策的科学民主和效率

结合新方法指令中"双层式"的协调结构与欧洲特殊的融合体制,新方法指令的整体协调模式呈现出如图8所示"由上至下"与"由下至上"相结合的模式,笔者将其总结为"循环式"协调模式。这种协调模式对法治建设的意义在于,一方面,"由上至下"便于立法者和决策者集中高效地实现其立法目的和政策,既可以保证欧洲范围内技术协调的连贯性又便于从宏观上解决现实问题、预测未来走向,从而作出有效的应对方案;另一方面,"由下至上"则有利于上层立法和决策及时跟进社会、市场和技术发展的最新需求,通过广泛的参与机制和反馈机制使由上至下的协调更"接地气"、更符合实际情况。

具体而言,由于新方法指令的特殊体制需要欧盟层面与成员国层面之间的相互协调,通过"分离式"的融合模式及其带来的"双层式"的协调结构,在欧盟与成员国两个层面之间最终形成了"循环式"的协调模式。这种循环式模式极大地便利了欧洲治理过程中"上传下达",欧盟法律和欧洲标准在法律体系和标准化体系中协调各成员国的技术法规和技术标准,既最大程度地协调了法律要求、维持法律的稳定性,又通过标准化体系中的广泛参与机制在欧盟与成员国层面形成反馈最新需求和实际情况的"闭环"结构。此外,标准化体系不仅在欧盟与成员国之间形成循环系统,更难得的是,标准化适用范围的广泛使得欧洲公民和各利益相关方等私人主体也加入新方法指令的"循环式"协调中,这样一方面便于欧洲公民和私人团体参与欧洲标准化,进而参与欧盟立法和决策,另一方面,为欧盟立法决策的科学合理及民主性的提升带来适当、有效的途径。可以预见,新方法指令所内含的"循环式"协调模式可以为欧盟将来的立法决策带来更多欧洲公民社会的合法性支持,既减轻成员国对欧盟的压力,又有助于提升欧洲治理的效率和合理性,并在提升欧洲对内凝聚力的同时,对外形成合力,增强欧盟处理国际事务的能力和国际竞争力。

通过分析新方法指令模式与法治可以看出,欧洲标准与欧盟法律新的融合模式更适合欧盟的特殊体制。此外,新融合模式内涵及其外在建设的一系列机制能有效地促进欧盟与成员国之间技术法规和技术标准的协调。

(二)基于特殊体制设计的融合模式

1. 由欧盟与成员国构成的欧洲特殊体制

欧盟融合模式的不断改进源自其需要逐渐适应欧洲特殊的体制(如图6所示),从而更高效地协调成员国间的技术法规和技术标准。《新方法决议》的出台标志着"新方法指令模式"的诞生,这种新融合模式不仅被用于协调欧洲范围内的技术差异,也可以成为成员国家法律和标准融合的指导方针。该决议不仅提出了欧洲标准与欧盟法律融合的新模式,还指明了本决议的目的在于,确保产品在欧洲市场内的自由流通、确保成员国之间基于统一标准形成技术协调的环境,以提高欧洲产品在欧洲和国际市场上新技术领域的竞争力。

由《新方法决议》的目标可知,新方法指令模式作为一种技术协调手段,用以高效协调各成员国间的技术差异。在技术协调中,欧盟的法律体系用于协调成员国间的技术法规和相关立法要求,欧洲的标准化体系则用于协调成员国间的技术标准。基于欧洲特殊体制的新融合方式通过双层协调模式,既保障了技术协调的效率和专业,同时为欧洲法治建设提供了良好的制度基础,其中,对于抽象性的法律规定由标准提供满足法律要求的具体技术途径,既实现了法律与标准的良好互动关系,又为法律的落地实施、紧贴实际创造了科学合理的路径。

2. 特殊经济体制对欧洲技术协调的要求

欧洲体制的特殊性不仅体现在欧盟与成员国之间的关系上,还与欧洲经济体制密不可分。从经济体制与标准化的关系来看,一方面,标准在提高产品质量、促进贸易流通和技术竞争等方面都发挥着重要作用;另一方面,在各国标准化发展历程中,经济因素始终是影响标准化体制建设,进而影响标准与法律的融合模式的一个决定性因素。

如上文所述,欧洲一体化尤其是经济一体化的发展,需要逐步统一欧洲市场。在关税贸易壁垒被消除后,技术性贸易壁垒成为须首要解决的贸易问题,由各国技术法规和技术标准差异所导致的技术性贸易壁垒成为欧洲技术标准化开启的重要因素。为了在欧洲层面提高协调标准化的效率,欧盟从以法律制定标准的旧模式发展至如今法律间接引用标准的新模式,以提高协调各成员国技术差异的效率。因而,欧洲在融合模式上的创新发展与欧洲统一市场的经济目标密不可分。"新方法指令模式"不仅成为欧盟与成员国达成一致的技术协调的有效做法,同时也促进了欧洲和成员国在发展标准与法律融合模式上愈加科学、合理、高效。

在中国,标准化体制建设经历了计划经济体制、计划商品经济体制和社会主义市场经济体制的不同经济体制转型期和发展期,与此同时,标准化体制也发生了不同的演变:由政府主导的标准化管理模式转为政府与市场共治的标准化管理模式。从中国视角看,社会主义市场经济体制对标准与法律融合的影响在于,一是强制性标准作为"技术法规"体系越来越精简,制定范围被标准化基本法严格限定;二是作为政府标准的推荐性标准,处于经常被法律法规和强制性标准引用的范围,因而其制定范围被严格限定在政府职责范围内的公益性领域;三是团体标准的发展,可以预见将来自愿性标准(主要指市场标准)被法律法规引用的数量会逐渐增加,法律法规引用自愿性标准的融合模式逐渐与国际接轨,成为愈加科学合理的融合模式;四是对企业标准"放开搞活"的措施,有利于提高自愿性标准的充分、有效供给,为标准与法律融合提供以市场需求为导向的标准"资源"。

因而,由上可知,首先,标准与法律融合的动因,离不开一国/地区经济发展的需求。例如,欧盟标准与法律融合的直接原因在于欧洲经济一体化的发展需求,为进一步深化欧洲单一市场内部的自由流通而消除技术性贸易壁垒带来的障碍;而中国标准与法律融合的原因在于社会主义市场经济发展的需求,伴随着现代工业化生产,既需要法律规范商品的交易和监督行为,又需要标准深入到商品生产经营的全过程以解决规范中的技术问题,从而确保商品的质量,保护消费者的合法权益,并促进经济和贸易的可持续发展。①

其次,标准与法律的融合模式,受到一国/地区经济发展模式的影响。如欧洲经济一体化发展过程中,逐步取消了内部关税、建立了欧洲货币体系,但是成员国之间的技术性贸易壁垒逐渐成为阻碍单一市场建立和发展的障碍。1987年欧盟批准生效了《单一欧洲法令》并确定了"消除市场障碍"的核心内容,以法律形式规定欧盟为实现内部大市场目标必须在职能和政策方面作出改进,并授权欧委会为此目标可采取必要措施。其中,欧委会与欧洲标准化组织合作并请求后者为协调欧盟立法要求和技术差异制定协调标准,便是欧委会为建设内部大市场采取的一项重要措施。

最后,在标准与法律融合的环境下,经济体制、法律体系与标准化体系之间存在目标上的重合性。标准与法律融合的基础,如柳经纬教授所论述,是基于标准和法律在规范性上的共性和互补性才产生的。② 而欧洲标准与欧盟法律的融合及其模式的不断完善,不仅在于标准与法律融合的基础,即基于二者融合的一般性理论,还有新方法指令自身的特殊性。其中一点便是,欧洲标准与欧

---

① 柳经纬:《标准与法律的融合》,载《政法论坛》2016 年第 6 期。
② 柳经纬:《标准与法律的融合》,载《政法论坛》2016 年第 6 期。

盟法律的融合是欧洲经济一体化、欧洲法律一体化、欧洲技术标准化的背景下不断发展的,这意味着欧洲层面需要对各成员国的技术法规和技术标准进行协调,以加深欧洲法律一体化进程、提升欧盟法律的实施效果,同时协调欧洲范围内的技术差异,为欧洲经济一体化的发展消除技术性贸易壁垒这一障碍。因而,除了法律一体化和技术标准化的各自直接目的之外,欧盟立法机构和欧洲标准化组织的合作更多的是基于共同的目标,即对欧洲技术法规和技术标准的协调,以深化欧洲单一市场的发展。

(三)新方法指令机制对法治的意义

在新方法指令模型的构建中,除了欧洲特殊的体制和新方法指令模式这两大重要组成部分之外,还有为了适应欧洲特殊的体制、促进新方法指令模式发挥效用的各项机制建设。

首先,"新方法指令模式"在制度框架上结合了法治与标准化治理的双重优势,为了在实践中有效连接稳定的欧盟法律要求和灵活的标准技术规范,欧盟建立了"合格评定程序",经过以标准为依据的合格评定程序认证后的产品/服务,就被推定为符合新方法指令的基本要求,并可以进入欧洲市场自由流通。因而,一方面,合格评定程序是确保产品/服务符合协调标准的技术规范,进而符合新方法指令立法要求的现实保障;另一方面,对生产经营者而言,选择适用协调标准与合格评定程序是其满足欧盟立法要求、进入欧洲市场的最便捷的方式。概言之,合格评定程序的重要作用:一是体现在有效连接新方法指令与协调标准的现实作用上,二是在实际中促进了对协调标准的适用和新方法指令的实施,三是体现在欧洲法治要求下,一方面确保符合性产品/服务在欧洲市场的自由流通,另一方面确保符合标准和指令要求的产品/服务的安全性,以免对公众或消费者的健康安全构成危险。

其次,为了促进融合中标准与法律的高效实施,欧盟建立了一系列效率机制,如"符合性推定机制"对标准与法律的连接作用、"立法跟进机制"提高对现实需求的适应效率和"财政支持机制"对欧洲标准化支持立法政策的保障功能,均有助于提高技术法规和技术标准在欧洲范围内的协调效率。与此同时,欧盟还通过"广泛参与机制"来确保标准的制定遵守"协商一致"和"透明度"等原则性要求、通过"公开机制"保障欧洲标准化成果对欧洲公众的可获得性通过"更正机制"来持续把控标准的质量,虽然这三项机制被本书归入"公平机制"的范畴,但其背后同样具有对效率的考量。例如,"广泛参与机制"和"公开机制"通过提高标准的协商一致程度和信息的公开,来保证标准的制定获得利益相关方的广泛认可,从而提高标准协调和实施的效率。

再次，为了协调新方法指令体制内不同层面上多元主体间的利益，并提高各方在立法、政策和标准化决策上的效率，欧盟建立了"规制治理机制"，并将其进一步分为机构间的合作机制、成员国的转化机制和专家委员会的咨询机制，这三项机制分别侧重于立法机构与标准化组织间的合作关系、成员国对新方法指令和协调标准的转化适用，以及新方法指令中欧委会工作和欧洲利益相关者工作的协助上。因而，欧洲"规治机制"根据其三个组成机制从微观上考察，具有公私合作、双层治理和专业性辅助的特征；从宏观来看，该机制还具有欧洲背景下"规制治理"的独特性，即规治主体的多元性、规治工具的多元性、规治的层次性以及规治过程中的民主正当性。

具体而言，面对新方法指令体制所具有的两种维度——横向关系和纵向关系，一方面，"机构间合作机制"有助于在欧盟层面，形成标准为法律提供技术支持、法律对标准化进行管理和协调的良好互动；另一方面，"成员国转化机制"有助于在欧盟与成员国之间，形成法律上由成员国国内法"转化实施"欧盟法的法律协调体系，标准上由成员国国家标准"转化适用"协调标准的标准协调体系，这两种"规治机制"既为欧洲法律一体化和欧洲技术标准化的深入发展分别奠定了体系内部的协调性基础，又为欧洲法治建设从机构、制度、机制上提供了经验和实践积累。而"专家委员会咨询机制"不仅可以辅助协调多元主体在各自层面作出科学合理的决策，还可以促进公私合作中的双方资源共享、利益协调，从而更有效地解决新方法指令中协商阶段的问题。

最后，除了上述机制的建设外，在制定协调标准的过程中还存在一系列保障机制，例如，"对标准制定的保障机制"包括欧委会对欧洲标准化组织提出的"委托书"、欧委会对制出标准的"事前审查"，以及欧委会认可后由其亲自在欧盟官方公报上公布协调标准的参照号才发生"法律效力"等，欧盟对这些机制的建设同样蕴含了它确保协调标准质量及其支持立法目标的智慧。

二、标准与法律融合模型的构建

萨贝尔与泽特林教授通过提炼欧盟治理政策和治理经验，提出了实验主义治理（experimental governance）理论，并确立了该理论的四个步骤：一是确定治理目标，二是选择实现目标的方法，三是根据度量指标定期评估绩效和比较实现方法，四是通过上述因素制定者与其他利益相关方充分协商，定期对这些因素和程序加以修正。① 这一基本治理理论同样适用于新方法指令体制中法律协调体系、标准协调体系和经济目标之间的关系。具体而言,首先,在深化欧洲统一大市场的经济目标下,欧盟通过融合法律和标准的方式,对各成员国之间的技术法规和技术标准进行协调,并不断完善欧盟法律与欧洲标准的融合方式,提高技术协调效率,达到有效消除欧洲市场内部技术性贸易壁垒的目标。其次,在欧洲技术协调的整体框架下,欧委会在与各利益方协商的基础上会定期发布有关欧洲标准化的通讯,一方面对近年来技术协调成果进行总结和评估,另一方面提出近期将要开展的进一步措施和行动。最后,在欧盟法律与欧洲标准融合的实践中,欧盟立法的《1025/2012号条例》明确赋予欧洲议会和各成员国对不满足新方法指令要求的协调标准提出"正式反对意见"的权利,通过对协调标准的更正机制,确保标准的质量为欧盟立法提供科学合理的技术支持。

此处关于标准与法律融合模型的构建,同样基于欧洲标准与欧盟法律的融合模型进行探讨,以期从理论和实践上总结出新方法指令模型在法律实施、标准适用上的高效率及其在法律协调和标准协调方面的宝贵经验,并为中国标准与法律融合模型的构建提供有益的参考。

(一)根据融合体制设计的融合模式

从融合体制和融合模式的关系看新方法指令模型的构建,首先,"分离式"的融合模式高效地利用了欧盟法律协调体系和欧洲标准化协调体系各自的优势,一方面,既维持了欧盟法律的稳定性,又"最大程度"地协调了各成员国技术法规中的立法要求;另一方面,该融合模式既融合了欧洲标准化的灵活性,又在实际中"最大程度"地协调了各成员国技术标准中的差异。其次,新融合模式中的"双层式"技术协调结构使得欧盟立法机构与欧洲标准化组织之间形成良好、高效的合作模式,共同努力确保协调标准的质量及其为新方法指令提供有效的技术支持。最后,新融合模式中的"循环式"技术协调,充分考虑了新方法指令体制中欧盟与成员国的关系,通过有效结合欧盟与成员国之间的法律体系和标准化体系,进而结合双层体制中的"横向关系"和"纵向关系",确保欧盟立法政策和标准化成果达到"上传下达"的协调效果。

从上述根据新方法指令体制不断完善设计的新方法指令模式可以看出,新融合模式基于新方法指令体制中立法机构与标准化组织之间的关系、法律协调与标准协调体系的关系、欧盟与成员国之间的关系,克服了旧融合模式中的种

---

① [英]科林·斯科特著,安永康译:《规制、治理与法律:前沿问题研究》,清华大学出版社2010年版,第13页。

种缺陷,演变出了结合体制中不同因素各自优势的新融合方式,不仅提高了欧洲范围内技术法规和技术标准的协调效率,还为欧盟立法政策的科学合理性及其执行提供了更有效的渠道。

1. 融合体制的分析

根据图 2-2 所示,本书提到的新方法指令体制主要是指新方法指令环境中的"组织架构",但也不限于组织架构,还包括融合体制中各机构的工作方式及其工作成果等因素。

因而,分析融合体制的构成,首先要清楚:一是法律体系中法律的构成,二是立法主体的构成,三是标准化体系中标准的构成,四是标准制定主体的构成。在中国,一方面,根据《中华人民共和国立法法》的规定,我国法律体系的构成包括:法律、行政法规、地方性法规、自治条例、单行条例和规章等;我国立法主体的构成根据不同类别的法律具体分为:全国人民代表大会和全国人民代表大会常务委员会、国务院(国务院有关部门或国务院法制机构具体负责起草)、省、自治区、直辖市的人民代表大会及其常务委员会、民族自治地方的人民代表大会、国务院各部、委员会、中国人民银行、审计署和具有行政管理职能的直属机构以及省、自治区、直辖市和设区的市、自治州的人民政府等。

另一方面,根据《中华人民共和国标准化法》的规定,我国标准体系的构成包括:国家标准、行业标准、地方标准、团体标准和企业标准;我国标准制定主体根据标准的分类具体分为:国务院标准化行政主管部门、国务院有关行政主管部门、省、自治区、直辖市人民政府标准化行政主管部门、设区的市级人民政府标准化行政主管部门、企业和社会团体(包括但不限于学会、协会、商会、联合会、产业技术联盟)等。

基于法律体系和标准化体系的具体构成,我们可以大致了解一国/地区融合体制的布局。例如,欧盟的融合体制主要由欧盟和成员国两个层面的立法机构和标准化组织构成,而中国的融合体制则更为细化,由中央和地方、政府和市场两个重要维度组成。对中国融合体制的细化,主要源自中国的法律体系和标准体系构成的多样性,不仅在法律和标准上存在中央和地方的区别,在标准体系中还存在政府标准和市场标准(团体标准和企业标准)的区别。因而,对中国融合体制的探讨需要围绕中央和地方、政府和市场这两个维度进行,才可设计出更合理有效的融合模式,进而充分运用各方力量,对各方利益进行协调。

因此,对融合体制的完整分析有利于对融合模式的合理设计,最终会体现在法律和标准的实施效果及其协调效果上。

2. 融合模式的设计

新方法指令模式以 1985 年《新方法决议》为分界线发生过转变,1985 年前的旧融合模式主要采取"技术立法"的方式,法律与标准的融合在形式上表现为"合并式"的融合方式:欧盟立法中的直接制定标准,将有关产品的详细技术标准直接写入法律,包括产品的设计规格和性能指标等技术细节,以同时协调各成员国的技术法规和标准。1985 年后的新融合模式主要采用"间接引用"的方式,由新方法指令规定有关安全和其他公共利益方面的基本要求,通过立法机构的标准化委托请求标准化组织制定协调标准,为满足指令中的要求提供具体的技术规范,而满足协调标准的产品/服务则被推定符合指令的相关要求。从效果上比较新旧融合方式,最明显的一点便是新融合模式在协调效率上的提高,在标准的效力上反而没有因为融合方式的变化发生多大改变,因为,旧融合模式中的标准因成为法律的一部分而具有"强制力",而新融合模式中的协调标准则因"符合性推定"关系、替代性手段的高成本等而具有了"事实上的强制力"。

欧洲新旧融合模式不仅存在协调效率上的巨大差别,在融合后保有法律和标准各自优势方面,显然新融合模式比旧融合模式做得更好。首先,旧融合模式的"技术立法"方式不仅严重影响了法律的稳定性,也制约了标准的灵活性及其在技术和需求方面的"与时俱进";相反,新融合模式的"间接引用"方式通过形式上的"分离"保有了法律的稳定性和标准的灵活性,同时,"以小博大"地完成了对技术法规的立法要求和技术标准的技术差异上的"最大程度"协调。

其次,新融合模式(即"新方法指令模式")在形式上的"分离"并不表示法律对标准化的控制就减弱,相反,新融合模型(即"新方法指令模型")中存在多种机制为立法机构控制标准化成果提供支持,例如,欧委会的"委托书"制度及其对协调标准的"事前审查"和发布标准参照号等机制,都表明立法机构全程控制着协调标准的制定及其质量。

最后,在标准为法律提供技术支持方面,新融合模式更是有效地利用了立法机构和标准化组织各自的专业优势,由立法机构通过"委托书"将其对标准的要求详细列出,再由标准化组织在立法机构的监督下制定直到后者满意的协调标准为止,这种发挥各自所长的新融合模式显然比旧融合模式中由立法机构直接制定标准更专业、合理。

通过对欧洲新旧融合模式的对比分析可以看出,对标准与法律融合模式的设计不同,不仅会影响最终技术协调(包括法律和标准协调)的效率,还会对法律的实施、标准的推广产生积极或消极两种截然不同的影响。此外,在参照新方法指令模式设计符合本国体制的融合模式时,还需借鉴新方法指令在发展中出现的问题及其后来的应对措施。

首先,在欧洲层面,(协调)标准成为"事实上的强制性标准"进而成为(欧盟)法律的一部分。这一现象表明,标准化治理已不完全属于私人领域,还进入公共治理和政府规制领域,具有"事实上的强制力"。因而在设计融合模式时,一方面,无论是否采用欧洲"间接引用"的新模式,都需要考虑标准的"定性"或标准在属性上的未来发展情况,如果与"强制性"挂钩,就需要进一步考虑标准制定主体的正当性来源、对标准制定过程的控制以及标准适用领域是否有其他更合理的技术规范或替代性手段等;另一方面,还要考虑现实中对标准的有效性及其解释具有决定权的主体,这一主体既需对法律内容及其立法目的高度熟悉,还需具有标准化领域的知识储备,无论是以咨询标准化委员会方式还是配备标准化专家等形式。

其次,由上文可知,中国法律法规与标准融合的模式较为多样,而从欧盟标准与法律融合的旧模式发展到如今新旧模式并存的局面也可知,对标准与法律融合模式的设计还需与一国/地区标准化发展程度及标准作为立法政策支持工具的成熟度相契合。例如,欧盟一方面在技术协调较为先进的领域仍采用旧融合模式,如化学制品、汽车、农用机械等产品领域的标准化发展程度及其支持法律的旧融合模式已较为稳定,则在这些领域仍沿用"并列式"的融合模式;另一方面,在公共健康安全和环境可能存在潜在危险的敏感产品领域,仍沿用"并列式"的旧融合模式,以免标准(本身)的"自愿性"为选择其他难以保障公共利益的替代性技术手段打开口子。

最后,对融合模式内在机制设计的考量同样需要注意。在欧盟"新方法指令"的融合模式中,由于新方法指令与协调标准的融合是依靠"符合性推定"关系建立的"间接引用"模式,因而,如何确保协调标准的质量、协调标准为指令要求提供适当的技术支持等融合目标,就需要额外设计这种融合模式的内在机制。例如,对于协调标准质量及其融合目标达成的控制,欧盟先是采用"委托书"机制,由欧委会预先对协调标准的制定提出要求,再通过"事前审查"机制,仍由欧委会对欧洲标准化组织提交的协调标准进行内容上的审查,最后经欧委会认可的协调标准才可被其发布在欧盟官方公报上,也只有当协调标准的参照号被公布在 OJEU 上时,该标准才在欧洲市场内产生法律效力,即对相关新方法指令的"符合性推定"效力。因此,在设计法律与标准的融合模式时,若采用类似"间接引用"的方式,则需要另外考虑立法机构对标准化组织在制定标准过程、制出标准质量及其一系列目标达成上的控制,并为此设计该模式内在合理的控制机制。

(二)与融合体制和融合模式相互协调的融合机制

根据融合体制设计融合模式之后,我们还需要建设一系列促进该融合模式发挥应有效用的机制。以欧盟建立的一系列与融合体制和融合模式相互协调的机制为例，其中主要包括：

一是，立法机构与标准化组织之间的合作机制，既立足于新方法指令体制中机构间的关系，又以新融合模式中标准为法律提供技术支持的目标为出发点，通过《1025/2012号条例》对立法机构与标准化组织之间的合作设立法律规则进行规范。该合作机制既有效利用了新方法指令体制中的组成部分（机构及其之间的关系），又通过立法机构对标准化组织的标准化请求、过程监督和标准发布机制控制标准的质量及其对法律要求的技术支撑。

二是，作为标准和法律实施保障机制的合格评定程序，成为产品/服务进入欧洲市场的必要条件，以协调标准为依据实施的合格评定程序既保障了对标准的适用又间接确保了进入欧洲市场的产品/服务满足新方法指令的基本要求——保障欧盟法律的落地实施。从技术协调的角度讲，合格评定程序还是协调成员国之间技术法规和技术标准的现实机制，通过对进入市场的产品/服务实施认证，在实际中高效协调了技术标准和技术法规的相关要求。

三是，提高法律协调和标准协调的效率机制，此处主要是指新方法指令模式自身具备机制之外的立法跟进机制和财政支持机制。关于立法跟进机制，一方面，欧盟不断完善欧洲标准化的法律框架，以适应欧洲标准化的快速发展，从而确保欧洲标准为欧盟法律提供适应社会、市场和科技发展需求的技术支持；另一方面，欧盟还对标准化法律框架中的具体法律制度不断更新，以确保标准与法律融合的治理方式为欧洲市场提供更大范围、更便利的支持服务、为欧洲公民提供更多、更有效的保护。关于财政支持机制，欧盟一方面通过设立资助规则，确保欧洲标准的制修订为支持欧盟立法政策而服务，另一方面通过简便有效的资助程序促进欧洲标准化对各方利益的协调及其积极运作。

四是，基于新方法指令的规制治理机制。此处将上文描述的"规治"机制中的合作机制单独放在第一部分讲解，是为了突出"合作机制"在运用融合体制组成部分和融合模式构成部分上的优势及其对融合模式发挥效用的促进作用。此外，"规治"机制中的成员国转化机制和专家委员会咨询机制均带有新方法指令体制的特殊印记，均体现了对新方法指令体制中不同层面、不同主体之间的协调作用。

综上所述，欧洲标准与欧盟法律融合模型（或称"新方法指令模型"）与欧盟特殊的体制和治理模式密切相关。其中，以对新方法指令体制的分析为基础设计新方法指令模式，可以更高效地协调成员国间的技术法规的立法要求和技术标准上的差异；通过建设和优化新方法指令中的多种机制，可以在技术协调（主要指消除技术性贸易壁垒）的基础上，使得欧盟对内达成内部立场的协调、凝聚欧盟内部力量，对外有效提升其在国际事务中处理问题的能力和国际竞争力。

这说明,新方法指令不仅是一项技术协调手段,还是欧洲法治及其标准化建设之间连接的"桥梁"。新方法指令中的经验无论是积极的还是消极的,都值得其他国家在其法治和标准化建设中学习和借鉴,进而提高其法治和标准化建设的效率,发展出适合本国国情的新型治理模式和相关机制。失败的经验可能具有启发性,成功的经验则需要注意"移植"的条件和情况。关于融合机制对融合体制的运用及其对融合模式发挥效用的促进作用,因其中涉及的理论支持和实践情况较为复杂,将在下文着重论述。

三、标准与法律融合机制的建设

不仅融合模式的设计需要基于对融合背景下的体制进行分析,对融合机制的建设同样需要考量融合体制中各部分之间的关系以及机制建设该如何运用好体制中各部分的力量及其间的"关系"。此处将以新方法指令中的"公私合作"和"规制治理"这两项机制建设为重点,探讨二者如何有效地运用欧盟融合体制中不同主体的力量及其之间的关系。

(一)"公私合作"机制的建设

"公私合作"一直是新方法指令模式设计和融合机制建设的重点和重要特征,这主要源自新方法指令中法律体系与标准化体系的融合、立法机构与标准化组织的合作。欧洲"公私合作"机制中的"私人"因素主要来自欧洲标准化体系,它既带来了社会和市场的现实需求、科技的进步,同时也带来了私人监管或称私人规制的一系列手段。因此,此处对"公私合作"机制的探讨将主要分为三部分特征或称三个小机制进行:一是立法机构与标准化组织间的合作机制,二是政府与市场间的合作机制,三是公共监管与私人监管的融合。

1. 立法机构与标准化组织间的合作机制

在新方法指令背景下,欧盟立法机构与欧洲标准化组织之间的合作起始于1985年《新方法决议》。根据该决议的内容,为了提高欧洲技术协调效率以加快消除技术性贸易壁垒,要迅速加强欧洲标准化能力,尤其是在保护健康安全方面的产品领域,由欧洲标准负责对产品的技术特性进行界定。为了保障欧洲标准在欧洲范围内的实施和技术法规的协调,该决议规定,由欧盟立法对欧洲标准化提出要求并在法律和标准之间建立"符合性推定"关系。[①] 这便是欧盟法律

---

① Council Resolution of 7 May 1985 on a new approach to technical harmonization and standards,Official Journal C136,04/06/1985.

体系与欧洲标准化体系发生融合并关系愈加密切的背景。

欧盟法律体系与欧洲标准化体系发生融合必然离不开欧盟立法机构与欧洲标准化组织之间的互动。然而,若深入分析欧盟法律与欧洲标准的融合会发现,法律"间接引用"标准的融合模式之所以发挥出既高效协调技术法规要求又协调技术标准的效果,与欧盟立法机构和欧洲标准化组织的"直接"合作密不可分。这种合作的"直接性"体现在二者合作中各种小机制的运作或称合作机制中各环节的设计:

一是,标准的制备环节,协调标准的制定起始于欧委会向欧洲标准化组织提出的"委托书"。委托书不但是一个标准化请求,请求欧洲标准化组织制定满足新方法指令要求的协调标准,还是一个"作业要求",即标准化组织须按照委托书内容和要求制定协调标准。

二是,标准的制定环节,在协调标准的制定过程中,除了要按照委托书内容和相关指令中的规定外,欧委会还与欧洲标准化组织签订了合作协议,还有《1025/2012号条例》中的法律规则均对欧委会与欧洲标准化组织之间的合作进行了规范,从内容和程序上确保协调标准的质量及其为欧盟法律提供技术支持的目标的达成。

三是,标准的发布环节,根据《1025/2012号条例》的规定,只有协调标准的参照号发布在欧盟官方公报上才在欧洲市场内产生法律效力——"符合性推定效力",而负责发布协调标准参照的主体就是欧委会,在发布前,欧委会会对欧洲标准化组织制定的协调标准进行审查,若是前者认为该标准不合格则需要后者进行相应的修改;若欧委会认可该标准的质量,则由其将该标准的参照号发布在 OJEU 上。①

四是,标准发布后的环节,对于发布后的协调标准,根据《1025/2012号条例》的授权,欧洲议会和成员国有权对协调标准提出正式反对意见,并附上其认为该标准不满足指令要求的详细解释,最终由欧委会作出是否公布该标准或撤销该标准的决定。这一机制虽然在过程中不涉及公私合作,但是正式反对意见的提出对象则是公私合作的成果——协调标准,因此将该机制放入合作机制进行介绍主要是为了说明,欧盟在新方法指令中始终对欧洲标准化组织制定的协调标准在质量上尤其是在标准支持法律的目标完成上具有实际控制力。

上述分析有助于我们理解新方法指令中有关立法机构与标准化机构之间合作机制的建设,包括各环节的设计、融入不同的小机制。在描述这一机制的

---

① Regulation (EU) No 1025/2012 of the European Parliament and of the Council of 25 October 2012 on European standardization, Official Journal L 316, 14/11/2012.

过程中可以发现,该机制在合作的基础上侧重于立法机构对标准化机构的控制。这种机制设置与欧盟经济目标的考量有关,即深化统一大市场、促进欧洲市场内部的自由流通,因而,在运用/融合技术标准对欧洲范围进行技术协调的同时,需要依靠欧盟法律对技术法规的立法要求进行最大化协调,以确保在重大利益和事项上达成欧盟内部的协调一致,并尽量用较小成本通过标准化这一协调手段落实法律要求和法律协调的主要目标。

2. 政府与市场间的合作机制

在欧盟体制下谈政府与市场的关系,首要是基于欧盟立法机构的"超国家机构"特征,因而,在新方法指令背景下,欧盟立法机构代表着欧洲范围内的政府立场,而欧洲标准化体系(包括欧洲标准化机构和参与欧洲标准化的各利益相关方)则代表着欧洲范围内的市场和社会的需求。对于新方法指令"公私合作"机制中"政府与市场合作"的内容,主要分为两个角度进行探讨:一是,"合作规则"下的政府与市场的关系,主要是指立法机构与标准化组织基于双方签订的合作协议和《1025/2012 号条例》等规范性文件,由标准化组织在立法机构的标准化请求下,依据相应规则为法律落地实施提供合理可靠的技术支持;二是,新方法指令背景下政府与市场的关系,这一方面更侧重于描述立法机构与标准化组织基于相似或相同目标,在标准支持法律领域的信息共享和资源共享等实践。

首先,新方法指令中"公私合作"的目的,不仅在于满足法律对标准的需求、标准对法律的支持,还在于欧洲技术协调过程中需促进欧洲市场内部的自由流通,助力欧洲经济提质增效升级,提高欧洲在国际市场中的竞争力。这就需要欧洲技术协调中既要提升协调效率又应满足欧洲市场的现实需求,与时俱进。因而,作为政府一方的欧盟立法机构通过与欧洲标准化组织合作,可以在立法政策的保障下,根据市场需求快速供给所需标准。

其次,这种合作机制对市场需求的快速反应主要来自欧洲标准化体系的组织构成及其运作模式:一方面,欧洲标准化组织由 34 个欧洲国家的国家标准化机构组成,这可以令欧盟在技术协调中充分了解其成员国和欧洲单一市场内其他欧洲国家有关技术层面较为一致的需求;另一方面,欧洲标准化组织的工作模式是由标准化组织与其成员合作制定欧洲标准,并鼓励和推动包括中小企业、消费者组织、环境和社会利益相关方在内的所有利益相关者有效参与欧洲标准化活动,这种多元化的参与主体既可以保证在协调各成员国技术差异的基础上发挥各国力量合作制定协调标准,又可以满足欧洲市场内各方利益的现实需求,包括有关市场和创新方面对标准的需求,最终形成协调各方、各成员国技术差异、满足市场和创新需要的标准化成果。

最后,通过对"公私合作"中政府与市场合作机制的分析发现,欧洲标准化组织不仅需要从欧委会的"委托书"出发,提供满足指令要求的协调标准,还需要从欧洲标准化自身的使命出发,为欧洲单一市场的发展和欧洲经济增长创造条件。这不仅是欧洲标准化的优势,也是标准化自身的长处,即其对提高生产力、增加市场内部贸易和提高劳动效率方面的支持作用。因此,欧委会与欧洲标准化组织合作不仅有利于提高欧洲技术协调效率,还便于利用法律与标准的融合,在建立统一市场体系的基础上根据欧洲市场和创新需求,有效供给科学合理的欧洲标准,提升欧洲市场和欧洲企业的国际竞争力。

3. 公共监管与私人监管的融合

在认识公共监管与私人监管之前,我们需要对二者各自的优势、劣势及其之间的互补进行一定的了解。首先,相比于政府监管体系,私人监管的优势在于,监管范围广泛、发现成本低廉、技术优势强。随着社会经济的发展,政府监管在范围和效果上均较为有限,而随着私人标准化团体的发展,通过私人认证活动等力量可以有效弥补政府监管不到的区域,与此同时,以私人标准化机构为例的私人监管主体通常具备较高的科学技术水平,比如拥有自己的实验室、科学家团队和相关领域技术方面的专业知识与信息,此外,私人团体在安全标准和要求方面与公共部门同行提出的要求相比,其在影响行为方面更有效果。[①]

其次,相较于私人监管领域的其他监管手段而言,私人标准化体系的优势在于其专业性强、资源丰富、具有事前规制的功能。例如,通过消费者诉讼实施的"私人监管"力量难免单薄、破碎,而且诉讼中的取证成本和诉讼成本均较高。相比之下,私人标准化组织因其拥有来自企业和社团的力量,在资源和专业上占有优势,同时,私人标准化机构基于技术和研发可以事先对相关经济活动进行规范和要求,从而确保符合其要求的产品/服务的质量,不会对消费者和用户造成危险。

再次,私人监管也存在其自身的弱势,比如,私人监管的分散型导致其缺乏全面监控和执行能力,同时,私人规制治理也缺乏治理的合法性。更有评论者认为,私人组织基于实现经济目的而建立,并不能保障其对公共利益的贡献,也不会考虑社会问题并提出相关政策和规则。无论对私人监管的这一观点是否失之偏颇,但从经济发展和社会效益的角度来看,私人监管确实需要公共部门在规范上的引导才能更全面地健康发展,如果像新方法指令的机制建设一样形成公私合作机制,那么私人监管主体无疑也会从社会问题出发为相关立法政策

[①] 王殿华、王蕊:《国际食品安全监管问题与全球体系构建》,载《科技管理研究》2015年第11期。

和规则贡献智慧,成为真正有力量的社会团体。

最后,私人监管与公共监管融合的优势在于,一方面,私人监管可有效弥补政府监管的滞后性和技术手段上较薄弱的缺陷;另一方面,公共监管的融入可以为私人监管提供规范上的良好指导以及财政上的支持。若是单靠公共监管,不仅无法辐射到社会生活的各个角落,更是在技术层面为国家带来了财政上的负担,无论是监管机构和检验检测机构的建设,还是合格技术人员的配备都会带来巨大的财政和技术成本。如果将公共监管与私人监管融合,则可以有效利用私人监管的技术、设施和人员,再加上政府的财政支持和规范指导,便可以从制度、技术、监管范围等环节不断完善一国/地区的经济相关活动。

在新方法指令背景下,公共监管与私人监管的融合主要是指,机构上,欧盟公共部门(立法机构)与私人标准化组织(欧洲标准化组织)之间的合作,规范性文件上,欧盟法律(新方法指令)引用私人机构制定的技术标准(协调标准),从而融合公共部门的监管法律、政策与私人标准化机构的技术规范和相关标准化活动(包括认证活动);与此同时,由于法律的融入,法院(欧洲法院)的判例法对完善法律和监管环境的推动作用也不容忽视。欧洲公共监管与私人监管的融合为一国/地区监管框架的建立提供了有益的参考,无论是公共部门与私人标准化组织之间有效的合作模式,还是制度建设上如何更好地结合公共部门和市场的需求以及二者的监管措施,都给其他国家/地区在建立公私合作监管模式上提供了宏观和微观的参照。

在新方法指令的框架下,"公私合作"机制的建立意味着可以融合立法机构和私人标准化的力量,可以兼采政府的政策规范和市场需求导向的优点,可以运用私人监管弥补公共监管的弱势,同时,还可以基于法律和标准的融合,通过法院和判例法推动新方法指令模式不断完善,进而更高效地保障欧洲市场的自由流通和欧洲公民的合法权益。

(二)"规制治理"机制的建设

欧洲"公私合作"机制建设注重立法机构与标准化组织之间的有效合作、政府引导与市场导向在欧洲技术协调中共同发挥力量、私人监管对公共监管的补充这三个重要方面。此处关于欧洲"规制治理"机制的分析主要集中在对多元化"规治"主体的分析。上文将欧洲"规治"机制细分为机构间合作机制、成员国转化机制和专家咨询机制三个方面,主要是从该机制组成部分的视角出发进行论述,此处对"规治"机制中多元化"规治"主体的分析则是从欧洲规制治理的参与者角度出发,以期突出欧洲在标准支持法律的融合模型中对广泛参与者的重视。

1. 政府和社会的共同治理

欧洲"规治"机制的建设注重鼓励和促进标准化体系中的各利益相关方参与欧洲标准支持欧盟立法的融合模型,因而,该机制在培育发展欧洲民间团体并反哺于欧盟立法政策方面具有重要意义。此处首先对古今中外有关"市民社会"的理论及其实践进行简单介绍,再指出欧洲"规治"机制对市民社会在建立和发展方面的重要贡献。

(1)"市民社会"的理论及其实践发展

19世纪的西方,托克维尔在研究和发展"中间团体"的概念时,一方面强调需要强有力、内部制衡的政府,另一方面则提倡多元的、自我组织的、独立于政府的民间团体的重要性。他认为,培育发展这种民间团体,有助于培养参与人民的公民性格,使其在社团中学会关心他人和社群,并与他人合作,为共同的目标而努力,同时会深化认识权利和义务的概念。当代西方市民社会理论的核心内容之一,就是托克维尔关于民间团体在民主社会中的重要地位及其作用的构想。[①]

Taylor在"社群主义的市民社会理论"中认为,衡量市民社会存在的标准有三(既可同时也可分开引用):第一,是市民社会的最低要求,即社会中存在不受国家权力支配的、民间社团自由活动的空间;第二,是整个社会可通过民间社团自我组织和自我协调;第三,是民间社团能影响和参与国家的政策。Walzer就市民社会的发展提出了两项建议:一是,下放国家权力,让公民自己承担多一些管理社会事务的责任;二是,推动经济的社会化,鼓励市场主体的多元化,例如:包括公共企业、合作社、非牟利机构等市场主体。[②]

在中国,近代市民社会出现在19世纪中期以后。萧功秦指出,中国近代的市民社会是在近代工商业和租界文化的发展和近代社会变革的推动下,从传统社会结构中逐渐蜕变出来的。[③] 由商人、从事自由职业的知识分子和新兴工人阶级等组成的各样社团,包括商会、同乡会、银行公会、学社、工会、律师协会和慈善机构等团体,曾在政治和经济中发挥了重要影响力。1949年至1978年"改革开放"前,中国实行全能主义式(totalitarianism)的统治,市民社会的自治性和自主性被打破。[④] 直至1978年以后,20世纪上半期曾在中国活跃过的市民社会开始复苏,但这种市民社会的内部结构并不成熟(如对政府的依赖性),又缺乏部分法制保障。

[①] 陈弘毅:《法理学的世界》,中国政法大学出版社2003年版,第239~240页。
[②] 陈弘毅:《法理学的世界》,中国政法大学出版社2003年版,第249页。
[③] 罗岗、倪文尖:《90年代思想选(第二卷)》,广西人民出版社2000年版,第46页。
[④] 陈弘毅:《法理学的世界》,中国政法大学出版社2003年版,第274页。

根据邓正来和景跃进学者的观点,建构中国市民社会的关键问题在于,国家与社会之间没有形成适宜现代化发展的良性结构,社会也一直没有形成独立、自治的结构性领域。据此,这两位学者提出构建中国市民社会的两种力量在于,一是国家由上而下的作用,比如经济政策、法制建设和教育政策等;二是社会由下而上的作用,比如个体和私营经济、民间社团等。①

(2)欧洲"规治"机制对市民社会的贡献

首先,运用市民社会理论来理解欧洲标准化组织对市民社会的影响在于,前者成为欧洲民间社团参与欧盟立法政策的重要平台。尽管欧洲标准化组织在制定协调标准上受到欧委会的控制和监督,但其在构成上汇集了来自各成员在商业和工业领域及其他利益相关方的专业人员,其中不乏欧洲34个成员国内部的民间社团,因而,欧洲标准化组织在制定协调标准为欧盟法律提供技术支持领域,便成为这些民间社团参与欧盟立法决策的重要平台;另一方面,欧洲"规治"机制有利于鼓励和促进欧洲民间社团参与欧洲标准化活动,进而参与欧盟的立法政策。

其次,结合市民社会理论来理解欧洲"规治"机制可以发现,欧洲"规治"机制对促进市民社会发展的贡献在于,一是,通过欧盟立法机构与欧洲标准化组织间的合作可以确保欧洲民间社团对标准和技术法规的需求反馈到欧盟公共部门;二是,通过专家咨询机制纳入各行各业专家学者的意见和专业知识,也是对民间力量参与和影响欧盟政策的保障。

最后,欧洲"规治"机制对中国的重要启示在于,法律与标准的融合模型可以为中国市民社会的形成和发展建立良好的结构性基础,并为中国市民社会的建设有效融合上述两种力量,即国家由上而下有关经济政策和法制建设的力量和社会由下而上有关私营经济和民间社团的力量。尤其是,中国自2015年起的标准化体制改革和2017年《标准化法》的修订均表明,政府在标准化领域逐渐下放权力并重视培育发展市场标准,以增加标准的有效供给,这些均为民间标准化团体的发展创造了良好的法律政策环境。参照、借鉴新方法指令模型,一来,通过在中国大陆培育和发展私人标准化团体,有利于创造市民社会自由活动的空间;二来,标准与法律的融合过程,便是协商一致的标准化系统与国家强制力保障的法律系统融合的过程,这一过程有利于从自下而上的角度,实现民间社团参与和影响国家政策、营造健康的市民社会基础及其与国家之间二元体系的良性互动。

---

① 邓正来、景跃进:《建构中国的市民社会》,收录于邓正来:《国家与社会:中国市民社会研究》,四川人民出版社1997年版,第18页。

2. 多元化"规治"主体和"规治"工具

欧洲"规治"机制中的多元化主体中,一边是欧盟立法机构,包括欧委会、欧洲议会和成员国,另一边则是多元化的市场主体,包括参与欧洲标准化活动的各利益相关方、民间社团和专家学者等。这种多元化的"规治"主体,一方面,既可以保证欧盟立法政策的有效实施,又可以通过欧盟政策的保护促进欧洲市场主体的健康发展;另一方面,多元化市场主体的加入,既有助于增强欧洲标准化的市场活力、竞争力和创新力,又有助于通过欧盟"规治"机制让欧洲市场主体参与欧盟法律政策的制定,通过承担管理社会事务的责任,增强欧洲公民和团体对其在欧洲范围内权利和义务的认识,推进欧盟法治建设发展和欧洲社会的基础建设。

欧洲"规治"机制中的多元化工具,主要是指规治机制中的各种小机制:一是,机构间的"合作"机制可以确保,一方面,欧盟法律要求和立法目标得到欧洲标准的技术支持而落地实施,另一方面,欧盟立法政策在形成过程中融合了社会和市场需求,兼顾欧洲科技发展的现状;二是,成员国的"转化"机制,通过欧盟法律和欧洲标准自上而下的"转化实施"作用,确保欧盟法律政策和欧洲标准对各成员国的技术法规要求和技术标准上的差异进行有效的协调;三是,专家咨询机制,在必要时可以为欧盟立法政策提供更为客观、科学合理的参考意见,确保欧盟和欧洲市民社会之间的"良性互动",提高欧盟立法政策的合理、合法性。因此,欧洲"规治"机制的多元化主体从组成结构来优化欧洲治理体系,而多元化规治工具则可确保欧洲治理能力的质量及其完善。

第四章

新方法指令模式的问题及其解决方法

本章根据欧洲学者的研究和欧盟相关案例,对新方法指令模式在适用中出现的问题进行阐述和分析,并介绍和探讨欧盟针对这些现实问题的态度及其解决方法和经验。通过研究总结新方法指令模式存在的问题及欧盟相应的对策,可以为更好地构建科学合理的标准与法律融合模型提供针对性的视角,并为在我国区域一体化建设法治与标准化融合治理中,如何正确处理法律与标准的关系、发展和规范私人标准化和私人监管活动、合理地协调不同地区技术法规和技术标准的差异提供一种启示和参照。

第一节 新方法指令模式存在的问题

一、"自愿性"协调标准成为"事实上的强制性标准"

自1985年《新方法决议》启动后,欧盟全面改革其内部市场的立法计划,很大程度上依赖欧洲私人标准为欧盟法律的实施提供具体路径和技术支撑。根据新方法,产品立法仅制定"基本法律要求",遵守欧委会"认可"的协调标准即可推定产品符合相应新方法指令的基本法律要求。这既是新方法指令模式(基本表现形式),也可被称作法律对标准的"间接引用"。在这种融合/引用模式中,对标准的选择适用不具有"强制性",协调标准仍保有其"自愿性"特征。

然而,现实中却是另外一番情况,如果选择其他标准来证明产品符合欧盟法律要求则负担繁琐又昂贵,若选择替代性方法认证产品的符合性和质量会产生不合理费用又浪费时间,这样便不免形成协调标准是产品进入欧洲市场的唯一可行方式,自然就阻碍了不选择适用协调标准的产品或服务进入欧洲市场。

此时的协调标准便成为"事实上的强制性标准",继而带来标准与法律界限模糊、标准制定的正当性等一系列问题。此处以欧盟Fra.bo案件为例,在解释"事实上的强制性标准"这一现象的同时,分析协调标准成为"事实上的强制性标准"所带来的一系列问题。

(一)Fra.bo案件:协调标准成为"事实上的强制性标准"

德国天然气和水协会(DVGW)是一家由私法管辖的非营利机构。DVGW的一项活动是为德国的供水行业制定技术标准,这些标准也是DVGW认证的基础。在德国,作为一家公认的"公益"机构,经过DVGW检验和认证的产品会被推定符合德国法律,而未经DVGW认证的产品则很少能在德国销售。根据德国法律规定,DVGW认证对私人企业的产品并非强制性要求。德国既没有资助DVGW的活动,也没有对DVGW的标准化和认证活动施加决定性影响。2000年,Fra.bo作为一家意大利水和天然气管道铜配件生产商,获得了DVGW五年期的相关技术标准认证。2005年,DVGW修改了铜配件标准,引入了新的要求:"铜配件的弹性防水接头暴露在110℃的沸水中浸泡3000个小时"。当意大利公司Fra.bo未能依据修订后的标准获得认证证书时,它在德国法院提起了诉讼,指控DVGW违反了TFEU第34条[①]规定,侵犯了其关于货物自由流通的权利,妨碍其产品进入德国市场。DVGW则辩称,作为一个私法机构,政府对它并无任何影响,它不受TFEU第34条的约束。对此,德国法院将此事提交欧洲法院请求作出初步裁决。[②]

2012年,欧洲法院得出的结论是:DVGW凭借其对产品进行认证的权力,实际上拥有了监管产品进入德国市场的权力,根据DVGW运行的"立法和监管环境",即德国法律赋予DVGW实施认证的特殊地位,可以判断TFEU第34条适用于DVGW的标准化活动和认证活动。欧洲法院的结论主要基于两点理由:一是德国国内立法认为DVGW所认证的产品符合国内法;二是实际上产生了限制未经DVGW认证的产品进入德国市场/进行销售的效力。此外,欧洲法院在推理中提出了"事实上的强制性标准"这一概念,主要基于两个事实:一是从市场认可/接受度来看,实际上几乎所有德国消费者都购买经过DVGW认证的铜配件;二是证明产品符合性的其他途径或替代性方法均非常昂贵又复杂,

---

[①] TFEU第34条规定:"禁止对成员国之间的进口施加数量限制或采取具有同等效果的措施。"转引自程卫东著、李靖堃译:《欧洲联盟基础条约——经〈里斯本条约〉修订》,社会科学文献出版社2010年版,第66页。

[②] Case C-171/11 Fra.bo SpA v Deutsche Vereinigung des Gas-und Wasserfaches eV (DVGW)-Technisch-Wissenschaftlicher Verein ECLI:EU:C:2012:453.

即使国家法律规定可以通过DVGW认证以外的程序检测相关产品是否符合德国技术标准,但对于在德国寻求产品认证的企业而言,这并非一个可行的替代方案,因为这样的程序将带来相当大的管理困难并为有关企业增加额外的成本。[①]

此外,Schepel教授认为Fra.bo案不仅对国家标准产生影响,同样对新方法下的协调标准产生影响。虽然新方法下对协调标准依标实施的认证活动是"自愿性"的,但事实上,一来证明产品与欧盟相关法律符合性的替代性手段同样非常昂贵且复杂,二来欧洲消费者在实践中也只购买带有CE标志(经认证符合欧盟法律标志)的产品。这说明欧洲法院在Fra.bo案中有关DVGW的结论同样适用于欧洲标准化组织及其制定的协调标准和相关标准化活动。具体而言,如CEN"实际上"拥有监管新方法所规范的产品进入欧洲市场的权力,并且从替代手段的成本和市场认可度的视角看,CEN制定的协调标准同样具有"事实上的强制性"。

(二)关于"事实上的强制性标准"的问题分析

新方法下的协调标准成为"事实上的强制性标准",这既跟制度本身的设计息息相关,也跟市场认可度等现实因素分不开。自愿性标准成为"事实上的强制性标准"会为市场和法理带来一系列待解决的问题。首先,协调标准可能会阻碍产品/服务进入欧洲市场而使生产销售商们不得不遵守这些"事实上的强制性标准"。根据Schepel教授的观察,"即使在法律意义上对某项标准的遵守并非'强制性',但在实践中遵守这项标准是产品进入市场的'唯一'可行方式,否则可能会被禁止进入市场,那么这项标准便构成'事实上的强制性标准'。"[②]如此一来,标准的"自愿性"被打破,从贸易的角度看,"事实上的强制性标准"不仅在欧洲市场上形成对外强大的技术性贸易措施,而且这类标准与法律融合的模式("符合性推定"模式)也容易在欧洲市场内部为各成员国形成参照,从而产生更多欧洲市场内部的贸易纠纷和摩擦,不利于欧洲单一市场的深化。

其次,"事实上的强制性标准"还带来"私有化立法"(privatized law-making)[③]方面的问题,即欧洲标准化组织制定"事实上的强制性标准"的正当性问题。从

---

① Edited by Panagiotis Delimatsis, *The Law, Economics and Politics of International Standardisation*, Cambridge University Press, 2015, pp.205~206.

② Panagiotis Delimatsis, *The Law, Economics and Politics of International Standardisation*, Cambridge University Press, 2015, p.202.

③ Panagiotis Delimatsis, *The Law, Economics and Politics of International Standardisation*, Cambridge University Press, 2015, p.200.

协调标准具有"强制性"的适用状态来看,我们可以将其划入"私有化立法"的范畴。此时,在"符合的性质"上,协调标准与技术法规之间不再存在差别,无论是与协调标准还是与技术法规相符合均是强制性的。由此一来,欧洲标准化组织"实际上"制定"技术法规"的正当性该如何解释和解决便是其和欧盟需要面对的问题。

最后,协调标准与新方法指令的融合模式兼具法律的统一协调和标准的灵活性,若是协调标准的"自愿性"丧失,是否意味着这种融合方式的多重优势也会被削弱?成为"事实上的强制性标准"后,欧盟公共当局还须考虑的问题是:该如何立法规范协调标准制定程序的完整性?由协调标准所代表的私人标准化及其认证,从作为公共监管的补充到最终具有与公共监管相同的特征,是否仍然对立法机关和相关行业形成吸引力?从根本上讲,这一系列问题都是由协调标准与法律法规之间的界限模糊所造成的。

二、私法领域与公法领域的"碰撞"

(一)Fra.bo 案件:TFEU 第 34 条适用于私人团体标准化

Fra.bo 起诉 DVGW 的理由是,它认为 DVGW 违反了 TFEU 第 34 条的规定,该法条禁止对成员国之间的进口施加数量限制或采取具有同等效果的措施。本案为 TFEU 第 34 条开启了"横向直接效力"的大门。"横向直接效力"来自欧盟法的"直接效力"理论。欧盟法的直接效力是指:"欧盟法律规范所具有的,可以无条件地使其对其适用主体所创设的权利义务在成员国法院得以强制执行的效力"。由此,欧盟所有公民可依法请求国内法院保护欧盟法直接赋予他们的权利。[①]

如果欧盟法律规范的直接效力是在个人与成员国之间的法律关系中产生的,理论上称为"纵向直接效力"(vertical direct effect);如果欧盟法律规范的直接效力是在个人相互之间的法律关系中产生的,则称为"横向直接效力"(horizontal direct effect)。[②]

尽管 DVGW 是一个受私法管辖的机构,且据其辩称,德国既没有资助 DVGW 的活动,也没有对 DVGW 的标准化和认证活动施加决定性影响。但欧洲法院认为,鉴于 DVGW 有权对产品进行认证,并在事实上有权监管产品进入

---

① 张彤:《欧盟法概论》,中国人民大学出版社 2011 年版,第 97 页。
② 张彤:《欧盟法概论》,中国人民大学出版社 2011 年版,第 97～98 页。

德国市场的机会,那么,在与Fra.bo达成的合同中,由DVGW实施的标准化和认证活动就应受到TFEU第34条规定的禁令约束。Fra.bo案件中欧洲法院的判决表明,即使受私法管辖的机构,如果国家立法认为由该私人机构认证的产品符合国内法律并产生限制未经该机构认证产品进入市场销售的效力时,则TFEU第34条适用于私人机构的标准化相关活动。

在Fra.bo案件中,DVGW是德国公认的"公益"机构,受私法管辖,并在私人监管领域发挥着重要作用。然而,本案欧洲法院的判决表明,当私人机构的标准化相关活动产生与国家规定措施相同的限制商品流动自由的效果时,即使DVGW不是公共机构,也要受到TFEU第34条的约束。这便是私人标准化活动中私法领域与公法领域的"碰撞",私人机构的标准化和认证活动不再由单一的私法或公法调整,而是受到私法和公法在不同方面的共同规范。这难免会为私人监管领域私人机构的标准化活动带来"束手束脚"的影响,也会产生由私人机构开展的标准化和认证活动究竟是对政府监管的"补充"还是"代替"的问题。

(二)James Elliott案件:公法的影响持续施加于私人标准化

James Elliott案件是一起涉及有关解释欧洲建筑材料协调标准的私法纠纷。[①] 欧洲建筑材料协调标准是在新方法框架下制定的,该欧洲标准的国家版本被纳入爱尔兰建筑公司James Elliott与爱尔兰建筑业的混凝土供应商——Irish Asphalt(爱尔兰沥青)之间的销售合同中。James Elliott在使用Irish Asphalt提供的混凝土建造设施后发现,设施的混凝土地板和天花板开始出现裂缝。对此,James Elliott认为,Irish Asphalt公司违反了国家销售法规定的义务,即提供"适合用途"的"适销性"建筑材料。而Irish Asphalt的辩护则将这起国家销售法律纠纷转变成欧盟宪法的一个重要案例:Irish Asphalt辩称,销售合同中包含的协调标准应被视为欧盟法律,因而,协调标准的技术规范应优先于国家销售法,并排除国家销售法对供应商供应的建筑材料所施加的"适销性"和"适合用途"等附加条件。爱尔兰最高法院就与欧盟法律适用有关的问题和欧洲技术标准的法律性质等问题提交给欧洲法院以作出初步裁决。

对此,欧洲法院认为,协调标准是欧盟法律的一部分,其理由是基于"协调标准是实施或适用欧盟法律的措施"。具体而言,欧委会控制着协调标准的制定过程并最终在OJEU上公布了协调标准的参照号,自此,协调标准在新方法下和欧洲市场中具有了法律效力(指符合性推定的效力)。因而,作为实施欧盟

---

① Case C-613/14 James Elliott Construction Ltd v Irish Asphalt Ltd,ECLI:EU:C:2016:821.

法律的措施,协调标准属于欧盟法律的一部分,欧洲法院对协调标准拥有最终解释权。自此,合同缔约方可以请求欧洲法院在初步裁决中对合同履行争议中协调标准的有效性及其解释提供解答。

从 James Elliott 案件中可以看出,一方面,在私人纠纷中涉及协调标准的有效性及其解释的问题需提交欧洲法院进行解答,而欧洲法院的主要功能则在于,确保欧盟法律在各成员国得到解释和应用,这表明有关协调标准的问题在欧洲法院层面进行解答便是一种公法对私法领域的"干预";而另一方面,欧洲法院在本案中得出协调标准是欧盟法律一部分的结论,这一初步裁决更是可以使私人纠纷中的第三方获得有效的司法保护,以防私人标准对其法律地位产生影响。无论是欧洲法院的角色还是它对本案的判决,均体现了公法对欧洲私人标准化日益增大的影响,这不仅需要我们重新思考这种形式的私人监管和私人标准化组织,也带来了一个令标准化机构无法忽视的问题,如果欧洲法院有权对标准的有效性及其解释作出初步裁决,为私人纠纷中的第三方提供有效的司法保护,那作为标准的制定主体是否需要对其标准化成果承担相应的责任?

(三)Schmitt 案件:私人标准化机构承担更多的公共责任

PIP(Poly Implant Prothèse SA,简称"PIP")是一家硅胶乳房植入物的知名制造商,总部设在法国并在全球范围内运营。约于 2000 年,PIP 的管理层决定节省用于乳房植入物的硅凝胶的成本,开始使用更便宜的工业硅凝胶,而非所需的医用有机硅凝胶,这一决定和行为违反了相关法国和欧洲的安全标准。PIP 在选择填充硅凝胶上完全是随机的:一些乳房植入物填充了医用有机硅凝胶,而另一些则填充了工业硅凝胶。此外,PIP 在其业务记录之外购买了大量工业硅凝胶并伪造了发票,使其看起来像是购买了预期数量的医用有机硅凝胶。2010 年,法国公共监督机构发现了 PIP 的欺诈行为,PIP 乳房植入物立即被撤出市场。同年,PIP 宣布破产,其管理人员被判处长期徒刑。然而,至 2010 年发现 PIP 欺诈行为时,全球已有数十万名女性接受过 PIP 乳房填充物植入。由于没有足够的国家系统来注册使用的乳房植入物,许多接受植入的妇女无法确定其植入物是否是由 PIP 制造的。即使她们确实知道,由于 PIP 欺诈行为的随机性,也无法知道其乳房植入物是否含有工业硅凝胶,找出的唯一方法便是移除乳房植入物。为此,许多受害者接受了移除手术。①

因 PIP 于 2010 年破产,受害者起诉制造商获得赔偿并不现实,必须寻找替

---

① Case C-219/15 Elisabeth Schmitt v TÜV Rheinland LGA Products GmbH,ECLI:EU:C:2017:128.

代战略以获得赔偿。因而,受害者开始在欧洲不同的司法管辖区对涉及 PIP 乳房植入物的生产、分配和医疗使用各方提起法律诉讼。其中,受害者在德国和法国针对 TÜV(TÜV Rheinland,简称"TÜV")提出了一系列个案和集体诉讼请求。TÜV 是一家在德国注册的私人认证机构,根据欧盟法律实施符合性评估,并在全球设有子公司。TÜV 与 PIP 签订了一份合同,以执行有关 PIP 乳房植入物的合格评定程序。

欧盟《医疗器械指令》规范了欧洲市场上乳房植入物的生产和贸易,根据指令要求,PIP 将产品投放市场之前须进行合格评定程序。根据《医疗器械指令》,TÜV 这类认证机构被称作"通告机构"[1],其义务载于指令的附件 II 中,主要分为三类:一是,通告机构必须检查制造商的质量体系;二是,必须检查设计档案;三是,必须实施监督,以确保制造商持续遵守质量体系。如果通过合格评定程序,则认证机构必须向申请人即制造商提供合格声明,以使制造商能够在其产品上粘贴 CE 标志并将产品投放到欧洲市场。这些通告机构中的大多数,包括 TÜV 都是私人机构,也有一些属于公共机构。

2008 年,Elisabeth Schmitt 在德国一家私人诊所接受了 PIP 乳房植入物。2010 年出现 PIP 丑闻后,有关使用工业硅凝胶健康风险的信息更多地被披露,Schmitt 女士决定移除她的植入物,并对 TÜV 提出了诉讼,虽然她无法证明其乳房植入物含有工业硅凝胶。Schmitt 女士认为,如果 TÜV 更严格地对 PIP 进行检查和审核,并运用《医疗器械指令》[2]赋予它的所有权力,就会发现 PIP 制造过程中存在的违规行为,PIP 也就不会继续将其植入物投放市场。然而,从 1998 年到 2008 年间,TÜV 在 PIP 工厂进行的 8 次合格评定程序中没有一次是未经通知的检查,期间,TÜV 既未对植入物进行过实际检查,也未审计过 PIP 的业务记录。因而,Schmitt 女士认为,如果进行了此类检查,PIP 所犯的欺诈行为将更早被发现,从而避免对接受 PIP 乳房植入物的女性造成伤害。对此,她要求 TÜV 赔偿 40,000 欧元以补偿其痛苦和移除、更换乳房植入物的费用。

关于 TÜV 的争议焦点在于 TÜV 的确切义务,更具体地说,无论是基于与 PIP 的合同还是基于(转化)实施《医疗器械指令》的国家立法,TÜV 是否对 PIP 乳房植入物的用户(受害者)负有责任。2013 年,德国地方法院以 TÜV 没有违反《医疗器械指令》规定的任何义务,包括突击检查和实际检查义务等理由驳回了 Schmitt 女士的诉讼请求。上诉法院则认为,基于德国私法的相关规定及合

---

[1] 使用"通告机构"一词是因为这些认证机构已由其所在的成员国通知欧洲委员会。

[2] Council Directive 93/42/EEC of 14 June 1993 concerning medical devices,Official Journal L 169,12/07/1993.

格评定程序的目的，TÜV 在合同或侵权领域均不对接受 PIP 乳房植入物的女性承担注意义务(a contractual duty of care or a duty of care in tort)。Schmitt 女士又向德国最高民事法庭提出上诉，后者向欧洲法院询问了《医疗器械指令》相关条款的目的和意图。

2017 年，欧洲法院作出了判决：一方面，《医疗器械指令》详细规定了通告机构如何评估制造商的设计档案和质量管理体系，但是并未规定通告机构须突击检查、检查制造商业务记录和设备的一般义务；在根据《医疗器械指令》实施监管时，必须允许通告机构享有一定程度的自由裁量权，但是，这种程度的自由裁量权必须是"适当的"而非无限制的，因此，在履行合格评定程序中的任务时，通告机构应承担"尽职尽责"的一般义务；另一方面，《医疗器械指令》并未规定患者有权从通告机构获得损害赔偿的相关条款。尽管《医疗器械指令》在前言中指出："医疗器械应为患者、使用者和第三方提供高水平的保护"，但该目标并未向用户提供与认证机构相关的赔偿权，也就是说，《医疗器械指令》为用户提供了"抽象的"保护，使得该案被列入程序自治范围，留待成员国的国家法律处理。

因此，一方面，欧洲法院承认了《医疗器械指令》在保护患者、使用者和第三方上的立法目标，但这种保护相对"抽象"，并被欧洲法院留给各成员国的国家法具体处理；另一方面保护产品使用者的立法目标显然"次于"新方法指令在促进自由流通方面的立法目标。因此，本案中 TÜV 对接受 PIP 乳房植入物女性的责任交由成员国国家私法处理。尽管如此，新方法指令保护患者、使用者和第三方的立法要求是确定的，这就为未来成员国及其地方法院针对私人标准化机构为公民提供司法保护打开了一扇门。而早在 2013 年，法国土伦地区法院就判决 TÜV 赔给每位原告约 3000 欧元的临时赔偿金。可以看出，在提供有效司法保护的趋势下，私人标准化机构的公共责任不可避免地会与日俱增并在未来需对使用者和第三方承担更谨慎的注意义务。

(四)关于"公法持续影响私人标准化"的问题分析

首先，无论是 Fra.bo 案、James Elliott 案还是 Schmitt 案均表明，私人标准化活动在具有"公共监管"特征时，私人标准化机构及其活动和成果都要受到公法的约束，承担公共责任。对此，Schepel 认为，Fra.bo 的判决很可能会使欧洲标准化"瘫痪"，而不是加强其完整性，这主要源于 TFEU 等欧盟法律的约束为私人标准化及其认证带来的风险。而 James Elliott 案中，合同缔约方可以向欧洲法院申请对协调标准在合同履行纠纷中的有效性和解释作出初步裁决，这种通过欧洲法院的初步裁决程序质疑欧洲标准的有效性及其解释的实践，在 Van Gestel 和 Micklit 看来，是欧洲法院针对私人标准化机构提供给第三方的司法保护,而这一趋势无疑将使私人标准化机构的"俱乐部会所"围墙崩塌。①

其次,在施加私人标准化组织"公共责任"和"风险"之外,还面临协调标准"属性"上的转变和"认证"活动实际上拥有的市场准入的"监管权",因而,对私人标准化的规范到底是通过自愿性的"指南"或"建议"等完全私人领域的规范手段实施引导,还是将标准化整体视为具有强制性约束力的公法领域规则进而实施更严格的规范和制约,究竟通过哪一种方式还是兼采不同类型的规范手段进行适当的引导和制约,这需要根据欧盟以往的经验和实践不断探索、积累才可以总结出一个比较科学合理的规范化路径。

最后,从欧洲标准与欧盟法律融合的视角看,公法对私人标准化的影响与日俱增,同样带来法律体系和标准化体系界限模糊的问题。标准化体系所建立的私人监管的作用具有"多面性"特征,既可以将这种私人监管看作对公共监管的"补充",也可以看作是对公共监管的"替代"。那么,在"替代"的情况下,标准化体系的作用是与法律体系"融合"后在法律环境的影响下所发挥的,还是源自标准化体系独特的"魅力",包括市场认可度等私人监管的特征,这是需要进一步探讨的。因为只有明确了标准化体系和法律体系各自的界限及其融合所发挥的作用这三大方面,才可以对二者融合这一"手段"进行科学合理的规范化,以确保标准与法律融合的良好作用可以持续性地发挥。

三、成员国关于适用和理解新方法指令的困惑和差异

在上述案例中,德国法院对新方法指令立法目标的困惑,以及法国内部不同法院对理解新方法指令的差异,均影响了欧盟法律的"确定性"。

(一)适用和理解新方法指令的困惑

在 Schmitt 案件中,德国地方法院以 3 个理由驳回了 Schmitt 女士的诉讼请求。首先,法院认为她没有证据证明她的健康受到损害,乳房植入物破裂的唯一风险不足以构成伤害。其次,Schmitt 女士没有提供任何证据证明她的乳房植入物含有工业硅凝胶,其在植入物移除后进行相关测试并不困难。最后,法院认为 TÜV 没有违反《医疗器械指令》规定的任何义务,它没有义务进行突击检查或对植入物进行实际检查。

---

① Paul Verbruggen & Barend van Leeuwen, The Liability of Notified Bodies under the EU's New Approach: The Implications of the PIP Breast Implants Case (C-219/15), Tiburg University, 2017(15).

德国上诉法院则采取更原则性的做法：根据德国私法，TÜV 在合同或侵权领域均不对接受 PIP 乳房植入物的女性承担注意义务，而合格评定程序的目的在于，使制造商能将其产品投放市场。因此，TÜV 并不是为保护接受乳房植入物女性的利益而行事的机构。Schmitt 女士又向德国最高民事法庭提出上诉，德国最高民事法庭则向欧洲法院询问了这项指令相关条款的目的和意图。[1]

如上文所述，虽然新方法指令的前言中提到对用户的高水平保护，但成员国在个案中适用指令时仍无法明确指令具体条款的目的及其在规定的权利义务上的作用。这说明，一直作为协调各成员国技术差异的新方法指令在立法目标上是有所侧重的，类似对欧洲公民的保护等具体问题需要成员国法院提交给欧洲法院进行具体分析和处理。

Schmitt 案件中德国上诉法院认为，一方面，合格评定程序的目的在于，使制造商能将其产品投放市场，而非为了保护用户的利益；另一方面，《医疗器械指令》没有规定 TÜV 对这些最终用户的义务，即使 TÜV 确实应承担这样的责任，PIP 所犯的欺诈行为已经非常先进，以至于 TÜV 根据指令的授权也不可能发现 PIP 的欺诈行为，因而，TÜV 不负责任。[2] 因此，本案中 Schmitt 女士成功的概率很大程度上取决于《医疗器械指令》的立法目的和成员国国家法律秩序中实施该指令的法定规则。根据德国侵权法，判给 Schmitt 女士损害赔偿金的条件，需要其符合法定条款的保护范围。因而，德国最高民事法庭首先向欧洲法院询问该指令相关条款的目的和意图，即是否该指令中的合格评定程序旨在保护所有潜在的患者？其次，向欧洲法院询问 TÜV 在该指令下的确切义务，即认证机构是否有权检查制造商的业务记录和/或进行突击检查，或者至少在有正当理由的情况下这样做？

欧洲法院首先评估了《医疗器械指令》的立法目标，然后，它分析了违反该指令义务是否会导致认证机构对 Schmitt 等接受过乳房植入物的女性产生责任。最终，欧洲法院认为，《医疗器械指令》的前言指出："医疗器械应为患者、使用者和第三方提供高水平的保护"，因而该指令的目的还在于保护医疗设备的最终用户，成员国和通告机构应确保对接受医疗器械的人的健康和安全的保护。欧洲法院的观点与该指令的措辞和总体方案一致。因此，TÜV 有义务在

---

[1] Paul Verbruggen & Barend van Leeuwen, The Liability of Notified Bodies under the EU's New Approach: The Implications of the PIP Breast Implants Case (C-219/15), Tiburg University, 2017(15).

[2] Paul Verbruggen & Barend van Leeuwen, The Liability of Notified Bodies under the EU's New Approach: The Implications of the PIP Breast Implants Case (C-219/15), Tiburg University, 2017(15).

对 PIP 实施合格评定程序时考虑植入物潜在使用者的合法利益。而在此之前，德国上诉法院的结论是，Schmitt 女士不属于法定规则的保护范围，并因此驳回了她的诉讼。[①]

由上文可知德国法院在理解和适用新方法指令过程中的困惑，由于对新方法指令的目标及其条款背后的意图不确定，德国上诉法院甚至不将指令赋予公民的合法权利纳入法定规则的保护范围而驳回了原告的起诉。除了上述适用新方法指令的困惑和问题之外，新方法指令较为"抽象"的法律要求同样无法给予公民/受害者切实有效的保护。在 Schmitt 案件中，虽然欧洲法院的判决消除了受害者根据德国私法要求 TÜV 承担责任的一个重要障碍，但这并不一定意味着原告会在诉讼中成功获得赔偿。为此，受害者仍须证明 TÜV 违反了其注意义务。而就 Schmitt 女士而言，德国上诉法院此前认为 TÜV 并未违反实施《医疗器械指令》的国家立法所规定的义务。即便存在违规行为，因 PIP 欺诈的狡猾性质，其甚至躲避了法国公共当局的欺诈行为，TÜV 承担罪责的条件也无法确定。

2017 年 6 月 22 日，德国最高民事法庭在这方面跟随上诉法院作出最终判决：TÜV 没有违反法定义务，根据德国民事诉讼法允许 Schmitt 女士提交的材料，在收到 PIP 乳房植入物之前，不能认为 TÜV 知道或应该知道 PIP 的不合规情况。由于德国最高民事法庭的结论是 TÜV 没有违反法定义务，因此它不需对 Schmitt 女士承担责任。

我们从德国不同法院的一系列判决和请求欧洲法院初步裁决中可以看到理解和适用新方法指令过程中的问题：一来，新方法指令除了协调各成员国的技术差异和促进欧洲市场内部自由流通的立法目标之外，其法律条款背后的意图对成员国法院来说并不够明确，因而，需要请求欧洲法院对新方法指令的解释和应用作出初步裁决；二来，新方法指令的法律要求多为"抽象性"规定，不便于成员国法院具体遵循实施，这就为各国实施新方法指令的差异打开了缺口，同时，也会出现 Schmitt 案件中，欧洲法院已解释新方法指令确有保护受害者的立法目的，但落实到成员国层面则会因各国法律规定的差异或各法院法官判断的不同而无法切实保护受害者根据指令获得的合法利益。

(二)适用和理解新方法指令的差异

在 Schmitt 案件中，法国不同层级的法院曾作出截然不同的判决。2013

[①] Paul Verbruggen & Barend van Leeuwen, The Liability of Notified Bodies under the EU's New Approach: The Implications of the PIP Breast Implants Case (C-219/15), Tiburg University, 2017(15).

年,法国土伦地区法院受理了1599名来自巴西、法国和英国的受害者以及6名PIP乳房植入物经销商的集体诉讼,并判决TÜV违反了其法定义务。土伦地区法院并没有像德国法院在国家立法保护范围问题上的困扰,而且该法院认为,TÜV应该更有效地利用这些国家法律赋予它的权力,否则就不会疏忽PIP的欺诈行为。此外,土伦地区法院还查到,美国食品和药物管理局曾于2000年发现PIP使用了工业硅凝胶制造乳房植入物,并于此后,禁止PIP乳房植入物进入美国市场,其间,TÜV也曾被要求采取相应的措施。基于上述理由和发现,土伦地区法院最终判给每位原告约3000欧元的临时赔偿金。

然而,普罗旺斯地区的艾克斯上诉法院却推翻了土伦的判决。该上诉法院认为,《医疗器械指令》没有规定TÜV对植入物实施实际检查的义务,而且根据PIP提供的信息也没有任何理由对其进行额外测试或突击检查。因此,与德国上诉法院一样,艾克斯上诉法院认为,PIP欺诈行为的狡猾性质意味着TÜV不可能会发现其欺诈行为,而2000年美国当局的调查结果也是无关紧要的。2017年1月,土伦地区法院受理了另一起集体诉讼,由来自14个国家的20000多名受害者、8家PIP乳房植入物和25家医疗设备分销商提起的诉讼。该法院在这次诉讼中再次判决TÜV承担责任并向索赔人支付临时损害赔偿金。土伦地区法院2017年的判决同样遵循了其在2013年集体诉讼中的推理,并没有提及普罗旺斯地区上诉法院的曾经判决。①

法国土伦地区法院和普罗旺斯地区上诉法院的不同判决表明,新方法指令在具体权利义务的规定上不够明确具体,由此带来的法律不确定性导致成员国内不同法院判决上的差异性,进而加深了法律不确定性的负面影响。土伦地区法院一直遵循为公民提供有效司法保护的理念,判决私人标准化机构承担因工作不谨慎造成的责任。而普罗旺斯地区上诉法院则根据新方法指令的抽象性内容认为,因指令没有规定具体确切的义务,所以私人标准化机构没有违反法定义务,更不用对受害者承担责任。

(三)新方法指令立法目标的"层次性"

新方法指令的不确定性不仅体现在法律条款背后意图上的不确定、抽象性的法律要求上,还体现在立法目标的"层次性"上。在Schmitt案中欧洲法院曾从《医疗器械指令》的前言部分找出该指令对医疗设备使用者进行保护的立法目标,但与此同时,欧洲法院认为,新方法指令的主要目标仍在于改善欧盟市

---

① Paul Verbruggen & Barend van Leeuwen, The Liability of Notified Bodies under the EU's New Approach: The Implications of the PIP Breast Implants Case (C-219/15), Tiburg University, 2017(15).

场中货物的自由流通，而不是产品的安全性，虽然保护最终用户是其目标之一，但这一目标是"次于"改善商品内部市场自由流通的主要目标的。因而，欧洲法院将通告机构对最终用户的潜在责任和具体落实保护用户的这一目标留待成员国的国家法律处理。

新方法指令在目标上的"层次性"与欧盟特殊的组织形态和体制等因素息息相关，从这一点也可以看出欧盟法律和欧洲法院更侧重于实现欧盟的经济目标及其单一市场的深化发展。然而，不可忽视的是成员国法律对新方法指令的"转化实施"及其国家标准对欧洲标准的"适用"这两大主要事实，它们反映了欧盟法律和欧洲标准是对成员国的法律及其国家标准产生实际影响的，这种影响也不免会体现在欧洲公民的私人法律关系和法律纠纷中。因而，这时新方法指令再以其立法目标的"层次性"为由将指令中所涉及的公民权利义务完全交由成员国层面进行处理就显得不够负责和专业。

第二节　针对新方法指令模式问题的解决方法

一、协调标准成为欧盟法律的一部分

上文已分析了协调标准成为"事实上的强制性标准"所带来的一系列问题，尤其是在欧洲标准与欧盟法律融合的背景下，协调标准"事实上的强制性"涉及了私有化立法层面上标准制定的正当性、标准制定程序的完整性等一些待解决的问题。从欧洲市场的角度来看，无论是协调标准或者 CE 标志的市场认可度，还是选择协调标准之外的替代性方法的成本都表明，协调标准区别于一般的自愿性标准。那么，如何正确对待协调标准及其地位、如何更有效地发挥协调标准在支持欧盟法律、促进市场自由流通上的作用是欧盟需认真面对并解决的一项课题。

在 James Elliott 案件中，欧洲法院需要判断新方法下采用的协调标准是否属于欧盟法律的一部分，以及欧洲法院是否有权对协调标准的解释作出初步裁决。其中，James Elliott 案件的欧盟佐审官（Advocate General，简称"AG"）对协调标准与新方法指令的关系进行了较为详细的分析，并基于协调标准的作用在于"为新方法指令的实施提供具体路径"、欧委会"控制"协调标准的制定过程等依据，判断出协调标准属于新方法指令的一部分：

第一，AG 认为协调标准的作用在于"为新方法指令的实施提供路径"，并从

标准作为"法律实施路径"的角度分析，进一步将协调标准看作 TFEU 第 267 条所规定的由"欧盟机构、团体、机关或办事机构颁发的法令"①。基于此，欧洲法院根据 TFEU 第 267 条规定有权对协调标准的"有效性及其解释"作出初步裁决。②

第二，AG 通过分析"协调标准的制定过程"认为，欧委会作为欧盟立法机构始终对协调标准的制定过程拥有"控制力"，这主要体现在：其一，协调标准的制定源自欧委会的"标准化请求"，欧委会有权请求欧洲标准化组织制定为实施新方法指令提供技术支持的协调标准，并为此制作"委托书"（Mandate）以写明制定协调标准的"一般原则和要求"；其二，制出的协调标准须接受欧委会的审查，以检验协调标准的内容是否符合"委托书的内容和新方法指令的相关要求"；其三，被欧委会认可的协调标准还须由欧委会将标准的参照号发布在 OJEU 上，此时的协调标准才具有新方法指令赋予它"符合性推定"的法律效力。③

第三，AG 认为"正式反对意见"这一法律规则和机制同样是欧盟对协调标准实施控制的证明。《1025/2012 号条例》第 11 条规定了关于"正式反对意见"的法律规则，④其中，欧洲议会和成员国有权针对协调标准提出正式反对意见，以防协调标准无法满足其所致力覆盖的指令要求，最终由欧委会作出是否公布协调标准的参照号或撤销 OJEU 中相关标准参照号的决定。因而，无论是欧盟

---

① TFEU Art. 267:" The Court of Justice of the European Union shall have jurisdiction to give preliminary rulings concerning: (a) the interpretation of the Treaties; (b) the validity and interpretation of acts of the institutions, bodies, offices or agencies of the Union."

② 《OPINION OF ADVOCATE GENERAL CAMPOS SANCHEZ-BORDONA delivered on 28 January 2016: James Elliott Construction Limited v Irish Asphalt Limited》（Case C613/14），网址：http://curia. europa. eu/juris/document/document. jsf? text＝&docid＝173893&pageIndex＝0&doclang＝EN&mode＝lst&dir＝&occ＝first&part＝1&cid＝8524546，访问时间：2023 年 12 月 1 日。

③ 《OPINION OF ADVOCATE GENERAL CAMPOS SANCHEZ-BORDONA delivered on 28 January 2016: James Elliott Construction Limited v Irish Asphalt Limited》（Case C613/14），网址：pa. eu/juris/document/document. jsf? text＝&docid＝173893&pageIndex＝0&doclang＝EN&mode＝lst&dir＝&occ＝first&part＝1&cid＝8524546，访问时间：2023 年 12 月 1 日。

④ 《1025/2012 号条例》第 11 条第 1 款规定："当某一成员国或欧洲议会认为一项协调标准并不完全满足它致力于覆盖的要求并且这些要求被载于欧盟相关的统一立法中时，则他们应将这一情况通知欧委会并附上详细的解释，欧委会则应在咨询由相应欧盟统一立法设立的委员会之后，如果该委员会存在的话，或者以其他形式咨询行业专家后，做出下列决定：(a) 在欧盟官方公报中出版、不出版或者有限制地出版相关协调标准的参照号；(b) 在欧盟官方公报中保留、有限制地保留或者从欧盟官方公报中撤销相关协调标准的参照号。"

标准化法关于"正式反对意见"的规定,还是欧委会的"委托书"及其"事前审查"机制都表明:欧洲标准化组织制定协调标准是受到欧盟"支持并控制"的一种对私人标准化机构的"立法授权"。①

第四,从"欧委会与欧洲标准化组织在工作上的联系"来看,其通过两个机构间在工作方式上的合作,确保标准化成果为欧盟法律提供有效的技术支撑。这种工作联系不仅体现在欧委会对欧洲标准化组织提出的标准化"委托书"、前者对协调标准内容上的审查及其参照号的发布等方面;在规范化的工作关系上,欧委会与欧洲标准化组织之间还签订了有关标准化合作的一般指导原则(guidelines),欧洲标准化组织根据该指导原则以最符合欧盟利益的方式制定协调标准,反过来,欧委会支持并参与欧洲标准化组织的相关标准化工作。无论是实际中的工作联系还是规范化的工作关系均表明,欧委会与欧洲标准化组织在标准支持法律领域中具有一致性的目标,通过建立协调标准支持新方法指令的工作模式和规范性框架,有助于二者合力达成目标,最终促进欧盟法律的有效实施和实现协调标准在协调技术差异上的效果。②

第五,欧委会对欧洲标准化组织的"财政支持"同样是确保协调标准根据欧盟目标、法律及其政策制定的手段。③《1025/2012号条例》第15条详细规定了"欧盟对欧洲标准化组织的资助"相关规则。

基于上述理由,James Elliott案件的欧盟佐审官认为,首先,关于建筑材料的EN 13242:2002协调标准是欧委会根据《89/106指令》和《98/34指令》制定的委托书(Mandate M/125)而形成的,并在欧洲内部市场发生法律效力(符合

---

① 《OPINION OF ADVOCATE GENERAL CAMPOS SANCHEZ-BORDONA delivered on 28 January 2016:James Elliott Construction Limited v Irish Asphalt Limited》(Case C613/14),网址:http://curia.europa.eu/juris/document/document.jsf? text=&docid=173893&pageIndex=0&doclang=EN&mode=lst&dir=&occ=first&part=1&cid=8524546,访问时间:2023年12月1日。

② 《OPINION OF ADVOCATE GENERAL CAMPOS SANCHEZ-BORDONA delivered on 28 January 2016:James Elliott Construction Limited v Irish Asphalt Limited》(Case C613/14),网址:http://curia.europa.eu/juris/document/document.jsf? text=&docid=173893&pageIndex=0&doclang=EN&mode=lst&dir=&occ=first&part=1&cid=8524546,访问时间:2023年12月1日。

③ 《OPINION OF ADVOCATE GENERAL CAMPOS SANCHEZ-BORDONA delivered on 28 January 2016:James Elliott Construction Limited v Irish Asphalt Limited》(Case C613/14),网址:http://curia.europa.eu/juris/document/document.jsf? text=&docid=173893&pageIndex=0&doclang=EN&mode=lst&dir=&occ=first&part=1&cid=8524546,访问时间:2023年12月1日。

性推定效力）。因而,符合该协调标准的产品会导致推定该产品满足《89/106指令》要求的结果,有助于该产品在欧洲市场无阻碍流通。其次,从"协调标准是为指令实施提供路径"的解释出发,欧洲法院根据 TFEU 第 267 条的规定,有权对该协调标准的解释及其有效性作出初步裁定。这也体现了欧洲法院在面对条例、指令和决定以外具有法律效力的各种法令时进行初步裁定的灵活性。

可以说,James Elliott 案件中欧盟佐审官关于"协调标准是欧盟法律一部分"的分析既理由充分,又为协调标准面临成为"事实上的强制性标准"这一问题时提供了解决方案。首先,AG 在论述协调标准与新方法指令的关系时,从前者为后者的实施提供路径和支持、二者制定机构间工作上的联系包括财政支持、"委托书"和"正式反对意见"等控制机制对协调标准制定过程的把握等,均为"协调标准是欧盟法律一部分"这一判断提供了理论和事实依据,分析过程层层递进、条理清晰。

其次,在解释清楚协调标准与新方法指令间的关系的基础上,AG 通过欧委会、欧洲议会和成员国对协调标准的"控制机制"的分析,解决了协调标准制定主体的正当性问题及其制定过程完整性方面的顾虑。欧委会提出标准化请求的"委托书"及其对标准的事前审查,以及欧洲议会和成员国对标准的事后审查,均表明欧盟不仅对协调标准的制定过程实施了控制,在"协调标准构成欧盟法律一部分"的语境下,也是一种欧盟对私人标准化机构的"立法授权"。

最后,AG 通过将协调标准视为 TFEU 第 267 条所规定的"法令"的论述,使得欧洲法院有权对相关私人纠纷中涉及协调标准的解释作出初步裁定,自此,当成员国内私人合同条款中要求一方按照国家技术标准生产产品时,而该标准本身是转化实施由欧洲标准化组织受欧委会委托制定的协调标准时,欧洲法院有权对该协调标准的解释作出初步裁定。

2018 年 11 月 22 日,欧委会通过了一份关于协调标准的通讯——《协调标准:提高单一市场的透明度和法律确定性》[1]。该通讯指明了协调标准的定位:其一,协调标准是由欧委会请求欧洲标准化组织制定的、用以适用或实施欧盟法律的欧洲标准;其二,协调标准是欧盟法律的一部分,协调标准与相关欧盟法律之间的"符合性推定"为标准的使用者,特别是中小企业提供了重要的法律确定性,使其不需花费额外成本即可将符合欧盟立法要求的产品投放欧洲市场。欧委会 2018 年发布的这份通讯内容,既是对 James Elliott 案件中欧盟佐审官

---

[1] "Communication From The Commission To The European Parliament, The Council And The European Economic And Social Committee, Harmonized standards: Enhancing transparency and legal certainty for a fully functioning Single Market"（COM（2018）764 final）

有关"协调标准是欧盟法律一部分"观点的肯定,也为协调标准面临成为"事实上的强制性标准"这一问题时提供了解答。

二、欧洲私人标准化承担着更多公共责任

从 Fra.bo、James Elliot 到 Schmitt 案件,公法对私人标准化的影响与日俱增。Fra.bo 案件中,由私法管辖的标准化机构因其事实上拥有监管产品进入德国市场的权力而受到 TFEU 第 34 条的约束,以免其限制欧洲市场内的自由流通。James Elliott 案件中,欧洲法院根据 TFEU 第 267 条有权对私人纠纷中涉及协调标准的有效性及其解释作出初步裁决。Schmitt 案件中,欧洲法院承认了《医疗器械指令》在保护患者、使用者和第三方上的立法目标,并留待成员国国家法律处理私人纠纷中受害者的合法权益。自此,私人标准化机构的认证活动和相关标准化活动需承担更多的"公共责任"和"风险",根据新方法行事的私人标准化机构必须在进行合格评定程序时尽职尽责。

一方面,欧洲法院对欧盟法范围内的私人监管活动实施了控制。在 Schmitt 案件中,虽然欧洲法院认为《医疗器械指令》没有赋予受害者向通告机构索赔的权利,同时根据新方法指令在立法目标的层次上将私人标准化机构的担责条件交由成员国国内法处理,但是,欧洲法院的判决表明,Schmitt 女士等受害者仍在《医疗器械指令》的保护范围中,因而,TÜV 等私人标准化机构有义务在实施合格评定程序或其他相关标准化活动中考虑被指令保护主体的合法权益。[1] 这项"注意义务"从根本上限制了私人标准化机构在验证产品和监控制造商上所具有的自由裁量权。如今,公告机构必须采取一切"必要"措施,以确保其合格声明的正确性。如果违反这一义务可能会承担国家法律规定的民事责任。

另一方面,欧委会也对私人标准化活动提出了更多更严格的法律要求。在 2012 年发现 PIP 的欺诈行为后,欧委会发布了一项新的"医疗器械条例"提案,这项条例将于 2020 年取代《医疗器械指令》。新条例不仅新增了若干有关通告机构的义务,并作出一系列重要变更:首先,Schmitt 女士根据《医疗器械指令》要求通告机构承担的所有义务已明确被纳入新条例,包括通告机构须至少每五年实施一次突击检查,并有义务在检查期间抽取认证产品的样品,以评估其是

---

[1] Paul Verbruggen & Barend van Leeuwen, The Liability of Notified Bodies under the EU's New Approach: The Implications of the PIP Breast Implants Case (C-219/15), Tiburg University, 2017(15).

否符合设计档案；其次，通告机构必须核实制造商使用的原材料数量与已生产的产品数量是否一致；最后，除合格评定程序外，通告机构还必须满足新的法律要求，特别是其组织结构、独立性和公正性，以及工作人员和签约专家的资格等。

根据 Fra.bo、James Elliot 和 Schmitt 案件中欧洲法院的判决可知，只要私人标准化和监管活动影响到个人的法律地位，受害者可以寻求国内法和欧盟法救济，并在欧盟法律的保护范围内请求欧洲法院就欧洲和（实施欧盟法或欧洲标准的）国家层面上的标准化问题作出初步裁决以保护其合法权益。因此，一方面，私人标准化正在承担越来越多的公共责任，这有利于提高新方法指令中协调标准的质量，并促进欧盟法律更有效实施；另一方面，公民在面对私人标准化的侵害时，既可以得到欧洲法院和国内法院更有效的司法保护，又能够在欧委会的帮助下获得欧盟法律赋予的更多合法权益，进而在国家法院中得到更有效的保障。

三、"新方法指令模式"发展为"新方法条例模式"

从 Schmitt 案件中可以看出，成员国在理解和适用新方法指令过程中的困惑，甚至在成员国内不同层级的法院对理解和适用新方法指令都存在差异，这在一定程度上影响了欧盟法律的确定性。尤其在欧盟法律一体化的发展中，除了深化单一市场的目标之外，欧盟法对欧洲私人法律关系的影响越来越密切，如何使成员国及其公民更好地理解欧盟法律目标、法律条款内容及其背后的意图，并更有效地实施欧盟法，是欧委会面临的一个重大课题。此外，在涉及协调技术差异、消除技术性贸易壁垒的领域，如何总结以往经验，利用欧洲标准与欧盟法律融合的多重优势，既高效实施欧盟法律要求又有效协调各成员国的技术差异，还需进一步优化新方法指令模式和相关的机制建设。

为了解决新方法指令带来的上述困惑和差异问题，我们不得不谈到 Schmitt 案件中提及的医疗器械领域的新条例。该条例将于 2020 年 5 月生效，其制定背景：一是为了有效落实之前《医疗器械指令》对用户和第三方的法律保护，通过新增对通告机构的法律要求、具体化通告机构应履行的注意义务，从而为医疗设备用户提供切实有效的法律保障；二是为了解决成员国在理解和适用新方法指令方面的困惑和差异，这源自条例相对于指令而言的"直接适用效力"，后者则不能在成员国领域内直接适用，而是需要成员国以国内法形式制定实施措施来落实指令要求。

根据 TFEU 第 288 条的规定，条例是"直接适用"于所有成员国，无需成员国再通过制定国内法加以转化。这便为成员国及其公民等不同主体理解和适用欧盟法律内容提供了法律确定性和适用上的便利。法律确定性的提升带来的是法律适用者和执行者的稳定预期、稳定的社会关系和法律关系。此次新条例的内容更具体、丰富和清晰,不仅新增和变更了通告机构的义务,还规定成员国应加强对通告机构的监督,并要求创建欧洲医疗设备数据库,从生产到最终用户全过程追踪医疗设备,为消费者和用户提供全方位的安全保障。条例"直接适用效力"及其内容上新增的明确要求在医疗器械领域对各成员国及其通告机构提供了规则上的指导和适当限制,既促进了欧洲市场内医疗设备的自由流通,又提高了整体产品质量,为消费者和用户提供了更高水平的保护。

欧盟在医疗器械领域的法律形式从指令转变为条例的趋势不容忽视,更值得在标准与法律融合领域深入研究这一"转变"。Schmitt案件可被视为简化了医疗器械领域的欧盟法律从"指令"到"条例"过渡过程的尝试。[1] 从新方法指令的角度分析,标准与法律融合模式出现由"新方法指令模式"向"新方法条例模式"的转变,与欧盟法律一体化的深入发展密切相关。随着欧盟法律一体化程度和需求的加深,欧盟法律、支撑法律的欧洲标准、欧洲法院对成员国公民的私人法律关系的影响在与日俱增。

在新方法下采用"指令"式融合模式,会因成员国落实程度、理解程度和各方利益影响,导致各国及其内部法院判决上的差异,降低了法律确定性的同时,不利于对欧盟法范围内合法权益的保护。因此,通过转变融合的形式,在新方法下采用"条例"式便可有效解决因指令带来的一系列问题:一方面,条例不需要成员国转化实施,极大地缩小了适用欧盟法差异的空间,并通过明确具体的法律要求,便于解决在理解和适用欧盟法上的困惑问题;另一方面,相比于指令最大的优势在于给予成员国在转化落实欧盟法过程中的"自主性"而言,条例的"直接适用效力"虽然意味着对成员国家主权的限制,但是通过"避开"对敏感问题的规定,同样在欧盟作出让步的领域给予了成员国很大的自主性。例如,医疗器械新条例同样没有规定有关通告机构私法责任方面的法律规则,在这一方面,欧盟将其留给成员国国内法处理。

---

[1] Paul Verbruggen & Barend van Leeuwen, The Liability of Notified Bodies under the EU's New Approach: The Implications of the PIP Breast Implants Case (C-219/15), Tiburg University, 2017(13).

第五章

新方法指令模式对中国的启示

本章首先对中国标准与法律融合的特殊模式进行介绍和分析,承上启下了全文从世界、欧盟和中国三个视角对标准与法律融合模式的探究,为中国在推行粤港澳大湾区建设和"一带一路"建设中构建标准协调机制,奠定了我国法律法规体系和标准化体系融合发展的历程和认知基础。其通过借鉴新方法指令模型中技术标准协调机制的构建,为我国"一国两制"基本国策下推行粤港澳大湾区建设在提升市场一体化水平、形成"多层次、全方位"的合作格局,以及为我国推行"一带一路"建设中提升沿线各国互联互通水平,提供法律与标准融合模型建设和技术协调机制建设上的借鉴和参考。

具体而言,本章通过探究新方法指令模型的构建,包括基于对融合体制的分析、融合模式的设计和融合机制的建设等主要内容,以及学习新方法指令模型对欧盟法治建设、欧洲标准化治理、欧洲技术协调提效和统一市场的深化等促进作用,为我国在推进粤港澳大湾区建设中运用标准协调机制来深化统一市场建设、"一带一路"建设中推动沿线各国协调技术标准来实现互联互通提供启示和参照。

第一节 中国标准与法律融合的模式

中国标准与法律的融合有其自身的特殊性,主要表现在标准与法律融合历程的特殊性以及二者融合模式的特殊性上。特殊的融合历程决定了特殊的融合模式,其中一个重要的特征便是中国标准体系的重大变革,即由单一的强制性标准(技术法规)体系变革为强制性标准与自愿性标准(包括推荐性标准和企业标准)并存的标准体系。由此,中国标准与法律的融合方式也发生了重大变化,即由强制性标准作为法律法规体系的一部分转变为法律法规对强制性标准和自愿性标准的引用模式。

虽然国内从法学视角研究标准化的著作和论文并不多见,但实际上标准与法律的融合现象从历史早期便出现了。首先从标准化产生起,人类的标准化活动一直伴随着人类文明史的发展而发展,从秦始皇统一中国开始,便注意用法律手段保护和推进标准化,比如通过法律和政律对量器具、文字、货币和兵器等进行全国规模的统一化。例如,秦朝颁布的《工律》规定的"与器同物者,其大小短长广必等"便是运用律法对器物的标准实施统一化的要求。① 可见中国标准与法律融合的初期主要是以立法制定标准的形式,通过推进标准化来实现统一协调的目的。这一标准与法律融合的原因和形式可同样适用于其他国家、地区或组织的标准与法律融合的初期。新中国成立以来,我国标准与法律融合的方式随着标准体系的变革发生了重大转变,即由立法"直接制定"标准的技术立法模式转变为以法律"引用"技术标准为主的融合模式。

一、"强制性"标准作为法律体系的组成部分:"手段型"融合模式

中国的标准化事业学习和借鉴了前苏联的标准化模式,因前苏联服务于计划经济的标准化工作模式与我国的经济体制相契合,②因而,"在计划经济体制下,计划(指令性计划)就是法律,具有强制性。标准化作为一种科学管理的手段,被赋予了实现国民经济计划的重要工具的意义,从而使得标准与国民经济计划一样具有了法的强制性。"1979年,国务院颁发的《中华人民共和国标准化管理条例》(以下简称《标准化管理条例》)第18条明确规定:"标准一经批准发布,就是技术法规,各级生产、建设、科研、设计管理部门和企业、事业单位,都必须严格贯彻执行,任何单位不得擅自更改或降低标准。对因违反标准造成不良后果以至重大事故者,要根据情节轻重,分别予以批评、处分、经济制裁,直至追究法律责任。"这一条规定"不仅将标准定性为'技术法规',而且还确立了'违反标准即违法'的标准违法行为判定规则"。③

中国的强制性标准"作为"技术法规的主要表现形式与美国的强制性标准"构成"技术法规体系存在明显的不同:其一,表现在强制性标准的制定范围不

---

① 沈同、邢造宇、张丽虹主编:《标准化理论与实践》,中国计量出版社2010年第2版,第1页。
② 柳经纬、聂爱轩:《我国标准化法制的现代转型——以〈标准化法〉的修订为对象》,载《浙江大学学报(人文社会科学版)》2021年第1期。
③ 柳经纬、聂爱轩:《我国标准化法制的现代转型——以〈标准化法〉的修订为对象》,载《浙江大学学报(人文社会科学版)》2021年第1期。

同上,《标准化管理条例》将技术标准定性为技术法规,根据该条例第 2 条规定:"技术标准是从事生产、建设工作以及商品流通的一种共同技术依据。凡正式生产的工业产品、重要的农产品、各类工程建设、环境保护、安全和卫生条件,以及其他应当统一的技术要求,都必须制订标准,并贯彻执行。"因而中国强制性标准的制定范围非常广泛,涉及一二三产业领域的技术要求。而美国的强制性标准一般是指政府专用标准,即由政府为其自身采用而制定的强制性标准,分为采购标准和监管标准,属于技术法规范畴,内容涉及公共资源、生产安全、公共健康和安全、环境保护和国防安全等领域。[1] 因此,在强制性标准的制定范围上,美国强制性标准被分为采购标准和监管标准,主要用于规范公共资源、生产安全和国防安全等领域,相比于中国强制性标准广泛的制定范围有较为严格的范围限定。

其二,表现在强制性标准与技术法规的关系上,根据《标准化管理条例》规定:"标准一经批准发布,就是技术法规",中国强制性标准的属性直接被定性为"技术法规"。相较而言,美国的技术法规构成不只包括强制性标准,美国的技术法规体系以各联邦政府制定的涉及产品安全、环境保护、消费者保护和包装标签等内容的法规为主,还包括政府专用强制性标准以及被技术法规所采用的自愿性标准等。因此,在标准与技术法规的关系上,中国标准与法律融合的特殊性在于,标准与国民经济计划一样具有法的强制性,一经发布即为技术法规,从而成为法律法规体系的组成部分。中国此时的强制性标准与法律融合的模式可以被概括为"手段型"融合模式,即在计划经济体制下,(强制性)标准被国家作为一种科学"管理"的手段,因而,标准一经发布便成为技术法规、成为国家法律法规体系的组成部分。而美国强制性标准与法律融合的特征在于,强制性标准作为技术法规体系的一部分发挥其在特定领域的技术规范和公共利益保障等作用。相比于中国"手段型"融合模式而言,美国的融合模式可以被概括为"构成型"融合模式,即在市场经济体制下,强制性标准作为各类标准化成果的一种类型,构成国家技术法规体系的"组成部分",在特定领域发挥其特有的技术规范作用。

---

[1] 刘春青等编著:《美国 英国 德国 日本和俄罗斯标准化概论》,中国质检出版社、中国标准出版社 2012 年版,第 33 页。

二、法律法规对强制性标准和推荐性标准的引用

(一)法律与强制性标准的融合

根据ISO/IEC指南2(1986年版)关于"强制性标准"的定义,"强制性标准是根据一般法规定或被法规排他性引用强制实施的标准"。这一定义不仅揭示了强制性标准的效力来源是由一般法律的直接规定或者某项法规的排他性引用所赋予的强制性效力,而且说明了强制性标准与自愿性标准之间的关系,即"强制性标准来源于自愿性标准,由于一般法规定强制实施或被法律法规引用,才使得自愿性标准具有强制执行力,从而转化为强制性标准"[①]。由于特殊的经济体制和标准化工作模式导致中国的强制性标准与国际上所认可的观点存在一定的差异。

由上文可知,中国的标准自产生起便具有强制性效力,充当着技术法规的作用并属于法律体系的一部分,这与国际上所认可的"强制性标准来源于自愿性标准"的观点明显不同。1988年,全国人大常委会通过的《中华人民共和国标准化法》(以下简称《标准化法》)使得由政府主导的标准体系发生重大变革,即由单一的强制性标准转化为强制性标准与推荐性标准并存的政府标准体系。《标准化法》第7条规定:"国家标准、行业标准分为强制性标准和推荐性标准。保障人体健康,人身、财产安全的标准和法律、行政法规规定强制执行的标准是强制性标准,其他标准是推荐性标准。省、自治区、直辖市标准化行政主管部门制定的工业产品的安全、卫生要求的地方标准,在本行政区域内是强制性标准。"第14条规定:"强制性标准,必须执行……推荐性标准,国家鼓励企业自愿采用。"强制性标准的制定范围被严格限定在"保障人体健康,人身、财产安全"等特定领域。对于政府推荐性标准的理解,由于法律仅规定国家鼓励自愿采用,我们可以将推荐性标准看作自愿性标准的范畴。

2017年,全国人大常委会修订了《标准化法》并进一步整合精简强制性标准,修订后的《标准化法》第2条第2款规定:"国家标准分为强制性标准、推荐性标准,行业标准、地方标准是推荐性标准",将强制性标准仅限于国家标准一级。新法第2条第1款规定:"本法所称标准(含标准样品),是指农业、工业、服务业以及社会事业等领域需要统一的技术要求。"结合新法第2条第1款与第2

[①] 刘春青等:《国外强制性标准与法律法规研究》,中国质检出版社、中国标准出版社2013年版,第37页。

款的规定可以发现，修订后的《标准化法》不仅使强制性标准退出行业标准和地方标准，而且淡化了政府标准的强制性，强制性标准不再是"一经发布就是技术法规"而是"实现了对'技术要求'的本质回归"。[①]

随着中国标准体系的持续建设，法律与标准融合的现象也逐渐增多，法律既可以引用强制性标准也可以引用推荐性标准。关于法律与强制性标准的融合，例如，《中华人民共和国环境保护法》（以下简称"《环境保护法》"）第28条规定的"排放污染物超过国家或地方规定的污染物排放标准的企业事业单位，依照国家规定缴纳超标准排污费，并负责治理"便属于法律引用强制性标准的情形，其中，"国家或地方规定的污染物排放标准"根据制定主体判断属于国家标准和地方标准；根据此条关于排污超标须依法缴纳排污费并负责治理的规定以及《标准化法》第37条关于违反强制性标准的行为依据相关法律、行政法规查处的规定，可以判断出《环境保护法》此处所引用的政府标准属于强制性标准。

（二）法律法规与推荐性标准的融合

关于法律法规与推荐性标准的融合，例如，国务院通过的《退耕还林条例》第39条规定："省、自治区、直辖市人民政府应当根据当地口粮消费习惯和农作物种植习惯以及当地粮食库存实际情况合理确定补助粮食的品种。补助粮食必须达到国家规定的质量标准。不符合国家质量标准的，不得供应给退耕还林者。"此处行政法规所引用的标准，既包括强制性国家标准也包括推荐性国家标准。根据《国家粮食局关于在粮食收购中执行国家粮食质量标准有关问题的通知》（质检办便函〔2006〕51号）（以下简称"《执行粮食标准的通知》"）的内容，在小麦的收购验质中，对于小麦粒质的检验判定应按照《粮食、油料检验 类型及互混检验法》（GB/T 5493）推荐性国家标准进行检验判定。

因此，根据《退耕还林条例》和《执行粮食标准的通知》的相关规定可以看出，在粮食标准的执行层面，行政管理部门关于小麦粒质的判定依据应当是一项推荐性国家标准（《粮食、油料检验 类型及互混检验法》）。由此可知，法律法规引用推荐性标准时，标准的效力会发生转化，会具有相应的强制约束力，标准的适用者应按照法律法规等相关规定予以实施。但此时，在中国标准体系的语境下，由于我国强制性标准并非来源于自愿性标准，这里比较合适的说法是推荐性标准因被相关法律法规引用而"发生了效力转化"，而不能表述为"推荐性标准转化为强制性标准"，因为在中国标准体系中，强制性标准与推荐性标准在

---

① 柳经纬、聂爱轩：《我国标准化法制的现代转型——以〈标准化法〉的修订为对象》，载《浙江大学学报（人文社会科学版）》2021年第1期。

制定范围和程序上均存在区别。

(三)法律法规与两类政府标准的"共同型"及"复合型"融合模式

值得注意的是,根据《退耕还林条例》和《执行粮食标准的通知》的内容,还出现了行政法规与强制性标准和推荐性标准"共同"融合的模式。从《执行粮食标准的通知》中可得知,除了应按照相应推荐性国家标准对小麦粒质进行判定之外,还应按照《小麦》(GB 1351—1999)强制性国家标准对小麦是否为黑胚粒进行检验判定。这种行政法规既引用推荐性标准又引用强制性标准的现象可以被概括为法律与强制性标准和推荐性标准"共同"融合的现象。另外值得注意的一点是,我们有必要将这类"共同型"融合模式与"复合型"融合模式进行区分,因为后者揭示了法律与标准的融合(A融合)、标准与标准的融合(B融合)以及这两种融合模式所发生的"复合型"融合(A+B融合)的现象。

法律与强制性标准和推荐性标准发生"复合型"融合是指,在法律法规所引用的强制性标准中又引用了推荐性标准的现象。这种一层套一层、一环套一环的融合现象本书将其称为"复合型"融合模式,它的发生基础不仅与一般性的法律与标准的融合、标准与标准的融合有关,还与中国特殊的标准体系存在密切联系。新《标准化法》第11条规定了推荐性国家标准的制定范围:"对满足基础通用、与强制性国家标准配套、对各有关行业起引领作用等需要的技术要求,可以制定推荐性国家标准"。由此可知,推荐性国家标准的一个重要功能在于,解决强制性标准执行所需要的配套标准。

例如,国务院通过的《饲料和饲料添加剂管理条例》(以下简称《饲料管理条例》)第18条规定:"饲料、饲料添加剂生产企业,应当按照产品质量标准以及国务院农业行政主管部门制定的饲料、饲料添加剂质量安全管理规范和饲料添加剂安全使用规范组织生产,对生产过程实施有效控制并实行生产记录和产品留样观察制度。"首先,《饲料管理条例》引用了农业部制定的有关饲料方面的国家标准,根据该条例中"应当按照……组织生产"的表述以及《标准化法》第2条规定"强制性标准必须执行"的内容可知,该条例所引用的是有关饲料方面的强制性国家标准。此处以《饲料卫生标准》(GB 13078—2017)强制性国家标准(归口单位为农业部)为例,该标准规定了"饲料原料和饲料产品中的有毒有害物质及微生物的限量及试验方法",并在其前言中表明:"本标准的全部技术内容为强制性"。

其次,在《饲料卫生标准》第2条"规范性引用文件"中规定:"下列文件对于本书件的应用是必不可少的。凡是注日期的引用文件,仅注日期的版本适用于本书件。凡是不注日期的引用文件,其最新版本(包括所有的修改单)适用于本书件。"这条规定便是对"标准与标准融合"的表述,此处以强制性标准"不注明日期引用"推荐性标准为例,在《饲料卫生标准》第 2 条所列的文件中有一项推荐性国家标准——"《饲料中总砷的测定》(GB/T 13079)"(以下简称"《总砷测定》"),为执行《饲料卫生标准》中所需的测定方法提供具体的技术方案。由于《饲料卫生标准》中规定:"本标准的全部技术内容为强制性",因而被它所引用的《总砷测定》推荐性国家标准的效力便发生了转化而具有了强制性效力。那么实施《饲料卫生标准》意味着也必须适用《总砷测定》中有关饲料中总砷的测定方法。

通过对上述法规及标准的文本分析可知,中国技术法规与标准"复合型"融合模式的特征在于,法律法规通过引用强制性国家标准为其抽象性的立法要求提供技术支撑,进而,强制性国家标准又通过引用推荐性国家标准为前者的技术要求提供更具体的技术规范(技术配套支持)。这里要重申本书关于规范性文件之间发生融合的基础在于,只要在内容上存在互补关系的规范性文件均存在发生融合现象的可能,无论发生融合的规范性文件是法律与标准之间、标准与标准之间,还是法律与法律之间。在涉及标准的融合关系中,这种互补的内容多体现为具体技术规范对技术要求的支撑。

图 5-1 展示了随着中国标准体系的变革,标准与法律融合模式的发展历程。图 5-2 展示了中国技术法规与两类政府标准的"复合型"融合模式。中国法律法规引用标准的特殊性与其建立和不断发展完善的标准体系密切相关。首先,

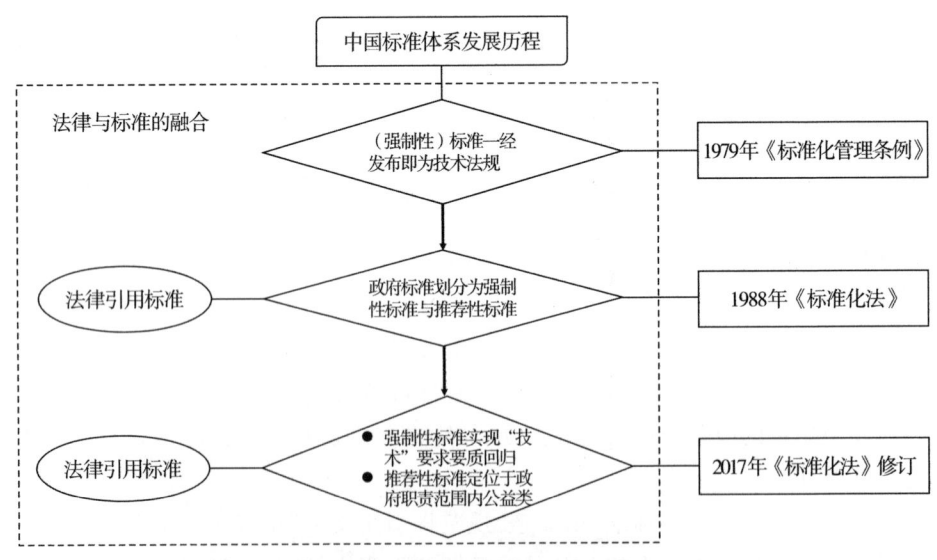

图 5-1 中国标准体系变革中标准与法律融合的图示

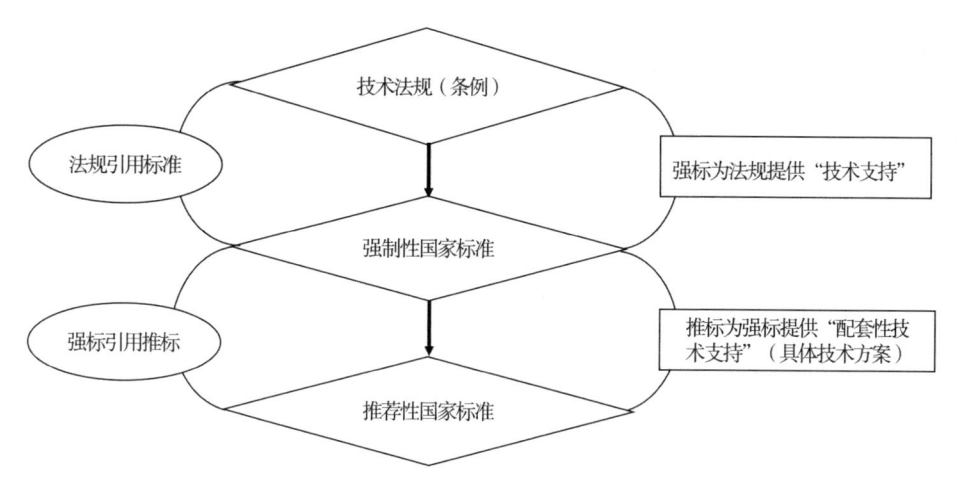

图 5-2　中国技术法规与两类政府标准的"复合型"融合模式图

中国标准体系由强制性标准和推荐性（自愿性）标准两类属性的标准构成，不同于国外强制性标准源自自愿性标准，两者同属标准范畴，中国的强制性标准不属于标准的范畴，自其产生起便一直发挥技术法规的作用，属于法律法规体系的一部分。

其次，中国的标准体系中虽然强制性标准并非源自自愿性标准，但两者之间存在相互补充和支持的关系。2017年修订后的《标准化法》进一步厘清了强制性国家标准与其他推荐性标准之间在制定范围上的界限以及相互补充支持的功能。

最后，除了功能上推荐性标准对强制性标准的补充配套作用之外，两者虽然在效力上不存在强制性标准源自推荐性标准的关系，但实践中两者在内容上存在着"来源"上的关系。因为随着经济社会的发展和技术进步，强制性国家标准也需要根据市场和社会需求进行修订，而此时从成本和效率性考虑，推荐性标准由于其自身的灵活性和相对先进性自然会成为强制性国标修订时首先考虑的参照系或借鉴内容。因此，在法律法规引用标准时，根据中国标准体系的特殊性，法律与标准融合的模式便存在多样性的特征，这一融合模式目前是符合中国标准化建设和法治建设的发展历程和实践的，经过标准化体制改革和未来进一步修法，中国标准体系会在结构和内容上更加完善合理，进而使得中国标准与法律融合的模式更加精简高效。

三、法律法规"普遍性"引用标准：标准化建设初期常用融合模式

十八届三中全会决议将"完善和发展中国特色社会主义制度、推进国家治理体系和治理能力现代化"作为全面深化改革的总目标，而是否"通过法律调整和规范社会生活"，是一个国家治理体系现代化最为重要的标志。[①] 从治理的角度看，法治是一种国家治理方式和社会生活方式，其核心是强调法律"至高无上"的地位。法律的至高无上可以切实保护公民的私人权利，使得社会行为规则具有稳定性和可预期性。法治的基本构建由法治政府和法治社会组成，要加快建设法治社会，需要营造"全民信法、全民守法"的社会氛围，因为真正的法治国家和法治社会需要在全民信法的基础上发展和建设起来。为了营造全民信法、守法的社会氛围，为了提高法治的规范性和有效性，中国法制建设尝试了多种途径以促进法治的高速发展。其中一个重要方式，就是利用标准与法律的融合促进法治的发展。

例如，针对社会上越来越多的低价旅行团欺诈消费者的现象，为了切实保障旅游者的合法权益，中国于2013年出台了《中华人民共和国旅游法》（以下简称"《旅游法》"）。《旅游法》中一方面赋予旅游者自主选择旅游产品和服务、拒绝强制交易等基本权利，另一方面对旅游经营者提供服务等行为进行规范。其中，《旅游法》第6条规定："国家建立健全旅游服务标准和市场规则，禁止行业垄断和地区垄断。旅游经营者应当诚信经营，公平竞争，承担社会责任，为旅游者提供安全、健康、卫生、方便的旅游服务。"至于什么是"安全、健康"的旅游服务，如何达到健康安全的标准，《旅游法》虽然没有在法律条文中给出具体的要求，却引用了"旅游服务标准"。通过检索发现，中国关于旅游规范的国家标准多达几十种，其中一项强制性国家标准《非公路旅游观光车安全使用规范》（GB 24727—2009）（以下简称"《观光车安全使用规范》"）对旅游经营者提供的观光车的安全维护、保养和修理提出了具体的要求和规范。比如，《观光车安全使用规范》第5.1.5.1条规定："对车辆制动器、转向机构、操纵机构、仪表、灯光、喇叭、乘客保护装置等项目，应定期进行维护和保养，使其处于安全使用状态。"通过《旅游法》的相关规定和《观光车安全使用规范》的具体要求可以发现，法律对旅游经营者在提供旅游服务上提出了安全性方面的要求，虽然法律没有进一步给出如何达到安全性要求的具体规范，但是它引用了"旅游服务标准"，通过几十种旅游方面的国家标准为包括旅游设施和旅游清洁服务等方方面面提供具

---

① 王利明：《法治：良法与善治》，北京大学出版社2015年版，第23页。

第五章　新方法指令模式对中国的启示

体的技术要求和实施规范。

此处法律与标准的融合,同样是通过法律引用标准来实现的。而且,《旅游法》引用旅游服务标准的模式属于"普遍性引用"模式。这种引用模式的最大缺陷在于,没有指明或列举具体的某一项标准或某一系列标准,因而会为法律和标准的实施者带来不必要的麻烦,很可能出现在适用标准的过程中发生缺漏、适用错误标准或适用被废止等问题。中国是采用"普遍性引用"模式来实现法律与标准融合较多的国家。包括《中华人民共和国产品质量法》、《中华人民共和国食品安全法》(以下简称"《食品安全法》")和《环境保护法》等多部法律中均选择了"普遍性引用"标准的融合模式。例如,《食品安全法》第33条规定:"食品生产经营应当符合食品安全标准,并符合下列要求:……(九)用水应当符合国家规定的生活饮用水卫生标准……"其中,对于"食品生产经营"和"用水"方面的规范即选择了"普遍性引用"标准的方式,引用中没有指明或列举具体某一项或系列标准,而是通过指定具体领域的所有标准,比如"食品安全标准"和"生活饮用水卫生标准"为判断食品生产经营和用水是否合法提供客观依据。"普遍性引用"模式中除了指定"具体领域"的所有标准,还可以通过指定"国家标准体系中特定层级"来实现。

例如,《环境保护法》第10条规定:"国务院环境保护行政主管部门根据国家环境质量标准和国家经济、技术条件,制定国家污染物排放标准。省、自治区、直辖市人民政府对国家污染物排放标准中未作规定的项目,可以制定地方污染物排放标准;对国家污染物排放标准中已作规定的项目,可以制定严于国家污染物排放标准的地方污染物排放标准。地方污染物排放标准须报国务院环境保护行政主管部门备案。凡是向已有地方污染物排放标准的区域排放污染物的,应当执行地方污染物排放标准。"这条规定实际上是对环境保护领域标准的制定和管理进行一定的规范:先对排污标准按层级划分为国家标准和地方标准,然后规定了制定国家排污标准的基本要求即根据国家环境质量标准和国家经济、技术条件来制定,再对地方排污标准的制定范围和备案管理进行规范。

因此,无论是引用具体领域的标准还是国家标准体系中特定层级的标准,"普遍性引用"模式目前还可以很好地为中国法律与标准的融合提供较为合适的途径。首先,采用这种融合模式与中国标准化发展程度、标准作为支持立法政策工具的成熟度较为契合。其次,"普遍性引用"模式可以较为直观地体现标准为法律提供技术支撑的作用,即为法律的原则性要求及法律对各领域标准的制定和管理提供具体的参考规范。

第二节　新方法指令模式对大湾区建设技术协调机制的启示

中国有关区域发展包括对内区域发展和对外区域发展两部分,本书研究的对内区域发展主要是指粤港澳大湾区[①]建设和统一市场建设;对外区域发展包括中国加入的亚太经合组织、东亚共同体和上海合作组织等区域性合作组织,此处主要指我国倡导并参与的"一带一路"建设。新方法指令模型的构建中,包括标准与法律融合体制的考量、融合机制的设计和融合模式的选择三大主要内容,以及标准与法律融合对欧盟法治建设、欧洲标准化发展、欧洲技术协调提效、欧盟统一市场深化、市场要素自由流通等所发挥的重要促进作用,这些均为我国在对内和对外区域发展中构建标准与法律融合的模型,进而促进区域法治建设、区域标准化发展和区域市场一体化带来重要启示和积极借鉴意义。

2019年2月,中共中央、国务院印发了《粤港澳大湾区发展规划纲要》(以下简称"《大湾区规划》"),对粤港澳大湾区建设发展提出了总体要求和全面的规划部署。其中,《大湾区规划》在构建开放型经济新体制和开放合作方面,提出对标国际、对接高标准贸易投资规则、营造高标准的国际化、市场化、法治化营商环境,并在产业发展、加强智慧城市合作、公共服务和社会管理、医疗卫生等领域提出建立统一标准和法治化要求。因而,此处首先借鉴欧盟新方法指令模型的构建,从区域治理体系和治理能力现代化、区域技术协调提效的角度出发,建构大湾区法治化、高质量建设和协调发展的体制机制;然后对大湾区融合体制和机制建设在推进区域治理体系和治理能力现代化、合理有效地发挥市场和政府各自功能、充分发挥中央和地方两个积极性上的作用进行分析和阐述。

一、融合促进区域高质量发展和市场化建设

(一)构建经济高质量发展的体制机制

《大湾区规划》为促进大湾区经济协调发展的提质增效,分别对贸易投资、

[①] 粤港澳大湾区:"包括香港特别行政区、澳门特别行政区和广东省广州市、深圳市、珠海市、佛山市、惠州市、东莞市、中山市、江门市、肇庆市(以下称珠三角九市),总面积5.6万平方公里,2017年年末总人口约7000万人,是我国开放程度最高、经济活力最强的区域之一,在国家发展大局中具有重要战略地位。"(摘自《粤港澳大湾区发展规划纲要》)

现代产业、营商环境、信息基础设施和医疗卫生等领域,提出高标准的国际化市场化法治化建设、瞄准和对接国际先进标准的要求及规划措施。例如,在"构建具有国际竞争力的现代产业体系"中,要求"着力培育发展新产业、新业态、新模式……瞄准国际先进标准提高产业发展水平",其中,无论是升级改造传统产业、培育战略性新兴产业,还是发展先进制造业和现代服务业,均需要标准提供科学统一的技术支撑,而通过提高标准质量进而提升产品、产业质量的途径之一,便是瞄准和对接国际先进标准,这样既节省了标准研制的成本,也提高了打造世界级产业集群的效率,有利于促进大湾区经济转型升级和社会发展。

再如,《大湾区规划》在"紧密合作共同参与'一带一路'建设"中,为优化大湾区投资和营商环境、提升大湾区市场一体化水平、构建开放型经济新体制,提出"全面对接国际高标准市场规则体系"、"加快建立与国际高标准投资和贸易规则相适应的制度规则"、"充分发挥行业协会商会在制定技术标准等方面的积极作用",以及"带动大湾区产品、设备、技术、标准、检验检测认证等走出去"等标准化相关措施。这些规划措施主要释放了两方面的信号:一方面,在与国际高标准、高规范对接的同时,要求发挥市场在资源配置中的决定性作用,并转变政府职能,以更好地发挥政府的作用;另一方面,标准化不仅可以消除贸易中的技术壁垒、发展市场经济,还是对外贸易中占领国际市场的重要因素。

中国在 2015 年启动了标准化体制改革,[①]并提出"要紧紧围绕使市场在资源配置中起决定性作用和更好发挥政府作用"的改革要求和"提高标准国际化水平"的改革措施。随后修订的《中华人民共和国标准化法》(以下简称《标准化法》)回应了改革要求并吸收了改革措施,先是对政府标准体系进行了精简优化(第 10 至 13 条),再是培育搞活市场标准体系(第 2 条、第 18 条和第 19 条),还于第 8 条为"鼓励参与国际标准化活动"提供了法律依据,不仅例举了国家推动参与国际标准化活动的各项内容,还为国家鼓励企业、社团等社会各方参与国际标准化提供了法律支持。

新方法指令模型可以为我们建设标准与法律融合体制和机制提供有益的参考,以更加适应经济高质量发展的需求。首先,在新方法指令的"公私合作"机制中,一是立法机构与标准化组织之间的合作机制,通过探索立法者和标准制定者之间的合作模式,确保对技术法规和技术标准的协调,以消除内部市场中技术性贸易壁垒并提高对外贸易中的国际竞争力;二是政府与市场的合作机制,注重发挥政府与市场各自的优势和应有作用,一方面,立法机构为满足立法

[①] 2015 年,国务院印发了《深化标准化工作改革方案》,由此拉开了我国标准化体制改革的序幕。

要求对标准化组织提出较为详细的标准化请求,并为提高标准国际化水平提供指导和法律支持,另一方面,标准化组织通过法律与标准融合,向立法者反馈科技、市场和社会发展需求,促进立法为经济提质增效提供法律保障;三是公共监管与私人监管融合机制,私人监管不仅可以弥补政府监管的缺陷,还有助于促进区域经济转型升级和市民社会的发展。其通过公共监管与私人监管的融合,推动监管范围扩大和监管效果提升,为区域经济协调发展、统一市场的进一步完善奠定良好的规制治理基础。

其次,在新方法指令的效率机制中,一是注重完善立法跟进机制,以适应社会、市场对标准化的需求及标准化发展;二是注重对标准化相关法律法规的制修订,确保标准在更广的范围内为法律提供技术支撑,进而共同为经济高质量发展提供科学合理的保障;三是注重政府对标准化方面的财政支持及其资助规则的确立,通过简便有效的资助程序来确保区域标准化的有序发展及其对法律的高效支持。

从借鉴新方法指令机制建设中可以发现,"公私合作"机制与"规制治理"机制之间在功能发挥上存在重叠之处,因而实践中,不可机械地照搬以研究视角对机制实施的分类,应融会贯通地借鉴"不同"机制的有益之处,尤其是有价值的相似之处,并最终建成具有本国特色又有助于经济高质量发展的体制和机制。其实从字面出发也可以看出,"公"具备了"规制"方面的功能,而"私"则对应了"治理"方面私人治理的功能。因而,从研究视角对新方法指令体制机制的特征总结,便于我们理解新方法指令体制及其机制建设的考量因素,在实践中的应用学习还要结合本国国情融会贯通地对体制机制建设进行全面的分析考量。

(二)形成以创新为动力的经济体系

《大湾区规划》对粤港澳大湾区建成国际一流湾区和世界级城市群的基础条件进行了梳理,包括区位优势、经济实力、创新要素、国际化水平和合作基础等发展条件,并在此基础上确立了"实施创新驱动发展战略"的总体要求。为了实现大湾区的转型发展和创新发展,我们需要完善大湾区协同创新体系和聚集国际创新资源,加快形成以创新为主要动力和支撑的经济体系,并将大湾区建成"具有全球影响力的国际科技创新中心"。而实现创新发展有利于推动经济发展的质量变革、效率变革和动力变革。

首先,标准与创新发展的关系在于,以科学、技术和经验的综合成果为基础的标准,可以为组织社会化大生产、现代科技发展提供技术保障和科学规范,并随着科技进步和经济发展需求不断修改,促进经济发展在质量、效率和动力上的变革。具体而言,其一,标准通过其科学合理的规范,可以为新技术、新产业、新业态和新模式的发展提供技术支撑,并便于国际市场中共享国际化创新资源;其二,标准有利于结合科技研发与产业创新优势,通过技术标准的统一平台,将科学技术的潜在生产力过渡到生产领域,从而转化为现实生产力,进而提升经济发展质量和效益,[1]最终形成"以企业为主体、市场为导向、产学研深度融合的技术创新体系";其三,按照同一标准组织生产和贸易,便于实现贸易和经济一体化,在扩大市场的同时激发各类创新主体的活力,在提升经济和社会效益的同时更加优化协同创新环境建设。

其次,标准与法律融合对创新发展的积极作用在于,一是在立法保障和具体落实上,通过融合法律与标准,使得以科技和经验为基础的标准在实施上得到法律的强制力保障,进而为经济发展的质量、效率和动力变革提供高效的技术支持,有效发挥协同创新体系的作用;二是在规范指导上,立法要求与具体技术标准的融合,既有助于人们清晰地认识到科技创新对提供社会生产力和综合国力的支撑作用,技术标准对科技进步、知识积累和劳动力素质提升的技术支持,也有助于人们根据立法要求和技术标准在内容上的规范和指导进行生产、经营和管理等活动,促进经济向"形态更高级、分工更精细、结构更合理的阶段"[2]迈进。

通过上文对标准与法律融合的内因分析可知,标准与法律融合有利于克服各自的缺陷,一方面,灵活性的技术标准可以克服法律的"时滞"问题、立法过程的缓慢性,以及法律规则的僵化性,另一方面,法律要求和立法目标可以确保标准的制定质量,在规范和发展社会关系、保障社会利益等领域为落实法律要求提供科学合理的技术解决方案。因而,法律与标准融合既可以保证立法要求适应社会和市场变化,又可以确保标准的技术规范可以兼顾对私权的保障和公权的规范。

新方法指令模型可以为我们设计或选择标准与法律的融合模式提供有益的参考,根据新方法指令模式的演变和选择可知,标准与法律融合模式的不同,决定了标准和法律发挥各自效用的程度不一。通过上文对欧洲新旧融合模式的比较分析可知,欧洲采取"技术立法"的旧融合模式,不仅在协调效率上明显低于"间接引用"的新融合模式,而且在标准随着科技市场发展不断更新时,旧融合模式极易影响法律的稳定性。因而,在借鉴新方法指令模型时,我们需要根据现实情况考虑对标准和法律融合模式的选择。

---

[1] 王忠敏主编:《标准化基础知识实用教程》,中国标准出版社2010年版,第7页。
[2] 2016年5月19日《国家创新驱动发展战略纲要》。

根据大湾区建设对形成协同创新体系的要求,在选择标准与法律融合模式时,我们既需要考虑大湾区融合模式之间的差异,又要从最大发挥融合效用的角度出发,选择大湾区均易接受的最佳融合模式。

(三)保障优质的公共产品和服务供给

《大湾区规划》(或称"《规划》")立足于对粤港澳合作的深化,通过优化大湾区营商环境、构建开放型经济新体制,为"一带一路"建设提供有力支撑。其中,为了打造具有全球竞争力的营商环境,《规划》要求对标国际,建立高标准投资和贸易规则,发挥市场的决定性作用;为了提升市场一体化水平、推进贸易自由化,《规划》还提出建立与国际接轨的服务业标准化体系,促进大湾区在服务贸易相关的标准制定方面加强合作。可以看出,无论是在促进粤港澳紧密合作共同参与"一带一路"建设方面,还是在提升大湾区市场一体化水平上,都离不开标准提供技术支撑和统一规则的重要作用。为此,中国先后实施了标准化体制改革、修订了《标准化法》并通过了《优化营商环境条例(草案)》,为大湾区标准化发展进而促进市场一体化奠定了法制基础。

首先,一方面,中国标准化体制改革为《标准化法》的修订奠定了方向和内容上的基础,促进了我国标准化法制的完善;另一方面,修订后的《标准化法》回应了改革要求,为改革进一步深化提供了法律依据。2015年,国务院印发了《深化标准化工作改革方案》(以下简称《改革方案》),对标准化体制改革做了全面部署,提出"着力解决标准体系不完善"的改革要求。改革促进了标准化法制的完善,2017年修订的《标准化法》回应了改革需求,于第2条将标准的范围界定为"农业、工业、服务业以及社会事业等领域需要统一的技术要求",将1988年《标准化法》第2条界定的标准范围,由工业和农业领域扩大到一二三产业和社会事业。由此,内地与港澳可以通过合作制定与服务贸易相关的标准,提升大湾区的贸易自由化水平,推进与国际服务业标准化体系接轨,促进大湾区形成全方位开放格局。

其次,中国愈加重视在法律中引用标准,通过融合法律和标准,来推动立法政策的落地实施。2019年10月8日,国务院常务会议审议通过了《优化营商环境条例(草案)》(以下简称"《营商条例》"),一方面,推动政府职能深刻转变,以法规形式固化近年来"放管服"改革的经验成果;另一方面,落实优化营商环境的政策部署,通过立法为各类市场主体投资兴业提供制度保障,以激发市场活力和社会创造力。为了提供优质的公共产品和公共服务,《营商条例》要求,一是"建立全国统一标准的营商环境评价体系",以促进地区间形成优化营商环境的良性竞争;二是"各地区、各部门应当依法保障各类所有制和不同地区市场主体在……标准制定等方面的公平待遇",为大湾区内各类所有制市场主体公平参与竞争提供技术和标准化方面的法制依据;三是"规范市场主体登记形式审查标准",在实行统一的市场主体登记制度上提高办理效率;四是对实行政府定价或政府指导价的服务收费项目"制定服务标准和价格",规范涉企收费项目,要求行政事业主体依法提供公共服务,同时要求,公共事业服务中如供水、供电等公共事业企业,应按规定向社会公开服务标准等信息,不得实施滥用市场支配地位的行为。此外,《营商条例》还规定了政府服务信息共享标准、监管新产业等标准规范、信用监管标准、市场准入的资质标准等内容。

《营商条例》的出台,一方面,为提供优质的公共服务产品提供了法制保障和具体规范,进而,为内地与港澳在公共服务和社会管理环境的衔接上奠定了法制和规则基础;另一方面,通过规范服务标准,为推动大湾区供给优质的公共服务、提高大湾区居民的民生水平提供了法制依据和规范性保障。优质的公共产品和服务供给,既需要切实转变政府职能,又需要有助于激发市场活力,共同为经济的高质量发展提供坚实的基础和动力。由此可以看出,中国愈加重视运用法律与标准的融合,一方面,融合促进了立法政策的落地实施,尤其是协调区域内的法律规则;另一方面,融合为具体适用法律提供了技术指导,有效推动了区域公共服务水平和民生水平。

新方法指令模型可以为我们分析标准与法律融合的体制提供有益的参考,首先,从融合对象出发,融合体制由法律体系和标准体系构成;从融合主体出发,融合体制由立法主体和标准制定主体构成。在大湾区建设中,我们还需要考虑融合体制具有大湾区的特征,即法律体系、标准体系、立法主体和标准制定主体具有大湾区的特征。因而,在法律与标准的融合上,我们需要对不同地区的法律和标准的体系、层级等基本内容进行梳理,做到协调统一、科学合理的融合;在立法主体与标准制定主体的合作上,我们也要考虑对大湾区的协调实际,注意同一层级主体之间的合作、不同层级主体之间的转化。

其次,鉴于大湾区涉及法治建设和标准化建设,而《大湾区规划》中多次强调对标国际、与国际标准体系对接等要求,因而,在分析大湾区融合体制的基础上,还需要考虑区域发展与国际接轨的具体操作内容,包括代表大湾区与国际交流合作的机构有哪些、对标国际的机构有哪些、转化采用国际标准的具体程序等内容需要在区域协调统一的基础上具体规范。

二、融合推动区域法治化建设

(一)加强立法政策协调和标准化建设的衔接

首先,在法律和标准的双重协调层面上,欧洲"分离式"的融合模式为大湾区建设在立法政策协调和标准化建设方面提供了双重保障。一方面,法律与标准在形式上的分离,可以确保粤港澳区域(或称"大湾区")既可以在较为抽象的立法要求上高效地达成一致,又可以通过对技术标准的协商制定为满足立法要求一致提供具体的解决方案;另一方面,法律与标准在实质上的融合,可以确保大湾区的立法协调措施得到有效的落实,并通过与法律的融合,促进标准的高效实施和发展。

其次,在适用法律和标准的层面上,充分运用法律和标准的"事前"协调性机制。[①] 大湾区建设涉及粤港澳之间对不同法律制度和社会制度的理解和适用,而欧洲"分离式"的融合模式有助于大湾区的适用者分别对法律的协调作用、标准的协调作用,以及法律和标准融合的重要作用有更深刻的认识,进而便于和促进其对法律和标准的适用。具体而言,其通过"符合性推定"关系在法律与标准之间建立起联系的"桥梁",一方面,适用者可以在或简洁或较为详细的法律要求中了解立法目的,在于协调差异性、保障公共利益和促进市场要素的自由流通等;另一方面,适用者可以根据指引参照被法律"间接引用"的标准,了解每项标准中的每一个具体要求和应达到的指标,通过适用标准的具体规范达到或满足法律要求。

最后,欧洲"分离式"的融合模式不仅提高了法律和标准协调的效率和协调效果,在实践中,这种融合模式还有助于大湾区的立法机构之间、标准化机构之间、立法机构和标准化机构之间的积极交流与合作,进而促进多方主体在协调法律制度、社会制度和标准化建设中发挥积极的推动作用,最终,为大湾区法治建设和发展奠定良好的制度基础、制度架构并提供法制依据。

(二)中央全面管治和特区高度自治的有机结合

新方法指令模型中的"双层协调"体制,有利于在大湾区的法律和标准协调中既维护中央的全面管治权,又保障特别行政区的高度自治权。欧洲语境下的

---

① Peter Grindley, *Standards, Strategy, and Policy: Cases and Stories*, Oxford University Press, 1995.

"双层协调"是指既通过欧盟法律协调了各成员国技术法规中的立法要求,又通过欧洲标准协调了各成员国技术标准上的具体差异。因而,借鉴新方法指令模型中的"双层协调"体制,我们在大湾区建设中可以通过较为抽象的法律要求协调粤港澳的技术法规,再通过对统一标准的协商制定,为落实一致的法律要求提供具体的技术解决路径。这种"抽象"立法和"具体"标准相结合的协调手段,有利于在坚持"一国"原则和尊重"两制"差异相结合的基础上,以法律坚守"一国"之本,以标准善用"两制"之利。法律要求解决了国家和大湾区建设所需,标准化发挥了港澳所长,通过法律与标准的融合,促进粤港澳在共同发展目标之上,优势互补,实现共同发展。

(三)区域治理体系和治理能力的现代化水平提高

新方法指令模型中的体制和机制建设,对区域治理体系和治理能力现代化水平的提高同样有着积极的启示和借鉴作用。首先,在融合体制上,如图8所示,新方法指令的整体协调模式呈现出"循环式"的特征。这种"循环式"协调体制便于为区域治理体系提供多元化的治理主体和治理手段。一方面,在"由上至下"的协调环节中,立法者和决策者可以集中高效地从宏观层面传达、贯彻其立法政策;另一方面,在"由下至上"的协调环节中,市场主体和社会各方可以通过标准化过程以及标准与法律融合的过程,及时反馈市场、社会和科技发展的现实需求,由此,社会各方既有途径有效参与到立法决策环节,又为立法决策的科学合理性提供必要信息。

其次,新方法指令机制的建设,同样注重运用多元化主体和多样性工具来提高欧洲范围内技术协调的效率。其一,源自欧洲法律体系和标准体系的融合,新方法指令模型注重对"公私合作"机制的建设,其中包括,一是立法机构与标准化组织的合作机制,由标准化组织为满足立法要求提供立法机构需要的技术标准;二是政府与市场的合作机制,在运用法律和标准实施技术协调中,始终以深化统一市场为最终目标,并通过标准化体系的协商途径,及时了解市场动态、贸易需求、投资需求等现实需要,再通过标准与法律的融合,使得立法和标准协调做到对市场需求的快速反应;三是公共监管与私人监管的融合,由私人标准化和私人认证活动来弥补政府监管的不足。因而,新方法指令模型中"公私合作"机制的丰富内涵,可以为大湾区建设中提高区域治理体系和治理能力的现代化水平提供机构之间的架构、政府与市场关系互动模式、公共监管与私人监管的优势互补多角度建设的经验。

其二,新方法指令机制建设的另一个视角,是从"规制治理"出发,一是强调加入多元化主体,一方面,从组成结构上优化欧洲治理体系,另一方面,通过新方法指令模型,增强欧洲公民和团体对其欧洲范围内权利和义务的认识,进而促进欧洲市民社会的发展;二是强调运用多元化的规治工具,以确保欧洲治理能力的质量并不断完善。

三、融合深化区域统一市场的发展

(一)区域经济协调发展

欧盟是世界上一体化程度最高的经济体,这除了要归功于欧盟成员国在地理、历史、文化、政治制度和经济发展水平上的相似性之外,还有欧盟创新性协调机制和协调模式的功劳。根据《大湾区规划》要求,无论是"实施区域协调发展战略"、"探索协调协同发展新模式",还是"坚持用法治化市场化方式协调解决大湾区合作发展中的问题",都需要根据大湾区建设规划和实际情况,创造性地建立长效的协调机制。而借鉴欧盟法律与标准融合的模型,可以为增强大湾区发展的协调性提供以法治为基础的市场化、标准化、高质量的解决方案。

首先,以法治为基础的融合模型,是确保区域协调发展、加强立法政策和具体规范衔接的规范性保障。法律与标准的融合并没有偏离法治的轨道,因而,以法律约束力作为保障的融合模型,可以高效地协调解决大湾区合作发展中的问题。例如,在大湾区建设中,人员的自由流动和公平竞争要求有共同的社会政策和对粤港澳社会政策的协调,[1]这时以法律作为协调政策的基础,不仅可以直接解决政策协调中的难点,还有助于大湾区内居民深刻认识到在宪法和基本法基础上"一国两制"的制度优势。

其次,运用标准为法律提供技术支持的融合模型,有利于提高区域经济协调的效率、及时反映区域市场和科技发展的现实需求。法律的强制性有助于推进相关政策的协调实施,融合模型中的标准则可以在法律的基础上,探索建立覆盖一、二、三产业和社会事业的统一技术规范,由于标准制修订效率较高,有利于粤港澳基于统一标准加快和深化在信息基础设施、金融市场、医疗卫生等领域的互联互通,为大湾区经济协调发展奠定了物质上、信息上和基础设施等方面的重要基础。此外,因标准的制修订过程强调协商一致性,为粤港澳通过参与标准化过程向立法政策层面反馈各方差异和发展需求提供了良好的沟通渠道。

---

[1] 张荐华:《欧洲一体化与欧盟的经济社会政策》,云南人民出版社、云南大学出版社2011年版,第157页。

最后,融合模型中法律工具的选择同样决定了协调效率和不同地区的认同度。欧洲新融合模式采用了"新方法指令"这一法律工具,主要考虑到指令既是具有约束力必须实施的法律,也为各成员国选择具体实施形式和方法提供了一定的自由空间,具体指,各成员国可以在实施新方法指令前,以适当的形式制定本国法规以使指令的内容得以实施。[1] 借鉴欧洲新融合模式对法律工具的巧妙选用,我们在大湾区构建法律与标准融合的模型时,可以考虑在宪法和基本法的基础上,选用有机结合中央全面管治和特区高度自治的法律模式或者法律与标准融合模式,这既能考虑粤港澳在实施法律上的差异和一定的自由,又能确保粤港澳在落实法律要求和立法目标上的一致性,从而使得法律与标准融合模型切实为大湾区经济等方面的协调发展保驾护航。

(二)市场要素自由流动

欧盟标准与法律融合的动因在于,通过欧洲范围内的技术协调,来消除各成员国之间在技术法规和技术标准上的差异,从而消除单一市场中的技术性贸易壁垒。借鉴新方法指令模型在技术协调上的重要作用,可以为我国大湾区深化区域统一市场,促进大湾区市场中商品、人员、服务和资本的自由流通。相比于上文,融合模型对区域经济协调发展的作用,此处关于市场要素的自由流通要求发挥融合模型的功能则更为具体,即发挥法律与标准的融合在技术协调方面的重要功能,主要指对粤港澳的技术法规和技术标准的协调和统一。相比较而言,区域经济的协调发展对融合模型的要求较为广泛,需要综合考虑法律与标准融合对社会政策的落实、对互联互通的保障、对粤港澳差异性声音的沟通和协调等效果;而市场要素自由流通的关键在于对区域内统一市场的建设和深化,确保自由流通基础上的高品质和高竞争力。

因而,标准与法律的融合模型通过对技术差异的协调,来保障区域内市场要素的自由流通,从而形成对内自由的统一市场和对外具有国际竞争力的区域市场。

欧盟标准与法律融合模型的构建,包括对融合体制的全面分析、对融合机制的设计建设、对高效性融合模式的选择,可以为我国对内区域发展构建法律与标准融合的最佳模型提供重要启示和有价值的借鉴,并最终为我国内部区域发展,尤其是大湾区的协调发展、高质量建设提供高标准的法治化和市场化的建设基础和长效的协调机制。上文有关大湾区融合模型的构建,同样可以为我

---

[1] 张荐华:《欧洲一体化与欧盟的经济社会政策》,云南人民出版社、云南大学出版社2011年版,第45页。

国台湾地区的协调发展提供有益的启示和借鉴。尽管目前看来,在推进海峡两岸及港澳法治化协调发展中尚有法律差异等基本制度上协调的难度,但在促进海峡两岸及港澳经济高质量发展、统一市场深化、互联互通等方面仍有法律与标准的融合模型发挥重要作用之处,尤其是通过灵活性标准来满足海峡两岸及港澳的共同立法要求和相关政策需求,通过具体标准为抽象性立法要求提供技术支持,从而在这些法律与标准融合的领域促进海峡两岸及港澳的协调发展。

第三节 新方法指令模式对"一带一路"建设技术协调机制的借鉴

2013年,中国国家主席习近平提出建设"新丝绸之路经济带"和"21世纪海上丝绸之路"的合作倡议(简称"一带一路",The Belt and Road,缩写B&R)。2014年年底,中央经济工作会议正式将"一带一路"列为2015年重点推进的区域经济发展战略。2015年,国家发展改革委、外交部、商务部联合发布了《推动共建丝绸之路经济带和21世纪海上丝绸之路的愿景与行动》(以下简称《"一带一路"愿景与行动》),强调将"一带一路"建设与区域开发开放结合,促进沿线各国政策沟通、设施联通、贸易畅通和资金融通等。

2014年12月,习近平主席视察江苏省时提出"四个全面"理论,即全面建成小康社会、全面深化改革、全面推进依法治国、全面从严治党。在"一带一路"建设的环境下,"全面深化改革"需要,一方面,让市场在资源配置中起决定性作用,为构建开放的经济新体制提供动力,另一方面,更好地发挥政府作用,推动绿色发展、创新驱动和公平竞争;①而"全面推进依法治国"需要在"一带一路"建设中既按照国际规范和国际标准开展合作,又需要在共建国家之间形成行之有效的立法政策和标准相互协调的规范环境。

由此可以看出,无论是中国国内全面深化改革和全面推进依法治国,或是对内区域发展如大湾区建设中,对构建开放型经济新体制和营造高标准的国际化、市场化、法治化营商环境的要求,还是"一带一路"建设要求共商、共建、共享和推进共建国家发展战略政策对接,均离不开中国对内区域协调发展、中国全面发展、中国对外区域开发开放三大领域内的三项主题,即经济转型升级、区域经济发展和对外开放。而中国要想建成更完善的市场经济体系,需要更好地利

---

① 厉以宁、林毅夫、郑永年等:《读懂"一带一路"》,中信出版社2019年版,第Ⅺ页。

用国内国际两个市场、两种资源。① 中美贸易摩擦使我们清醒地认识到贸易战的本质实际上是改革战,需要中国坚定地推动新一轮改革开放,建设高水平的市场经济和开放体制。② 而构建开放型经济新体制的关键在于制度创新,一要利于全国统一要素市场建设,以促进市场要素跨区域自由流通;二要利于增强科技创新能力,突破"为出口而进口"的被动贸易模式;③ 三要面向全球、对标国际,建立高标准的市场规则体系。

由上文可知,通过学习欧盟标准与法律融合模型的构建,有助于中国大湾区的协调发展。中国目前正面临着"一带一路"建设带来的对外与共建国家全面深化合作的机遇,如何在对外区域协调发展中借鉴新方法指令模型的构建,为我国与共建国家之间在战略、政策上的协调和基础设施、金融市场等领域的互联互通奠定体制机制和规范上的基础是此处需要理顺的一项重要课题。

一、法律政策和标准相互协调沟通

(一)融合体制的分析

新方法指令模型中的体制分析,为"一带一路"探究融合体制的框架提供了重要思路。首先,关于新方法指令体制中欧盟与成员国的关系,依据欧盟法提供的合法性理论基础,各成员国有义务尽全力实现欧盟层面上的立法和政策。相比之下,"一带一路"建设将东亚、东南亚、南亚、中亚、欧洲南部和非洲东部的广大地区通过现代运输方式和信息网络连接在一起、互利合作,具有独一无二的市场规模和潜力,便于沿线各国推动贸易交流和投资便利化。④ 然而,"一带一路"沿线各国并没有义务去尽全力实现某种统一立法或政策,也不存在一个超国家机构来制定这类法律政策供沿线各国实施。不过,"一带一路"建设的关键却在于政策和战略的沟通与协调,因而如何构建一种长效的协调机制是学习借鉴新方法指令模型的一项重要课题。

---

① 林毅夫:《"一带一路",让中国市场经济体系更完善》,载厉以宁、林毅夫、郑永年等:《读懂"一带一路"》,中信出版社2019年版,第6页。
② 《中美贸易摩擦暂缓:原因、影响及展望》,载搜狐网,如 http://www.sohu.com/a/346601589_467568,访问时间:2023年10月16日。
③ 张茉楠:《实施重构中国全球价值链战略》,载厉以宁、林毅夫、郑永年等:《读懂"一带一路"》,中信出版社2019年版,第17页。
④ 陈耀:《"一带一路"战略的核心内涵与推进思路》,载厉以宁、林毅夫、郑永年等:《读懂"一带一路"》,中信出版社2019年版,第39~41页。

其次，新方法指令体制中立法机构与标准化组织之间的合作关系，源自法律和标准在规范范围上重合的客观因素，以及欧盟立法机构与欧洲标准化组织之间在标准为立法政策提供技术支持上的共识。因而，在"一带一路"建设中要想有效融合政策战略与技术标准，首先应由政策战略制定部门与国家标准化机构在国家之间或区域层面上进行有效沟通，达成合作共识，才能进一步开展标准为政策、战略提供技术支持的工作。

最后，新方法指令体制中法律与标准的关系表现为，在横向关系上，标准是支持立法政策的技术工具，法律是对标准进行管理和协调的法律工具；在纵向关系上，法律协调机制和标准协调机制有机结合，既便于欧盟在各成员国共同"底线"之上协调各国法律，又利于通过欧洲标准实现各国标准的协调一致。因而，在"一带一路"建设中如何运用政策战略与标准的融合，实现沿线各国政策、战略和标准等规范上的沟通协调，需要借鉴新方法指令模型，通过高效的协调性机制根据各国政策和战略上的沟通成果，制定较为详细的技术标准供各国实施，进而满足和落实各国在共同政策和战略上达成的共识，至于具体的协调程序包括如何制定满足政策和战略需求的标准等，同样是一项需要细致研究的课题。

（二）融合模式的选择

"一带一路"建设旨在打造区域经济合作架构，这与具有超国家性质的欧盟和国家内部的区域协调发展存在很大的不同。无论是具有超国家体制的欧盟还是拥有国家主权的国家，均可以由统一的决策机构通过立法的方式在欧盟范围内或国家范围内强制执行其法律政策并调整相应的法律关系。而目前看来，"一带一路"建设尚无法将各主权国家凝聚成经济合作基础上的超国家体制，然而，政策的沟通协调却是"一带一路"建设的重要保障，为此，《"一带一路"愿景与行动》提出"要加强政府间合作，积极构建多层次政府间宏观政策沟通交流机制"。对此，学习和借鉴欧盟融合模型可以为沿线各国就经济发展战略和政策的交流对接提供有益的参考，并更进一步构建沿线各国共同决策、制定区域合作规划措施的协调机制，为协调解决合作发展中的问题、在共识的基础上促进多领域互联互通合作奠定体制机制和规范基础。

欧盟融合模型中，对法律和标准融合模式的采用经历了演变的过程，由标准被写入法律而成为法律一部分的"技术立法"模式，演变为通过"符合性推定关系"由标准为立法提供技术支持的新融合模式，而旧融合模式目前仍在需要足够水平保障欧洲公共利益的重要领域中被沿用。欧洲旧融合模式还伴随着"单一式"技术协调结构，即由欧盟立法机构在立法中制定技术标准的具体细节,以完全协调成员国间的技术差异;并伴有"由上至下"的技术协调模式,即由欧盟立法机构全程主导对欧洲的技术协调。相比之下,欧洲新融合模式的技术协调结构,具有立法机构与标准化组织共同协调的双层特征。

借鉴欧洲新旧融合模式的演变和考量因素可知,尽管欧洲旧融合模式存在协调效率低下的缺陷,但这种集中式技术协调有利于贯彻欧盟高层次的技术协调政策和协调措施,从而在协调中利于实现对欧洲公民健康和安全等公共利益的保护。当然,旧融合模式伴随的"单一式"和"由上至下"的协调结构和模式,仅利于执行政策,并不利于及时了解市场和社会等发展的现实需求。因而,欧洲新融合模式的出现弥补了旧模式的缺陷,通过新方法指令与标准清单之间"分离式"的融合模式,形成立法主体与标准制定主体共同主导的"双层式"技术协调结构,有利于二者发挥各自所长。同时,因欧洲标准化体系的融入,技术协调模式演变成"由上至下"与"由下至上"相结合的"循环式"技术协调模式,既便于立法者和决策者集中高效地贯彻其立法目的和政策,保证技术协调的连贯性,并从宏观上解决现实问题和预测未来走向以作出有效的提前应对,又可以通过"由下至上"的标准化技术协调模式及时跟进市场和技术发展的需求。

因而,在"一带一路"构建法律政策与标准相互协调的模型中,我们应根据对公共利益的保障、协调效率的要求、执行政策与及时了解市场技术发展需要的考量等综合因素确定法律政策与具体标准融合模式的选择,也可以在不同领域、不同时期采用不同种融合模式,或者采用新方法指令模式之外的其他经过实践检验的融合模式,或者兼采不同种融合模式的优点创造性地发展出具有"一带一路"特色的融合模式。

(三)融合机制的建设

打造"一带一路"标准与法律的融合模型,主要是为了实现沿线各国就经济发展战略和对策充分交流的基础上,形成政策、技术标准甚至是法律上的对接和协调,进而为能源基础设施、交流基础设施、金融和市场等领域互联互通消除技术性贸易壁垒和其他障碍,充分释放合作潜力。新方法指令模型中,通过探索一系列有助于法律与标准融合的机制来提高融合效果,这些机制建设同样值得建设"一带一路"融合模型借鉴。

新方法指令的机制建设,注重法律领域的机制建设、标准化领域的机制建设以及法律与标准化合作领域的机制建设。首先,在法律政策领域,其一,新方法指令注重通过立法对欧洲新融合模式的具体运作进行明确,欧盟《1025/2012号条例》明确规定了"符合性推定机制"的内涵、适用的法律领域和适用的对象,以便有效运用新融合模式对欧洲实施技术协调;其二,新方法指令注重对"立法跟进机制"的建设,例如,根据标准化范围的扩大,及时简化、调整管理欧洲标准化的法律框架,并对框架中的具体法律制度进行更新和补充,以面对市场、科技和标准化的发展需求做出快速反应;其三,新方法指令注重通过立法设立对欧洲标准化的资助规则,以便确保欧洲标准的制修订为支持欧盟立法政策而服务,此外其通过设立简便的资助程序,既保护欧盟的财政利益,又便于根据不同类型标准化活动提供不同的资助安排,确保财政资源的有效利用。

其次,在标准化领域,其一,新方法指令注重对"广泛参与机制"的发展,通过促进包括中小企业、消费者组织、环境与社会利益相关方在内的所有利益相关者积极参与欧洲标准化,来协调标准制定过程中的不同相关利益,提升标准的协商一致性和实施效果;其二,新方法指令还注重对"公开机制"的建设,通过提升标准化机构工作计划和标准"透明度",使得欧洲公众可以有效获得标准及标准的相关信息,促进欧洲标准的实施及其为立法政策提供技术支持的效用;其三,新方法指令还设立了"更正机制",通过明确对欧洲标准的更正程序,来实时把控标准的质量和适应性,及时满足沿线各国经济、科技和标准化发展的现实需求。

最后,在法律与标准化合作领域,新方法指令注重对"合作机制"和"规制治理机制"的建设,具体包括委托机制、信息共享机制和监督机制等各类小机制建设。其一,立法机构与标准化组织之间通过"委托机制"或称"标准化请求机制",建立标准为立法要求提供技术支持的联系;其二,在立法机构的标准化请求阶段、标准化组织制定标准阶段、立法机构"验收"标准阶段通过双方的"信息共享机制"有序开展欧盟标准与法律融合的工作,确保制出标准满足法律要求,法律与标准的融合共同起到技术的协调作用;其三,在欧盟与各成员国之间通过建立"转化机制",要求各成员国转化实施欧盟立法和欧洲标准的规范性内容,以便有效落实欧洲范围内对各成员国技术法规和技术标准的协调;其四,通过建立"专家委员会咨询机制"协助法律与标准融合过程中涉及的专业领域和专业知识,确保法律与标准的融合符合现实需求,适应市场、社会和科技进步,更高效地完成政策交流沟通、多领域互联互通的重大任务和目标要求。

在"一带一路"融合机制的建设中,我们应学习借鉴新方法指令模型在不同领域的机制建设,立足于法律政策与标准之间的融合关系,先是分别在法律政策领域和标准化领域为发挥各自所长、有效对接奠定机制基础,再是通过法律政策和标准化合作领域建立"合作机制"和"规制治理机制",有效沟通机构之间的交流、合作与监督,确保机构制定的规范性文件之间在达成共识的基础上充分对接,运用标准为法律政策提供支持的作用,以标准为切入口实现沿线各国标准化领域的合作,进而实现法律和政策领域的目标一致,并最终通过法律政策与标准的融合落实沿线各国共同的政策目标和规划措施,为消除"一带一路"市场中技术性贸易壁垒、促进多领域互联互通奠定体制机制和规范上的基础。

二、互联互通领域逐步拓宽和深化

根据《"一带一路"愿景与行动》,共建"一带一路"的思路在于,逐步完善区域基础设施建设,使互联互通达到新水平并依托国际大通道,共同打造沿线国际经济合作走廊,进一步提升投资贸易便利化,形成高标准自由贸易区网络。共建"一带一路"的合作重点在于,一是以交通基础设施互联互通,实现国际运输便利化;二是以能源基础设施互联互通,畅通国际通信和能源运输;三是以贸易金融互联互通,提高贸易自由化、便利化水平。

为了实现上述互联互通,促进"一带一路"沿线各国之间经济要素的自由流动和市场深度融合,首先,需要在上述基础设施和贸易金融领域建立协调统一的标准作为技术规则的支撑,在消除技术性贸易壁垒的情况下,形成多领域兼容规范的技术规则,并消除复杂的争论和可能的冲突,提高互联互通领域的协调效率。[1] 其次,还需要在统一标准的基础上,提高整体标准的质量,以保障相关基础设施的高质量和贸易金融的高水平发展,并形成具有全球竞争力的产业集群和金融体系。

借鉴欧盟标准与法律融合的模式,一方面,通过与法律政策融合,有效地促进沿线各国达成一致的统一标准得到实施,为多领域互联互通提供兼容规范、灵活性的规则基础;另一方面,通过与法律政策融合,可以确保标准的技术内容兼顾沿线各国法律政策和战略中国有关"一带一路"的规划要求和对公共利益的保障,从而保证制定标准的质量,进而提升多领域互联互通的质量和水平。

---

[1] Michael Adams, Norms, Standards, Rights, *European Journal of Political Economy*, 1996(12).

结 论

根据《国家标准化发展纲要》，标准既是经济活动和社会发展的技术支撑，也是国家基础性制度的重要方面。一方面，通过融合法律与标准，可以在规范经济社会秩序、推动高质量发展的同时，提升国家治理现代化水平，改善人们的生活、提高生产效率；另一方面，通过构建标准与法律融合的模型，可以有效结合国家在立法政策方面自上而下的力量和社会、市场主体自下而上的需求，为一国/地区"市民社会"的形成和发展奠定良好的结构性和制度基础。在类似欧盟等区域一体化的环境下，标准与法律融合，还有助于加强欧盟与成员国之间以及成员国之间的合作，协调各成员国的技术差异，加快和深化欧洲单一市场的发展，促进达标、高质量的产品和服务快速进入欧洲市场，进而提升欧洲或地区企业的国际竞争力。欧盟标准与法律融合的模型，很好地展现了政府和市场在资源配置中各自适当的角色和作用，政府对标准化建设的支持和帮助既有财政方面也有立法政策上的规范和指导，通过引用标准，还可以在减少对市场干预的情况下，最大程度地发挥市场在资源配置中的决定性作用。此外，欧盟标准与法律的新融合模式，高效地发挥了欧洲标准对欧盟立法政策的支持作用，使欧盟机构的规制治理获得了宝贵的社会基础，其通过协商一致地制定欧洲标准的过程，凝聚了市场和社会各方的最佳经验、实践、资源和共同利益需求，增强了欧洲市场内产品和服务的兼容性，对促进欧洲经济社会发展、保护公共利益贡献巨大。

标准与法律融合的基础在于，二者均具有规范性和一般性规则的特征，都含有对秩序的追求，当二者的规范领域和规范对象发生重合时，标准和法律在规范角度、规范内容和规范工具的使用上具有差异性基础上的互补性，使得标准与法律的融合成为可能。而标准与法律融合的动因在于，一方面，二者融合的内在原因出于克服法律和标准自身的缺陷、促进法律落实和标准实施的考虑;另一方面,二者融合的外在原因源于各自规范领域发生扩张和重叠,又出于节省立法成本和经费的考虑,当然,不同国家/地区融合法律和标准的外因还有各自的特殊性,主要受其在法治建设、标准化建设和经济政策等方面综合因素的影响。国内已有教授学者对标准与法律融合的现象、基础和动因进行过探讨,本书则在此基础上,进一步发掘欧盟标准与法律融合模型的构建。尽管国内已注意到对欧洲标准与欧盟法律之间的密切联系,但仅是在经济学、管理学和技术标准化领域略有涉及,尚未从法治层面,对欧盟标准与法律融合在体制、模式和机制方面进行过梳理、探讨和模型的构建。欧洲学者虽然对欧盟标准与法律新融合模式的新方法指令制度进行了较为成熟的研究,但研究视角多从实践层面关注新方法指令在实施中出现的问题以及欧盟对此类问题的态度和解决方法,仍缺少对欧盟标准与法律融合的系统性研究和模型构建。

本书通过探讨欧盟标准与法律融合模型的构建,并分析该模型对欧洲经济社会发展和公共利益保护的贡献和价值,为在我国有关区域发展中法治和标准化治理的融合性建设、运用标准为立法政策的支持提供参考。本书的创新之处,一是体现在对欧盟标准与法律融合模型的构建上,二是体现在运用欧盟标准与法律融合模型为中国有关区域发展,包括对内和对外的区域发展中法治建设和标准化治理提供启示和借鉴。首先,本书对欧盟标准与法律融合模式的演变历程进行分析,在梳理的过程中,一是揭示了欧盟标准与法律的融合始于欧洲技术协调的需求(外因的特殊性),即由欧盟对各成员国之间因标准、技术法规和合格评定等不同所导致的技术差异进行协调,以消除成员国之间的技术性贸易壁垒,协调方式采用"技术立法"的旧融合模式;二是梳理了独具特色的欧盟融合体制,如图6和图7所示,从法治和标准化治理融合建设层面,总结分析了欧盟融合体制中欧盟与成员国、立法机构与标准化组织、法律与标准这三类重要关系;三是对欧盟融合新、旧模式进行了对比分析,总结出新、旧融合模式在融合方法、技术协调结构、技术协调模式和标准化成果控制机制方面的差异以及两种融合模式在效果改进、欧盟技术法规体系构成和欧洲技术协调功能上的联系,揭示了欧盟对新融合模式的设计背景;四是对新方法指令模式中的新方法指令制度进行基础性分析,以加深对新方法指令产生背景和具体运作的理解。

其次,本书基于对欧盟标准与法律融合模型的效果评价,构建出欧盟标准与法律融合的模型。一是,对新方法指令模式的效果进行对比性评价,得出新融合模式相比旧融合模式而言,技术协调更高效、兼具标准化治理的灵活性优势、有利于深化欧洲统一市场和保护欧洲公共利益的结论;二是,对新方法指令模式的体制效果进行评价,得出"分离式"融合模式有利于提高欧洲技术协调效率,"双层式"技术协调结构便于在协调的基础上通过标准为立法政策提供技术支持,"循环式"技术协调模式带来"上传下达"和市民社会"由下至上"的协调效果的结论;三是,对新方法指令模式的机制效果进行评价,通过对多种"融合机制"分类探讨,具体分为"公平机制"、"效率机制"和"规制治理机制"三类,既展示出欧盟融合机制建设所关注的重点及其效果如何,又从侧面揭示了欧盟立法机构与欧洲标准化组织之间、各成员国与欧委会之间的互动模式,即欧盟融合体制中不同主体之间如何通过有效合作,实现规范性成果上的协调和支撑;四是,基于对新方法指令模式、融合体制和融合机制的效果评价,构建标准与法律融合的一般性模型,先是探讨标准与法律融合模型对法治的意义在于,一方面,标准为法律要求和立法目的的落实提供具体的技术路径,起到延伸法律规范的作用,另一方面,标准化治理体系为法治发展融入多元化、合作式社会治理体系,为法制建设奠定了良好的民主和守法基础。五是,提出在标准与法律融合模型的构建中,一要根据融合体制的特殊性设计适当的融合模式,以融汇法律体系和标准化体系各自的优势,二要建立建设与融合体制和融合模式相协调的融合机制,主要应考虑立法机构与标准化组织之间的合作机制、确保标准和法律实施的保障机制、提高法律协调和标准协调的效率机制,以及发挥多元主体力量和运用多元化工具的规制治理机制等。

再次,本书对欧盟标准与法律新融合模式在适用中出现的问题以及欧盟的态度和解决方法进行了描述和分析。我们通过研究、总结欧盟标准与法律融合新模式存在的问题及欧盟相应的解决方法,可以为更好地构建科学合理的标准与法律融合模型提供针对性的视角。新方法指令模式存在的问题主要在于,一是,新方法指令模式下的协调标准因具有"事实上的强制性",不仅会带来技术性贸易措施的风险,也为欧洲标准化组织制定这类"事实上的强制性标准"的正当性带来疑问,即协调标准"事实上的强制性"会为欧洲标准化组织带来"私有化立法"的问题;二是,公法对私人标准化持续影响的问题,基于私人标准化体系的私人监管既可被看作是对公共监管的"补充",也可被看作是对公共监管的"替代",在后种情况下,既需要对私人标准化所发挥作用与法律发挥作用的界限进行明确,还需要在明确公私界限的基础上,对私人标准化的规范方式进行明确,一面是通过自愿性"指南"或"建议"等完全私人领域的规范手段进行引导,另一面是将标准化整体视为具有强制约束力的公法领域规则,进而实施更严格的规范和制约;三是,新方法指令的不确定性为各成员国适用和理解指令带来困惑和差异,这种不确定性不仅体现在法律条款背后意图上的不确定和抽象的法律要求上,还体现在立法目标的"层次性"上,比如,新方法指令的主要目标在于改善欧洲市场中货物的自由流动,这一目标要高于对产品最终用户的保护。

对此,欧盟对应的解决方法,一是,根据协调标准的作用在于"为新方法指令的实施提供具体路径"以及欧委会"控制"协调标准的制定过程等依据,欧盟认为协调标准属于新方法指令的一部分,为协调标准面临成为"事实上的强制性标准"这一问题提供了解决方案,由此,一来,欧洲标准化组织制定"事实上的强制性标准"具有欧盟对私人标准化机构的"立法授权",二来,协调标准被视为TFEU 第 267 条所规定的"法令",对此,欧洲法院有权对相关私人纠纷中涉及协调标准的解释作出初步裁定;二是,欧洲法院的判决和欧盟立法趋势表明,私人标准化正在承担越来越多的公共责任,一方面,公民在面对私人标准化的侵害时,可以得到欧洲法院和国内法院更有效的司法保护,另一方面,欧盟立法对私人标准化活动提出了更多更严格的法律要求;三是,针对成员国在理解和适用新方法指令中存在的困惑、差异问题,欧盟标准与法律融合模式出现从新方法"指令"转变为新方法"条例"的趋势,这意味着,由于条例不需要成员国转化实施,极大地缩小了各国适用欧盟法出现差异的空间,并通过明确具体的法律要求,便于解决各国在理解和适用欧盟法上的困惑问题。

最后,本书通过探究新方法指令模型的构建,包括基于对融合体制的分析、对融合模式的设计和融合机制的选择三项内容,以及新方法指令模型对欧洲法治建设、欧洲标准化治理、欧洲技术协调提效和欧盟统一市场深化等的促进作用,为我国在对内和对外区域发展中构建技术协调机制,进而为提升我国粤港澳大湾区市场一体化水平、深化我国统一市场建设和提升"一带一路"建设中互联互通的水平提供重要启示和有益参照。本书研究的难点主要来自研究结构的设计和研究内容丰富所带来的挑战。由欧盟特殊的融合体制所带来的困难是笔者在写作过程中体会最深的,这一体制的特殊性还反映在欧盟标准与法律融合模式发生的演变和一系列融合机制的选择和分类分析中。因笔者运用比较研究的视角较为有限,对欧盟标准与法律融合模式的比较分析,仅根据欧洲技术融合方法的演变进行新、旧融合模式的比较研究,并未对新方法指令模式之外的新方法"条例"模式展开探讨。对于欧盟融合模式的探究还有很多欧盟案例、欧盟特殊模式和理论方面的解析尚待挖掘,笔者才疏学浅,阅读有限,本研究仍存在许多有待进一步完善之处。

参考文献

一、中文著作

1. 甘藏春、田世宏主编:《中华人民共和国标准化法释义》,中国法制出版社 2018 年版。
2. 宋明顺、周立军主编:《标准化基础》,中国标准出版社 2013 年版。
3. 沈同、邢造宇、张丽虹主编:《标准化理论与实践》,中国计量出版社 2010 年第 2 版。
4. 王亚新:《对抗与判定:日本民事诉讼的基本结构》,清华大学出版社 2010 年版。
5. 王利明:《法治:良法与善治》,北京大学出版社 2015 年版。
6. 孙大伟主编:《欧盟消费品法律法规系列丛书(一)》,中国质检出版社、中国标准出版社 2014 年版。
7. 王忠敏主编:《标准化基础知识实用教程》,中国标准出版社 2010 年版。
8. [英]科林·斯科特:《规制、治理与法律:前沿问题研究》,安永康译,清华大学出版社 2018 年版。
9. 刘春青等编著:《美国 英国 德国 日本和俄罗斯标准化概论》,中国质检出版社、中国标准出版社 2012 年版。
10. [日]长谷部恭男:《法律是什么?法哲学的思辨旅程》,郭怡青译,中国政法大学出版社 2015 年版。
11. [美]博登海默:《法理学:法律哲学与法律方法》,邓正来译,中国政法大学出版社 2010 年版。
12. 李峰主编:《澳大利亚能效政策法规标准实用指南》,中国标准出版社 2013 年版。
13. 陈淑梅:《欧洲经济一体化背景下的技术标准化》,东南大学出版社 2005 年版。
14. 刘春青等:《国外强制性标准与法律法规研究》,中国质检出版社、中国标准出版社 2013 年版。
15. 兰天:《欧盟经济一体化模式》,中国社会科学出版社 2006 年版。
16. 于津平、张雨主编:《欧洲经济一体化的基础与机制》,中国大百科全书出版社 2010 年版。
17. 张彤:《欧洲私法的统一化研究》,中国政法大学出版社 2012 年版。

18. 罗红波主编:《欧洲经济社会模式与改革》,社会科学文献出版社 2010 年版。
19. 沈洪波:《欧洲一体化进程:在理论与实证之间》,中国社会科学出版社 2015 年版。
20. 张彤:《欧盟法概论》,中国人民大学出版社 2011 年版。
21. [美]米尔伊安·R.达玛什卡:《司法和国家权力的多种面孔》,郑戈译,中国政法大学出版社 2015 年版。
22. 薛兆丰:《薛兆丰的经济学讲义》,中信出版社 2018 年版。
23. 陈弘毅:《法理学的世界》,中国政法大学出版社 2003 年版。
24. 罗岗、倪文尖:《90 年代思想选(第二卷)》,广西人民出版社 2000 年版。
25. 邓正来:《国家与社会:中国市民社会研究》,四川人民出版社 1997 年版。
26. 张荐华:《欧洲一体化与欧盟的经济社会政策》,云南人民出版社、云南大学出版社 2011 年版。
27. 厉以宁、林毅夫、郑永年等:《读懂"一带一路"》,中信出版社 2019 年版。

二、中文期刊

1. 柳经纬:《标准与法律的融合》,载《政法论坛》2016 年第 6 期。
2. 陈淑梅:《技术标准化与欧洲经济一体化》,载《欧洲研究》2004 年第 2 期。
3. 陈淑梅:《欧盟技术标准化的三轨制》,载《标准化研究》2004 年第 7 期。
4. 刘春青、刘俊华、杨锋:《欧洲立法与欧洲标准联接的桥梁——谈欧洲"新方法"下的"委托书"制度》,载《标准科学》2012 年第 6 期。
5. 中国电子技术标准化研究所数据与网控中心:《欧盟统一大市场中的标准化新政策(五)——〈基于新方法和全球方法指令实施指南〉第五部分:符合性评定程序》,载《信息技术与标准化》2002 年第 5 期。
6. 杨英:《我国如何应对欧盟技术性贸易壁垒挑战》,载《中国集体经济》2011 年第 16 期。
7. 王利明:《完善法规体系 以良法保善治》,载《中国社会科学报》2014 年 10 月 29 日。
8. 王利明:《从法律体系迈向法治体系》,载《法制日报》2014 年 10 月 29 日。
9. 朱景文:《"从法治到善治"的思考》,载《法制资讯》2012 年第 5 期。
10. 熊华俊:《美国电子产品质量检验检测体系概述》,载《信息技术与标准化》2010 年第 6 期。
11.《GB/T1.22—1993〈标准化工作导则 第 2 单元:标准内容的确定方法 第 22 部分:引用标准的规定〉第 1 号修改单》,载《中国标准化》1995 年第 2 期。
12. 汪燕松:《标准中"注日期引用和不注日期引用"的解析》,载《机械工业标准化与质量》2007 年第 5 期。
13. 聂爱轩:《欧洲标准与欧盟法律的融合》,载《法大研究生》2018 年第 2 期。
14. 刘春青、刘俊华、杨锋:《欧洲立法与欧洲标准联接的桥梁——谈欧洲"新方法"下的"委托书"制度》,载《标准科学》2012 年第 6 期。
15. 于连超:《标准支撑法律实施:比较分析与政策建议》,载《求是学刊》2017 年第 4 期。

16. 李晓林：《法律与标准关系简析》，载《标准科学》2009 年第 11 期。

17. 林良亮：《标准与软法的契合——论标准作为软法的表现形式》，载《沈阳大学学报》2010 年第 6 期。

18. 罗豪才：《公域之治中的软法》，载《中国检察官》2006 年第 2 期。

19. 应松年：《加快法治建设 促进国家治理体系和治理能力现代化》，载《中国法学》2014 年第 6 期。

20. 蔡文成：《改革发展与国家治理体系现代化的建构》，载《行政论坛》2014 年第 4 期。

21. 王殿华、王蕊：《国际食品安全监管问题与全球体系构建》，载《科技管理研究》2015 年第 11 期。

22. 柳经纬、聂爱轩：《我国标准化法制的现代转型——以〈标准化法〉的修订为对象》，载《浙江大学学报》（人文社会科学版）2021 年第 1 期。

三、英文资料

1. Edited by Panagiotis Delimatsis，*The Law，Economics and Politics of International Standardisation*，Cambridge University Press，2015.

2. Harm Schepel，*The Constitution of Private Governance*，Hart Publishing.

3. Alina Kaczorowska-Ireland，*European Union Law*，Fourth Edition，Published by Routledge，2016.

4. Directive 2009/48/EC of the European Parliament and of the Council of 18 June 2009 on the safety of toys.

5. Commission Communication in the Framework of the Implementation of Directive 2009/48/EC of the European Parliament and of the Council of 18 June 2009 on the Safety of Toys.

6. Commission Communication in the Framework of the Implementation of Regulation (EC) No 1223/2009 of the European Parliament and of the Council of 30 November 2009 on Cosmetic Products.

7. Paul Verbruggen & Barend van Leeuwen，The Liability of Notified Bodies under the EU's New Approach：The Implications of the PIP Breast Implants Case (C-219/15)，Tiburg University，2017(3).

8. Bryan A. Garner (Editor in chief)，*Black's Law Dictionary*，West，a Thomson Reuters business.

9. Dieter Ernst，America's Voluntary Standards System：A 'Best Practice' Model for Asian Innovation Policies? East-West Center，2013.

10. United Nations Industrial Development Organization，Role of standards：A guide for small and medium-sized enterprises (Working paper)，Vienna，2006.

11. Jacques Pelkmans，The New Approach to Technical Harmonization and Standardization，Journal of Common Market Studies，1987(3).

12. Roland Wenzlhuemer, The History of Standardisation in Europe, European History Online.

13. Workshop and Policy Dialogue, Standards and conformity assessment in trade: minimising barriers and maximising benefits (Compilation of Submissions), Berlin, 21-22 November 2005.

14. Henk J. de Vries, Standardizatioan—a New Disciplin? Erasmus University Rotterdam/Nen—Netherlands Standardization Institute.

15. Peter Grindley, *Standards, Strategy, and Policy: Cases and Stories*, Oxford University Press, Oxford, 1995.

16. Michael Adams, Norms, Standards, Rights, *European Journal of Political Economy*, 1996(12).

17. CEN-CENELEC Internal Regulations Part 1: Organization and structure.

18. Opinion of Advocate General Campos Sanchez-Bordona Delivered on 28 January 2016:James Elliott Construction Limited v Irish Asphalt Limited.

19. Communication from the Commission to the European Parliament, the Council and the European Economic and Social Committee Harmonized standards: Enhancing transparency and legal certainty for a fully functioning Single Market.

20. Case 120/78 Rewe-Zentral AG v Bundesmonopolverwaltung für Branntwein (known as the Cassis de Dijon case) [1979] ECR 649.

21. Case C-171/11 Fra. bo SpA v Deutsche Vereinigung des Gas-und Wasserfaches eV (DVGW) - Technisch-Wissenschaftlicher Verein ECLI:EU:C:2012:453.

22. Case C-219/15 Elisabeth Schmitt v TÜV Rheinland LGA Products GmbH, ECLI:EU:C:2017:128.

23. Case C-613/14 James Elliott Construction Ltd v Irish Asphalt Ltd, ECLI:EU:C:2016:821.

四、法律法规及标准文件

1.《欧洲议会和欧盟理事会关于通用产品安全的2011/95/EC号指令》。

2.《技术性贸易壁垒协定》。

3. 英国《皇家特许》。

4. 德国《联邦政府与德国标准化协会合作协议》。

5.《中华人民共和国药品管理法》。

6.《中华人民共和国消费者权益保护法》。

7.《电视机产品能源之星计划要求产品规范 合格标准(5.3版)》。

8.《中华人民共和国食品安全法》。

9.《中华人民共和国产品质量法》。

10.《中华人民共和国环境保护法》。

11.《中华人民共和国劳动法》。

12.《关于欧洲标准化的1025/2012号条例》。

13.《EN 13594:2015 摩托车驾驶员用防护手套——要求和试验方法》欧洲标准。

14.《罗马条约》。

15.《欧盟条约》。

16.《技术协调与标准新方法决议》。

17.《欧盟运行条约》。

18.《英国联合王国政府与因果标准协会关于认可BSI为国家标准化机构的谅解备忘录》。

19. 英国《标准使法规制定更轻松》报告。

20. 中国《海洋工程环境影响评价技术导则》(GB/T 19485—2014)。

21. 美国《联邦规章汇编》。

22. 美国《1995年国家技术转让与推动法案》。

23. 美国《联邦参与制定和采用自愿一致标准及合格评定活动》(OMB通告A-119)。

24. 美国《2004标准制定组织推动方案》。

25. 德国《德国标准化战略》。

26. 欧盟《关于协调统一成员国有关食品标签、展示和广告的2000/13/EC指令》。

27. 国际食品法典委员会《麸制不耐受人群的特殊膳食食用食品法典标准》。

28.《中华人民共和国标准化法》。

29. 中国《GB/T 19883—2018 果冻》国家标准。

30. 美国《国家电气规范标准》。

31.《ISO/IEC指南2:标准化及相关活动——通用词汇》。

32. 澳大利亚《2011年工作健康和安全法规》。

33. 澳大利亚《AS/NZS 1269.1:2005(职业噪声管理—噪声排放和暴露的测量与评估)标准》。

34. 美国《易燃织物法案》(FFA)。

35. 美国《服装用纺织品易燃性标准》。

36. 中国 GB/T1.22—1993《标准化工作导则 第2单元:标准内容的确定方法——第22部分:引用标准的规定》

37. 中国《查处食品标签违法行为规定》。

38. 中国 GB/T 1.1—2000《标准化工作导则 第1部分:标准的结构和编写规则》。

39. 欧盟《关于玩具安全的2009/48/EC指令》

40. ISO和IEC共同发布《在技术法规中使用和引用ISO和IEC标准》。

41. 欧盟《关于人身保护设备的89/686/EEC指令》。

42. 欧盟《人身保护设备指令实施框架内的通讯》。

43. 欧盟《建立内部市场白皮书》。

44. 欧盟《关于用于食品生产和食物成分提取溶剂的2009/32/EC指令》。

45. 欧盟《关于化学品注册、评估、授权和限制的1907/2006号条例》。

46. 欧盟《关于人类饮用水质量要求的 98/83/EC 指令》。

47. 欧盟《178/2002/EC 条例——制定了食品法的基本原则和要求,成立了欧洲食品安全局,规定了有关食品安全方面的程序》。

48. 欧盟《关于产品销售的认证和市场监督要求的 765/2008 号条例》。

49. 欧盟《关于人身保护设备和废除 89/686/EEC 指令的 2016/425 号条例》。

50. 欧盟《关于产品销售的共同框架的 768/2008/EC 号决定》。

51. 欧盟《简单压力容器指令》。

52. 欧盟《建筑产品指令》。

53. 欧盟《关于游艇和私人船只的 2013/53/EU 指令》。

54. 欧盟《小艇—往复式内燃机尾气排放测量——气体和微粒废气排放的试验台测量》标准(EN ISO 18854:2015)。

55. 欧盟《小艇——动力游艇发出的空气声音—第 1 部分:通过噪声测试程序》标准(EN ISO 14509—1:2008)。

56. 欧盟《关于医疗器械的 93/42/EEC 指令》。

57. 欧盟《关于升降机和升降机安全部件的 2014/33/EU 指令》。

58. 欧盟《关于民用爆炸物的 2014/28/EU 指令》。

59. 欧盟《关于预定用于潜在爆炸性环境的设备和防护系统的 2014/34/EU 指令》。

60. 欧盟《规定关于在另一成员国合法销售的产品适用的某些国家技术规则的程序第 764/2008 号条例》。

61. 欧盟《关于饲料添加剂的 70/524/EEC 指令》。

62. 欧盟《关于对牛种纯种繁殖动物的育种验收 87/328/EEC 指令》。

63.《欧共体条约》。

64. 欧盟《制定与动物源性食品卫生相关的特定卫生规则的 853/2004 号条例》。

65. 欧盟《关于船用设备的 2014/90/EU 指令》。

66. 欧盟《关于在技术标准、法规、信息社会服务规则领域提供信息的程序第 98/34/EC 号指令》。

67. 欧盟《关于公共部门机构的网站和移动应用程序可访问性的 2016/2102 号指令》(OJ L 327 of 2 December 2016)。

68. 欧盟《2018 年 12 月 20 日欧委会关于为支持 2016/2102 号指令而制定公共部门机构网站和移动应用程序协调标准的 2018/2048 号执行决定》。

69. 欧盟《关于协调有关烟火制品在市场中销售成员国法律的 2013/29/EU 号指令》(OJ L 178,2013 年 6 月 28 日)。

70. 欧盟《关于协调有关民用爆炸物在市场中销售和监督成员国法律的 2014/28/EU 号指令》(OJ L 96,2014 年 3 月 29 日)。

71. 欧盟《在实施烟火制品指令框架内的通讯》。

72. 欧盟《在实施民用爆炸物指令框架内的通讯》。

73. 欧盟《关于协调有关电磁兼容性成员国法律的 2004/108/EC 号指令》。

74. 欧盟《在实施电磁兼容性指令框架内的通讯》。

75. 欧盟《关于协调有关用于潜在爆炸性环境的设备和保护系统成员国法律的 2014/34/EU 号指令》。

76. 欧盟《在实施关于协调成员国有关用于潜在爆炸性环境的设备和保护系统法律的 94/9/EC 号指令框架内的通讯》。

77. 欧盟《关于协调有关在市场上销售设计用于特定电压限制的电气设备成员国法律的 2014/35/EU 号指令》。

78. 欧盟《在实施电气设备指令框架内的通讯》。

79. 欧盟《关于协调有关无线电设备在市场中销售成员国法律的 2014/53/EU 号指令》。

80. 欧盟《在实施无线电设备指令框架内的通讯》。

81. 欧盟《关于限制在电气和电子设备中使用某些有害物质的 2011/65/EU 号指令》。

82. 欧盟《在实施限制电气设备中有害物质指令框架内的通讯》(OJ C 363 of 23/11/2012)。

83. 欧盟《关于包装和包装废物的 94/62/EC 号指令》。

84. 欧盟《在实施产品安全指令框架内的通讯》。

85. 欧盟《在实施玩具安全指令框架内的通讯》。

86. 欧盟《关于索道设施并废除 2000/9/EC 号指令的第 2016/424 号条例》。

87. 欧盟《在实施索道设施条例并废除 2000/9/EC 号指令框架内的通讯》。

88. 欧盟《关于化妆品的 1223/2009 号条例》。

89. 欧盟《实施化妆品条例框架内的通讯》。

90. 欧盟《关于产品销售的共同框架的 768/2008/EC 号决定》。

91. 欧盟《关于在技术标准、法规、信息社会服务规则领域提供信息的程序的 98/34/EC 号指令》(3OJ L 204)。

92. 欧盟《关于资助欧洲标准化的 1673/2006/EC 号决定》(4OJ L 315)。

93. 欧盟《关于在信息技术及电信领域标准化的 87/95/EEC 号决定》。

94. 欧盟《关于内部市场服务的 2006/123/EC 号指令》。

95. 欧盟《单一欧洲法令》。

96. 秦朝《工律》。

97. 《中华人民共和国标准化管理条例》。

98. 国务院《退耕还林条例》。

99. 中国《国家粮食局关于在粮食收购中执行国家粮食质量标准有关问题的通知》(质检办便函〔2006〕51 号)。

100. 中国《粮食、油料检验类型及互混检验法》(GB/T 5493)推荐性国家标准。

101. 中国《小麦》(GB 1351—1999)强制性国家标准。

102. 中国《饲料和饲料添加剂管理条例》。

103. 中国《饲料卫生标准》(GB 13078—2017)强制性国家标准。

104. 中国《饲料中总砷的测定》(GB/T 13079)推荐性国家标准。

105. 《中华人民共和国旅游法》。

106. 中国《非公路旅游观光车安全使用规范》(GB 24727—2009)强制性国家标准。
107. 《粤港澳大湾区发展规划纲要》。
108. 《深化标准化工作改革方案》。
109. 《国家创新驱动发展战略纲要》。
110. 中国《优化营商环境条例(草案)》。
111. 中国《推动共建丝绸之路经济带和21世纪海上丝绸之路的愿景与行动》。
112. 中国《国家标准化发展纲要》。

五、其他

1. 《The European Standardization System》,网址:https://www.cen.eu/about/RoleEurope/ESS/Pages/default.aspx,访问日期:2023年9月19日。

2. 《NEC(2008版)》,网址:http://www.doc88.com/p-6925528500963.html,访问时间:2023年12月15日。

3. 《技术法规 29CFR1910》,网址:https://www.ecfr.gov/cgi-bin/retrieveECFR? gp=1&SID=b23f470077a428c0dd4c21a6936ba9dd&ty=HTML&h=L&mc=true&r=PART&n=pt29.5.1910♯sg29.5.1910_1301.sg5,访问时间:2023年12月15日。

4. 《European Standardization》,网址:https://www.cen.eu/you/EuropeanStandardization/Pages/default.aspx,访问时间:2023年12月15日。

5. 图示来源:网址:http://www.doc88.com/p-4703875010303.html,访问时间:2023年1月20日。

6. 《协调标准》,网址:http://ec.europa.eu/growth/single-market/european-standards/harmonised-standards_en,访问时间:2023年2月20日。

7. 《实施化妆品条例框架内的通讯》,网址:https://eur-lex.europa.eu/legal-content/EN/TXT/PDF/? uri=uriserv:OJ.L_.2018.327.01.0084.01.ENG,访问时间:2023年2月20日。

8. 《烟火制品协调标准》,网址:https://eur-lex.europa.eu/legal-content/EN/TXT/PDF/? uri=uriserv:OJ.C_.2017.149.01.0001.01.ENG,访问时间:2023年2月21日。

9. 《民用爆炸物协调标准》,网址:https://eur-lex.europa.eu/legal-content/EN/TXT/PDF/? uri=CELEX:52017XC0412(05)&from=EN,访问时间:2023年2月21日。

10. 《欧委会2018/2048号决定》,网址:https://eur-lex.europa.eu/legal-content/EN/TXT/PDF/? uri=uriserv:OJ.C_.2018.114.01.0007.01.ENG,访问时间:2023年2月22日。

11. 《Harmonised Standards》,网址:http://ec.europa.eu/growth/single-market/european-standards/harmonised-standards_en,访问时间:2023年2月23日。

12. 《牛津高阶英汉双解词典》,商务印书馆和牛津大学出版社2010年版。

13. Standardization system in Europe,网址:https://standards.cen.eu,访问时间:2023年7月8日。

14. 《中美贸易摩擦暂缓:原因、影响及展望》,网址:http://www.sohu.com/a/346601589_467568,访问时间:2023年10月16日。